KAPITEL 1 Die Knospen

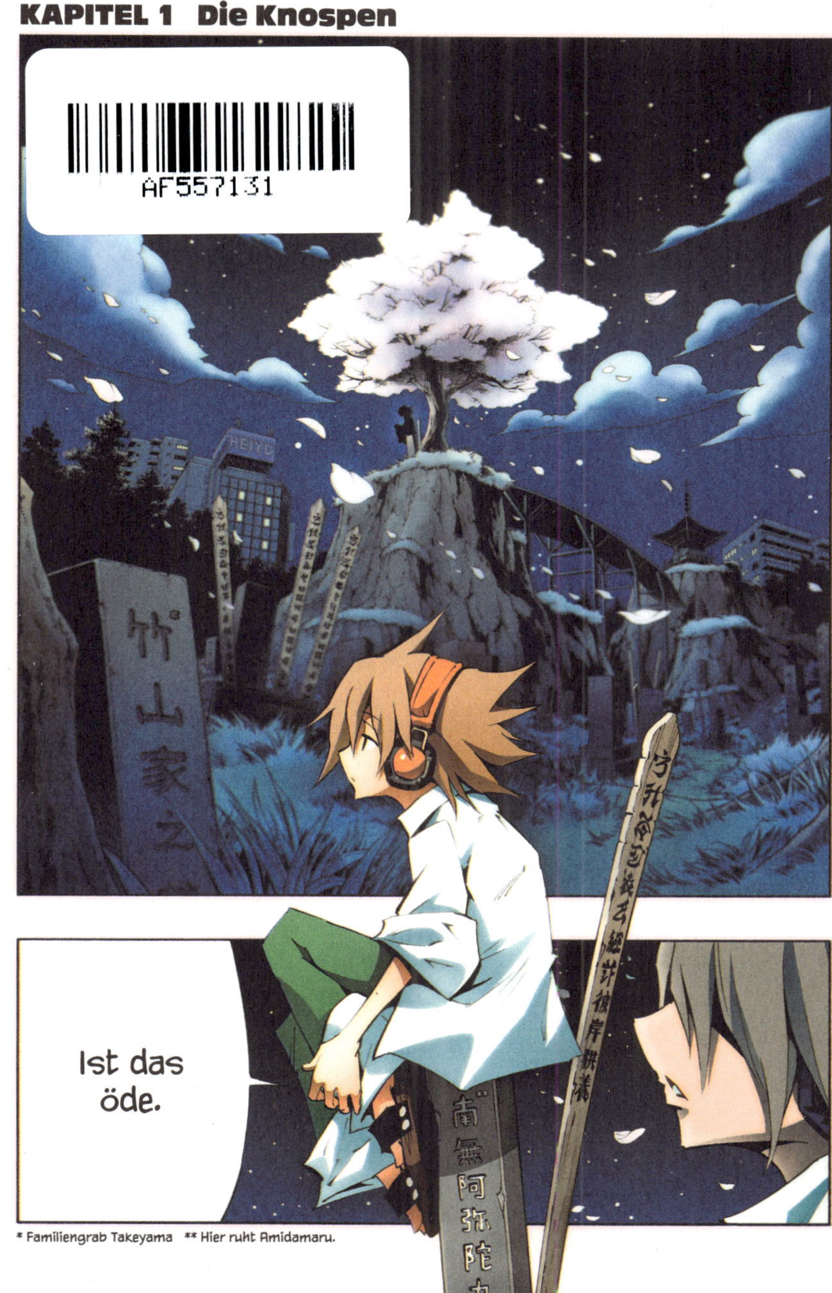

* Familiengrab Takeyama ** Hier ruht Amidamaru.

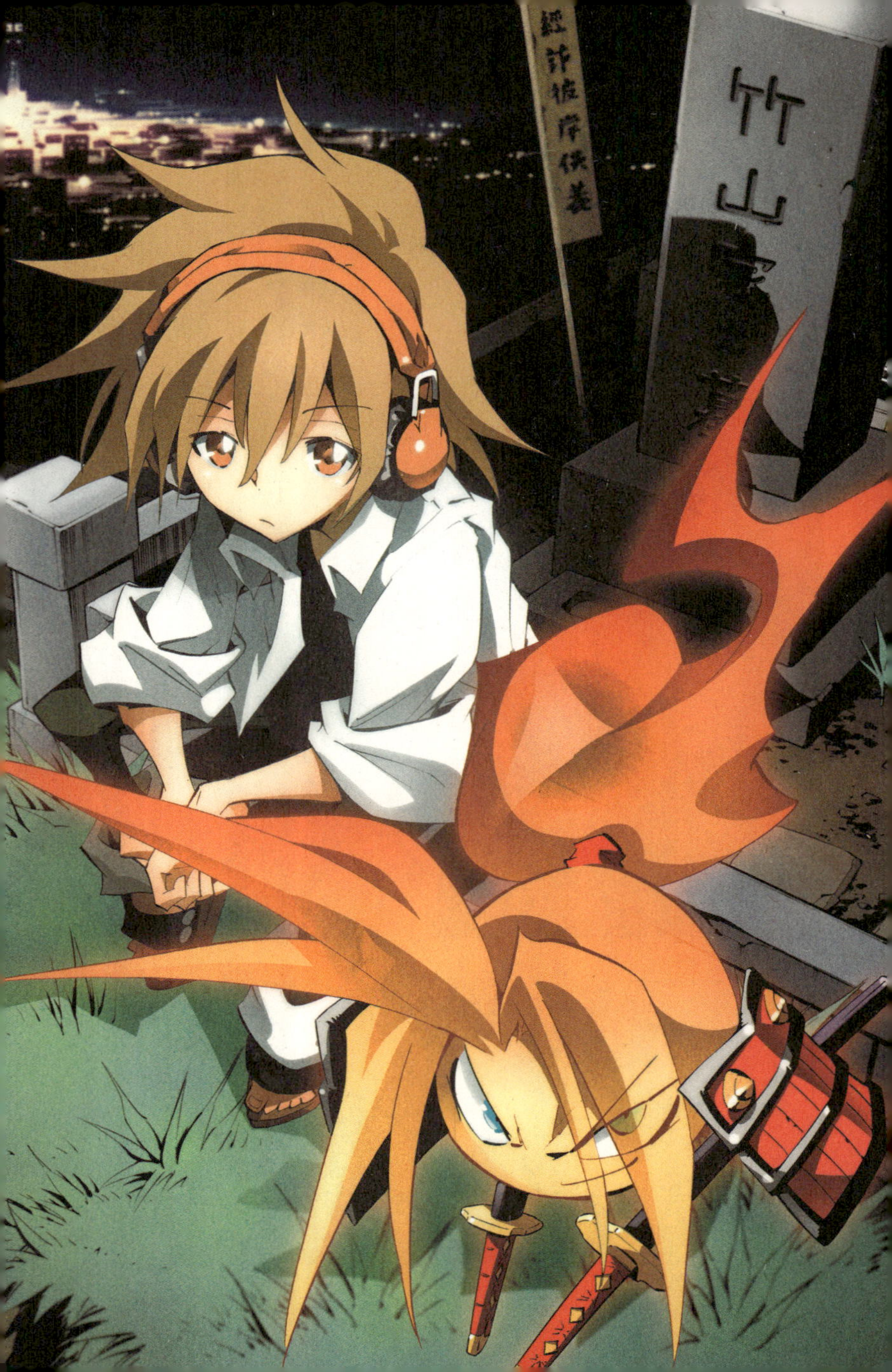
竹山

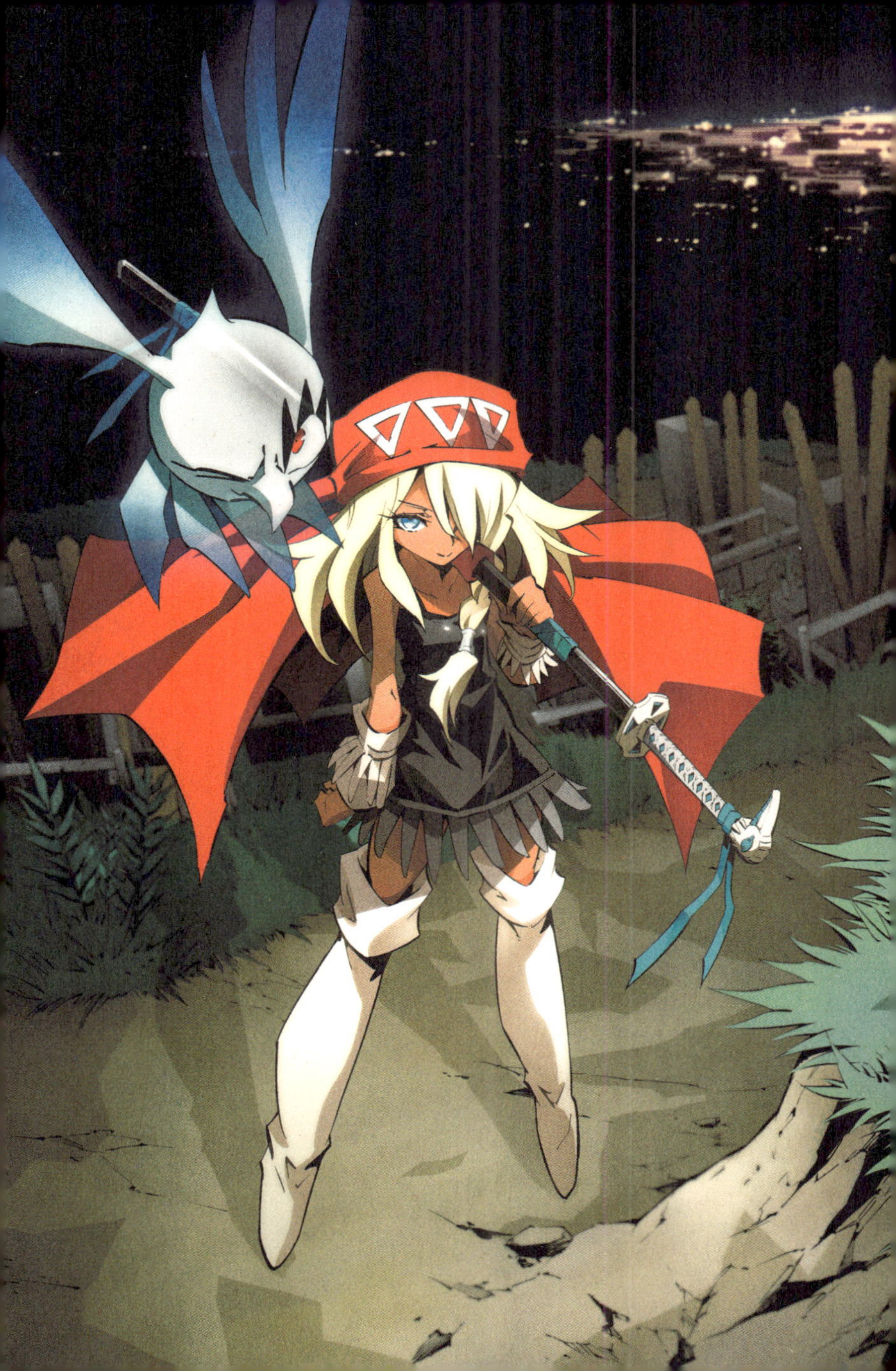

SHAMAN KING

FLOWERS

Hiroyuki Takei

1

Inhalt

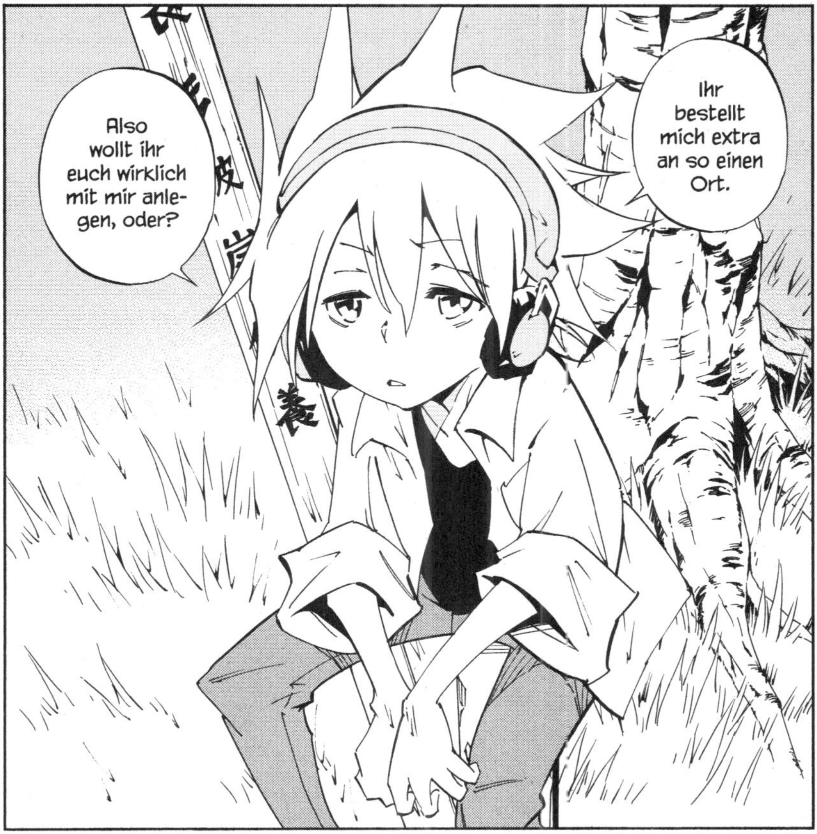

Ihr bestellt mich extra an so einen Ort.

Also wollt ihr euch wirklich mit mir anlegen, oder?

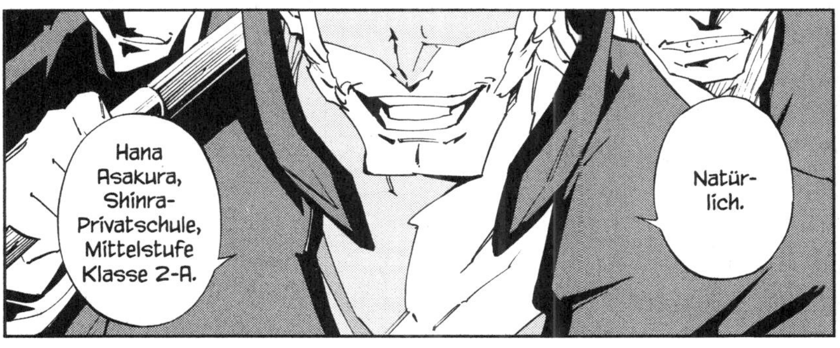

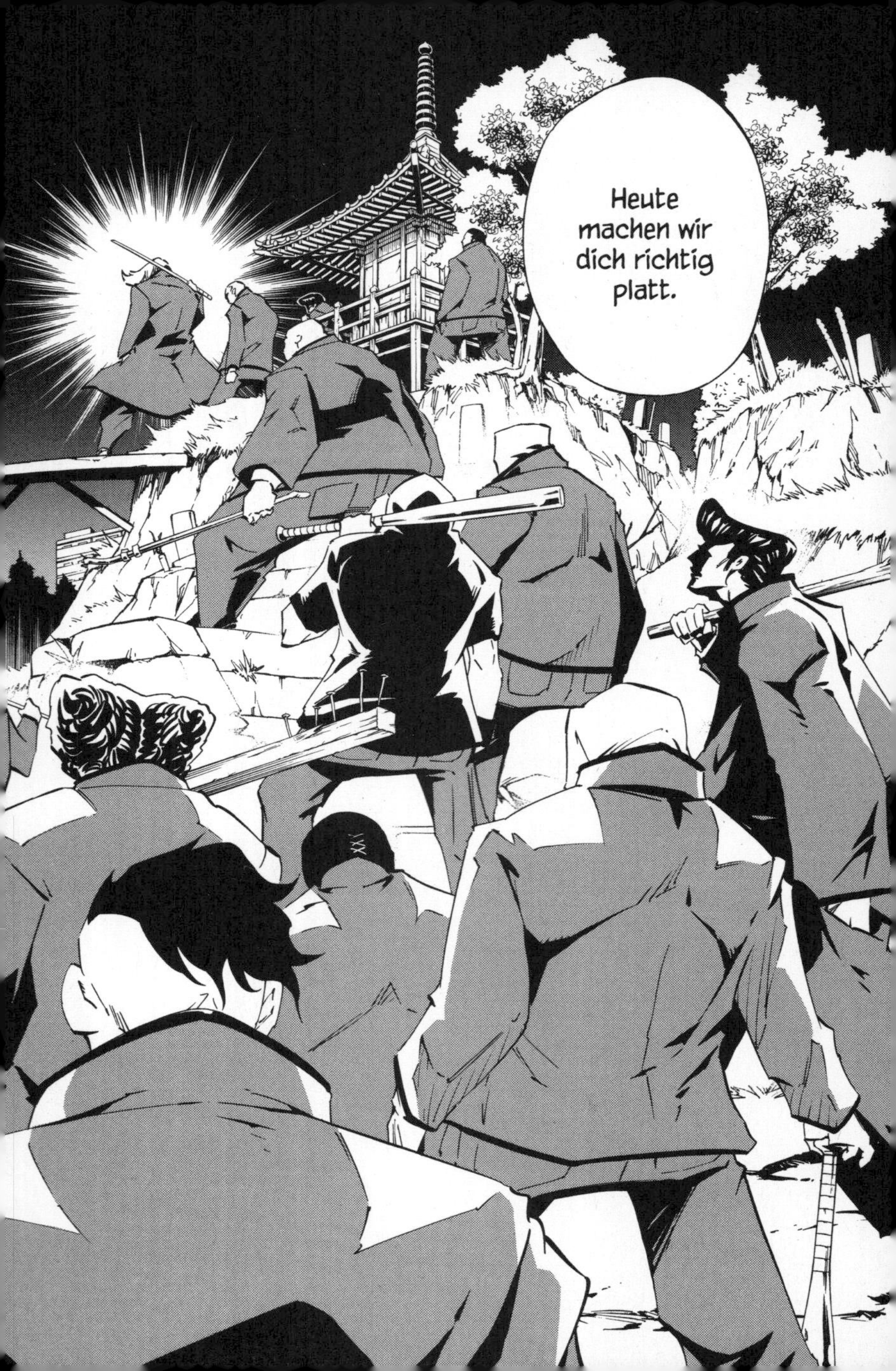
Heute machen wir dich richtig platt.

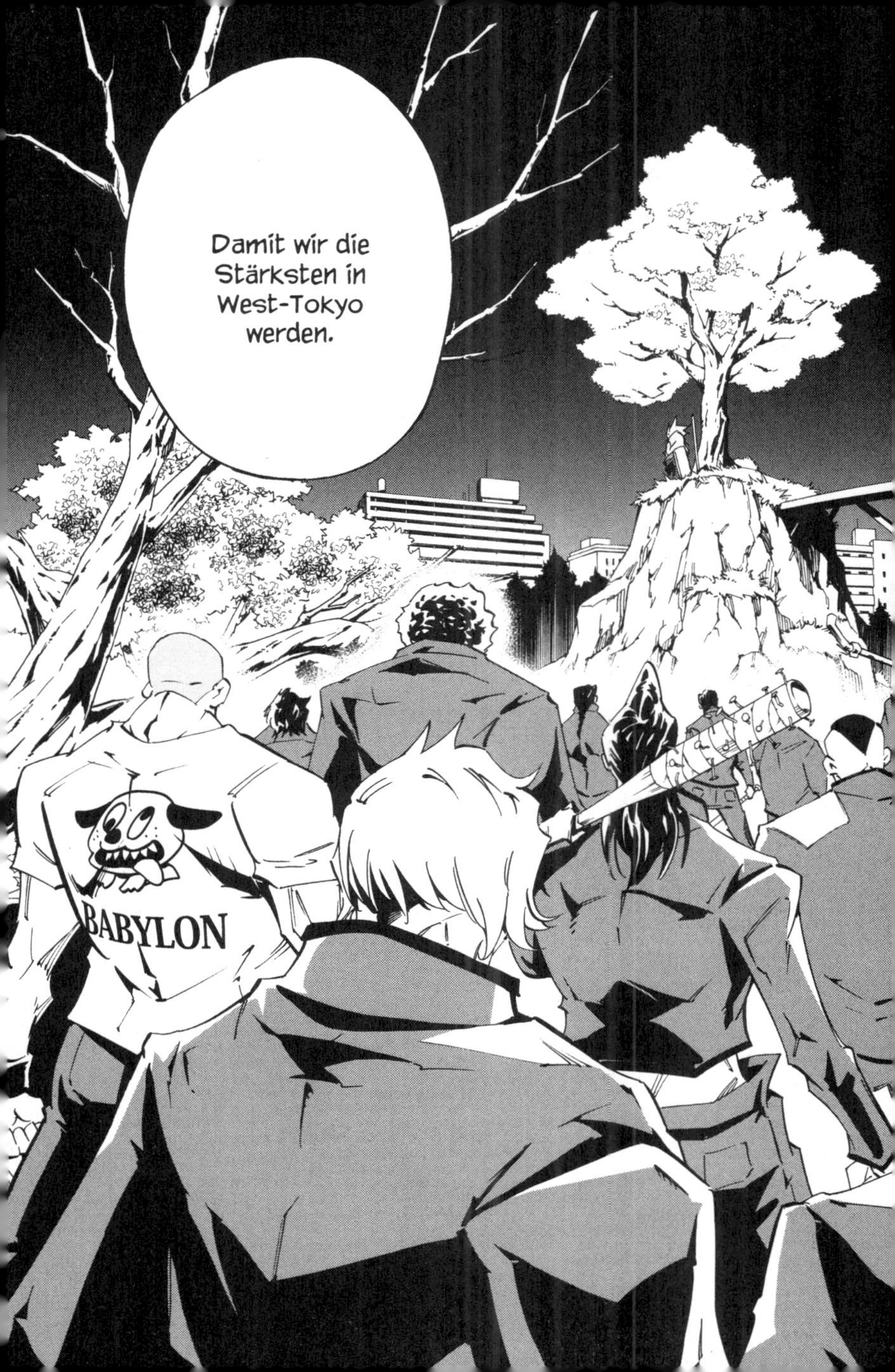
Damit wir die Stärksten in West-Tokyo werden.
BABYLON

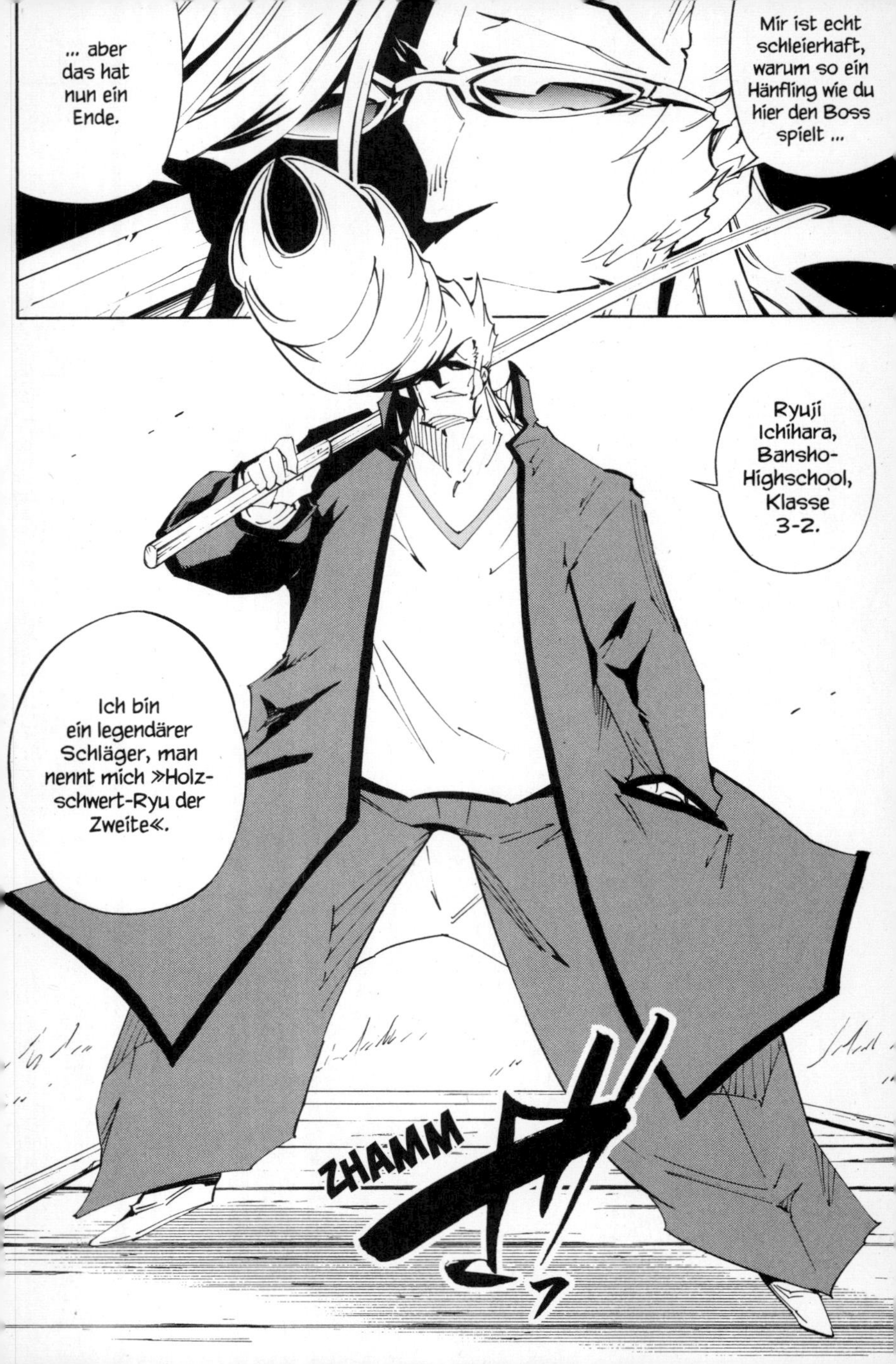
Mir ist echt schleierhaft, warum so ein Hänfling wie du hier den Boss spielt ...
... aber das hat nun ein Ende.
Ryuji Ichihara, Bansho-Highschool, Klasse 3-2.
Ich bin ein legendärer Schläger, man nennt mich »Holz-schwert-Ryu der Zweite«.
ZHAMM

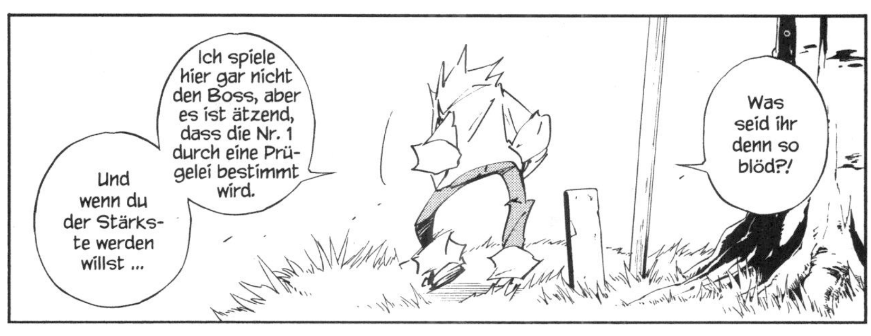
Was seid ihr denn so blöd?!
Ich spiele hier gar nicht den Boss, aber es ist ätzend, dass die Nr. 1 durch eine Prügelei bestimmt wird.
Und wenn du der Stärkste werden willst ...

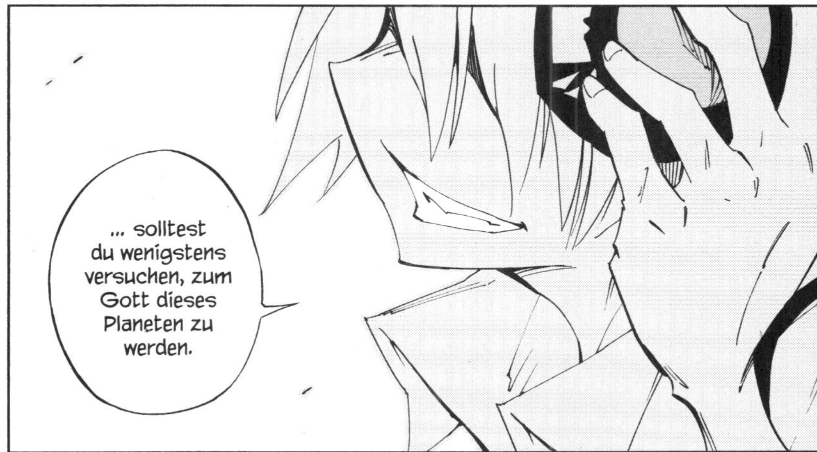
... solltest du wenigstens versuchen, zum Gott dieses Planeten zu werden.

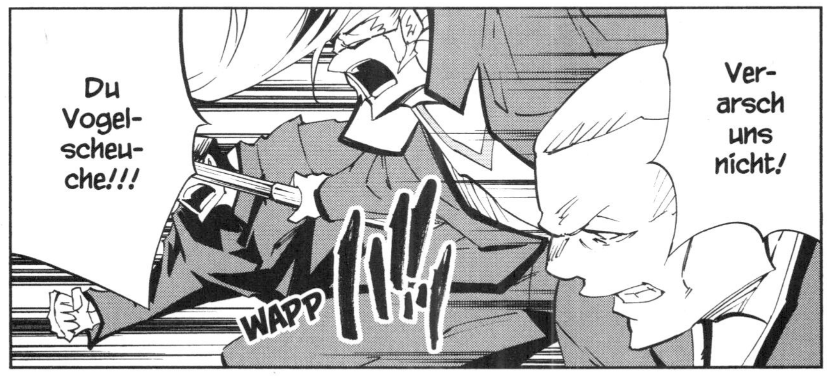
Verarsch uns nicht!
Du Vogelscheuche!!!
WAPP

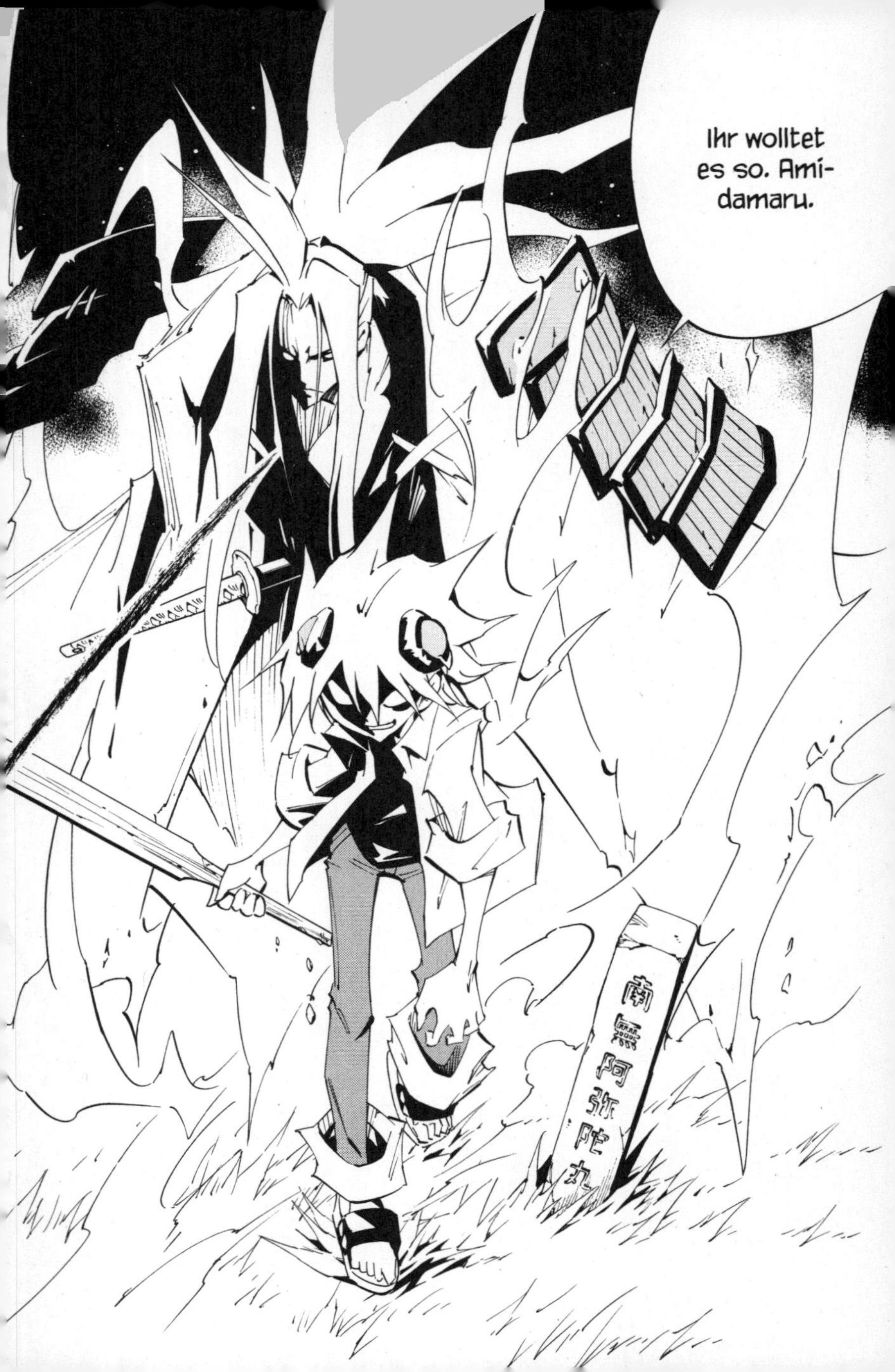
Ihr wolltet es so. Ami-damaru.
南無阿弥陀丸

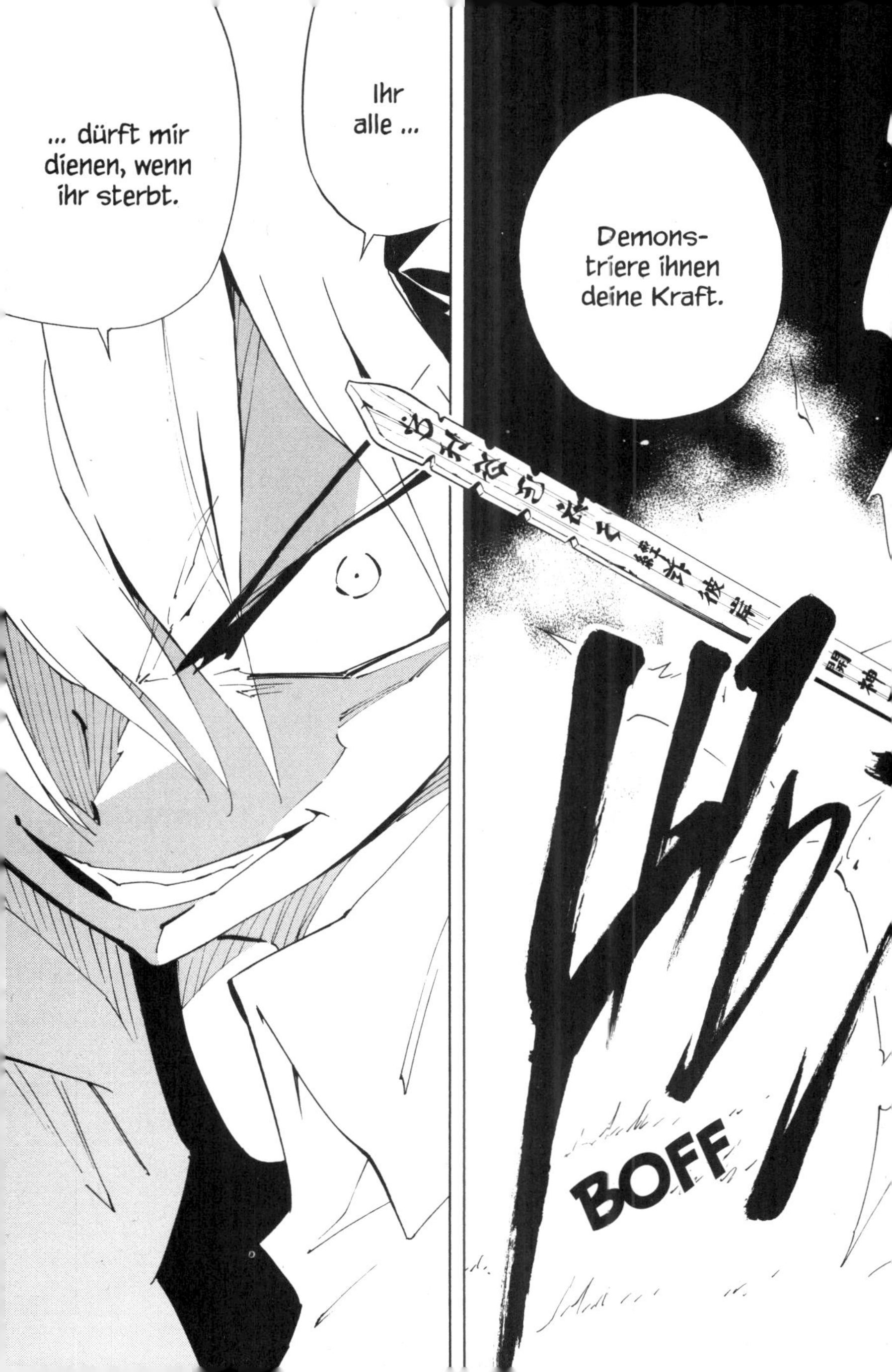
Demonstriere ihnen deine Kraft.
BOFF
Ihr alle ...
... dürft mir dienen, wenn ihr sterbt.

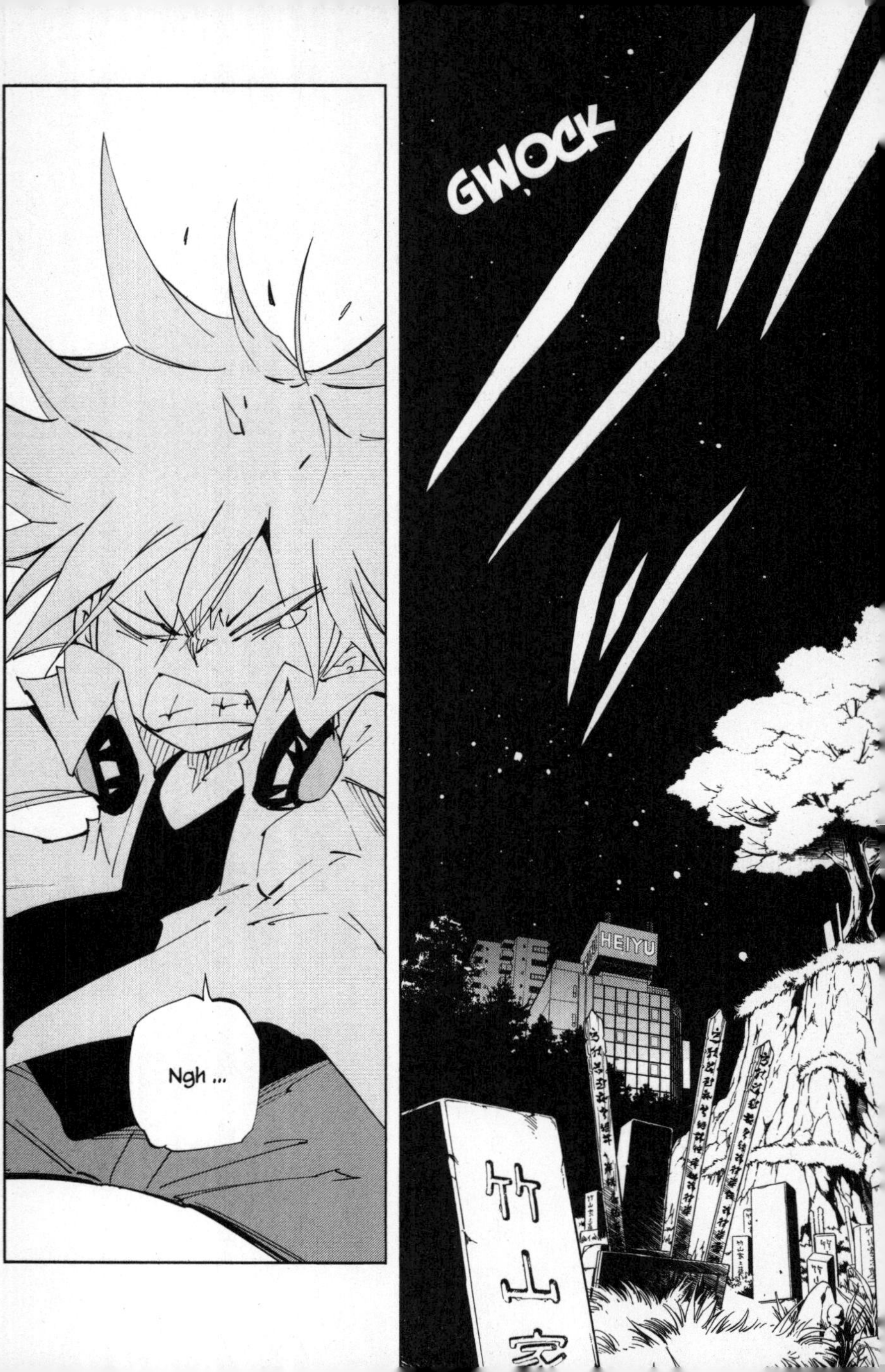

GWOCK

HEIYU

Ngh ...

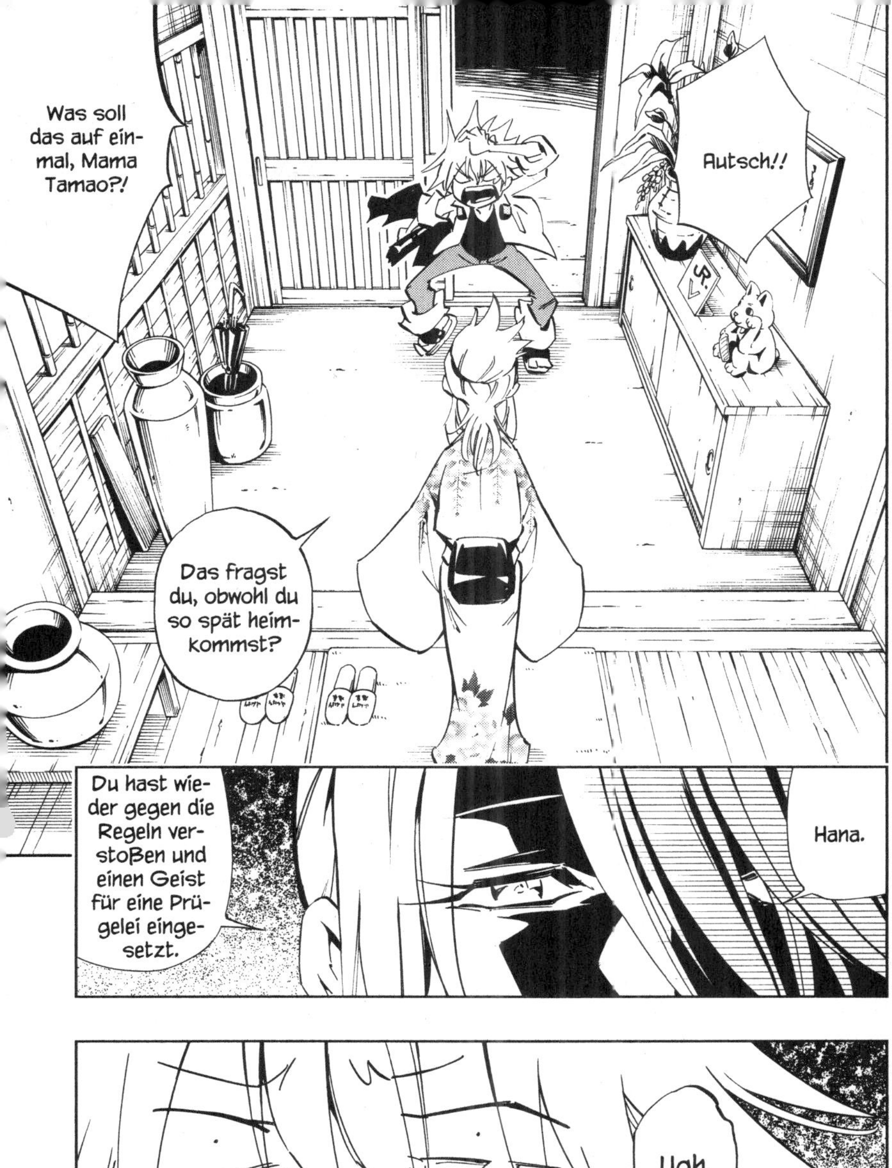

Autsch!!
Was soll das auf einmal, Mama Tamao?!
Das fragst du, obwohl du so spät heimkommst?
Hana.
Du hast wieder gegen die Regeln verstoßen und einen Geist für eine Prügelei eingesetzt.
Ugh.

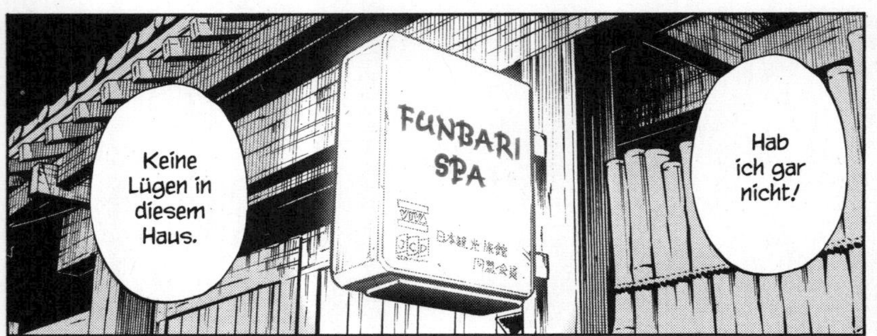
FUNBARI SPA
Hab ich gar nicht!
Keine Lügen in diesem Haus.

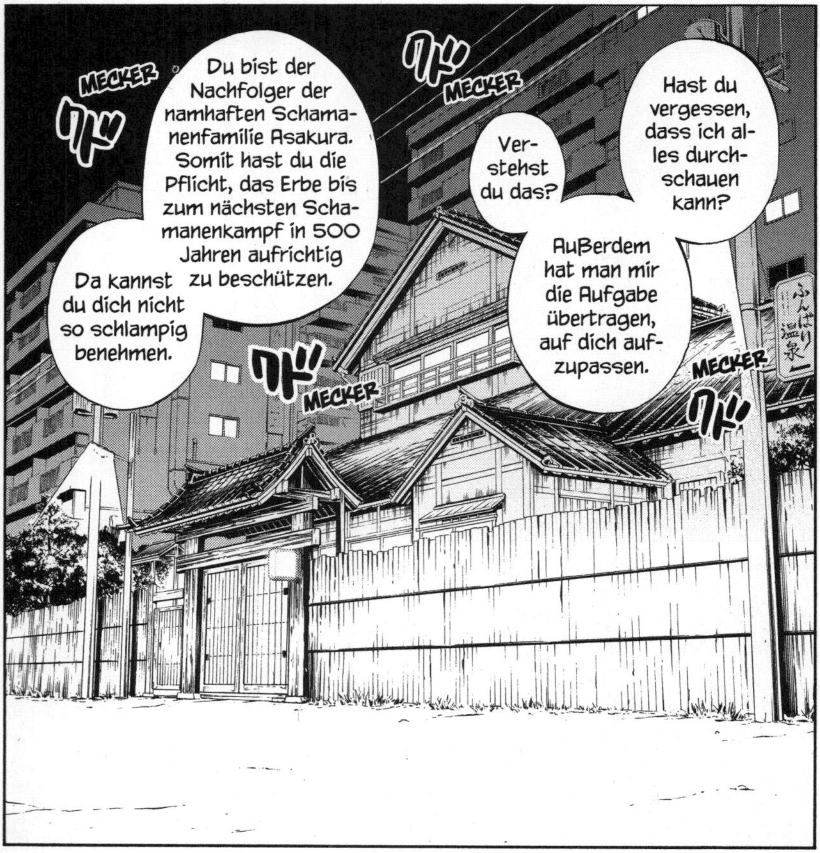

MECKER
MECKER
Du bist der Nachfolger der namhaften Schamanenfamilie Asakura. Somit hast du die Pflicht, das Erbe bis zum nächsten Schamanenkampf in 500 Jahren aufrichtig zu beschützen.
Da kannst du dich nicht so schlampig benehmen.
Verstehst du das?
Hast du vergessen, dass ich alles durchschauen kann?
Außerdem hat man mir die Aufgabe übertragen, auf dich aufzupassen.
ふんばり温泉
MECKER
MECKER

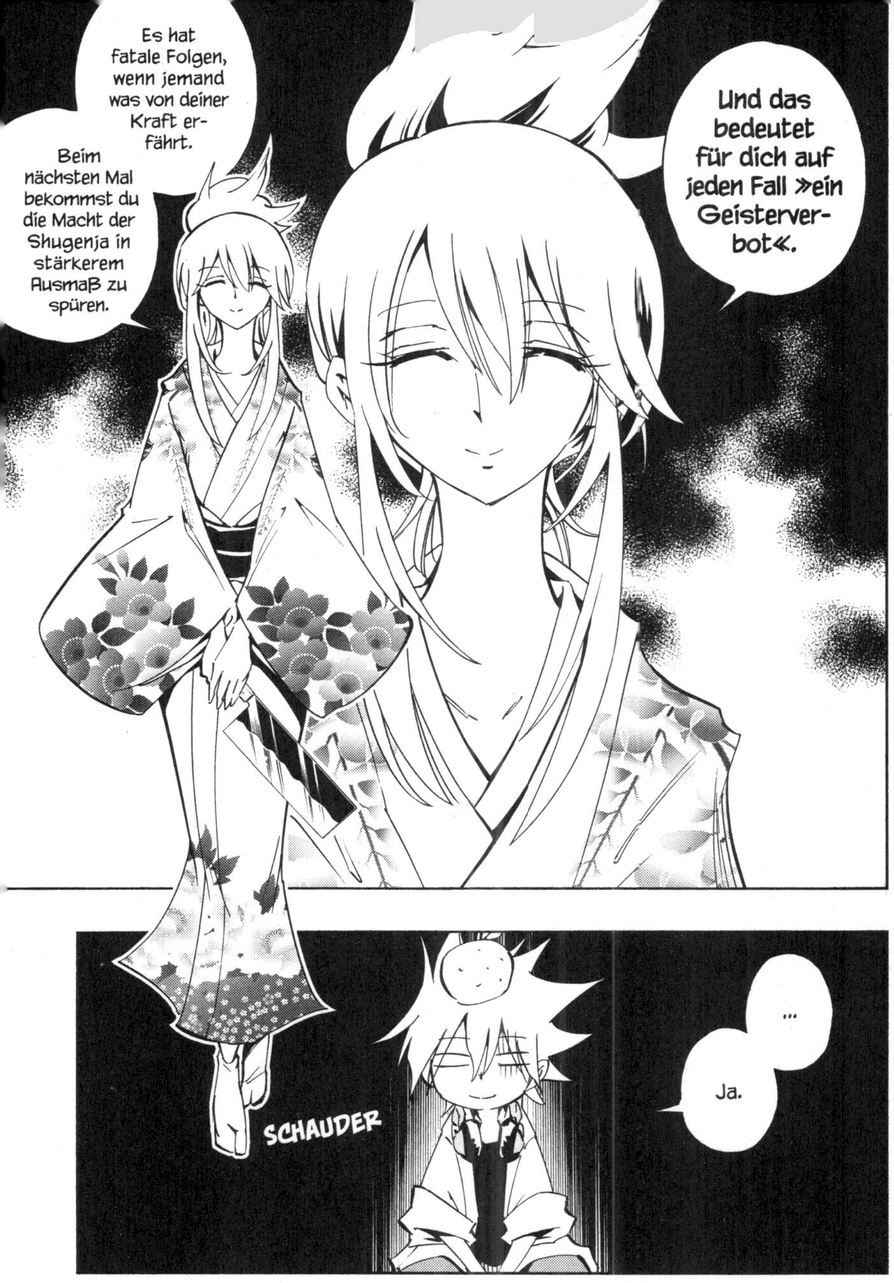
Und das bedeutet für dich auf jeden Fall »ein Geisterverbot«.
Es hat fatale Folgen, wenn jemand was von deiner Kraft erfährt.
Beim nächsten Mal bekommst du die Macht der Shugenja in stärkerem Ausmaß zu spüren.
...
Ja.
SCHAUDER

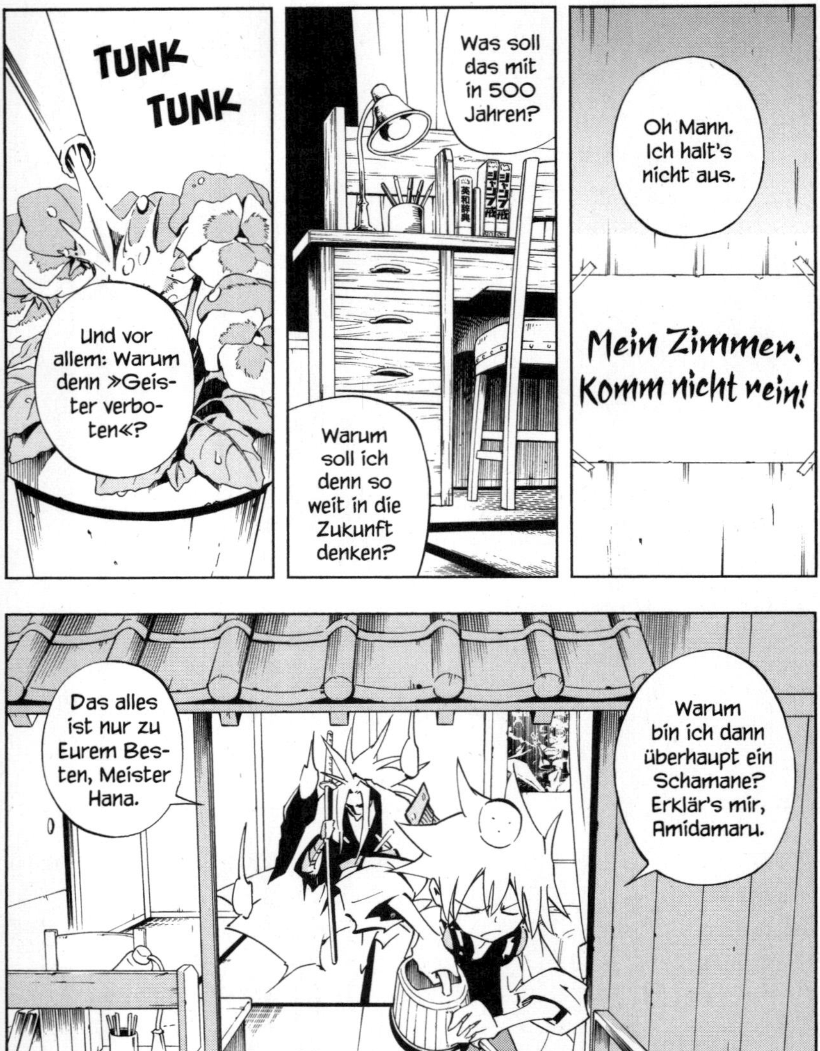

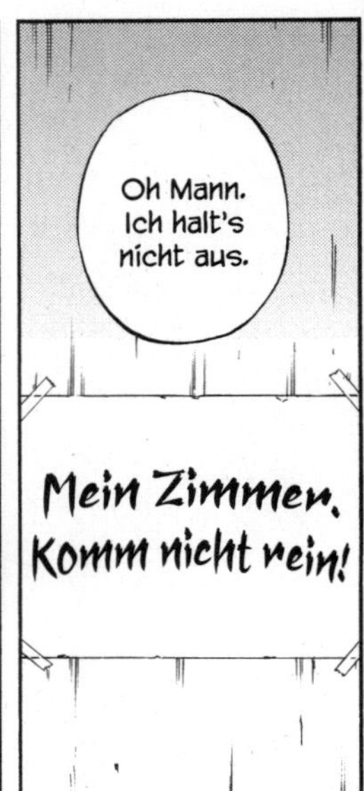
Oh Mann. Ich halt's nicht aus.
Mein Zimmer. Komm nicht rein!

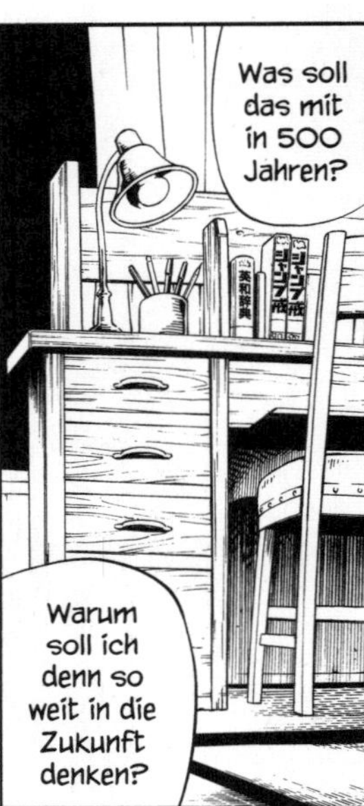
Was soll das mit in 500 Jahren?
Warum soll ich denn so weit in die Zukunft denken?

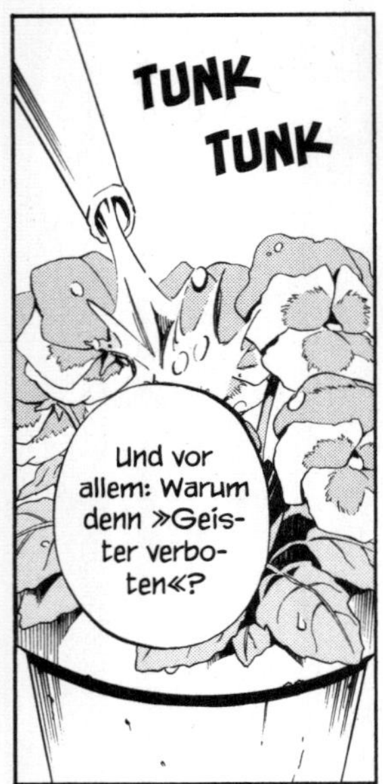
TUNK TUNK
Und vor allem: Warum denn »Geister verboten«?

Warum bin ich dann überhaupt ein Schamane? Erklär's mir, Amidamaru.
Das alles ist nur zu Eurem Besten, Meister Hana.

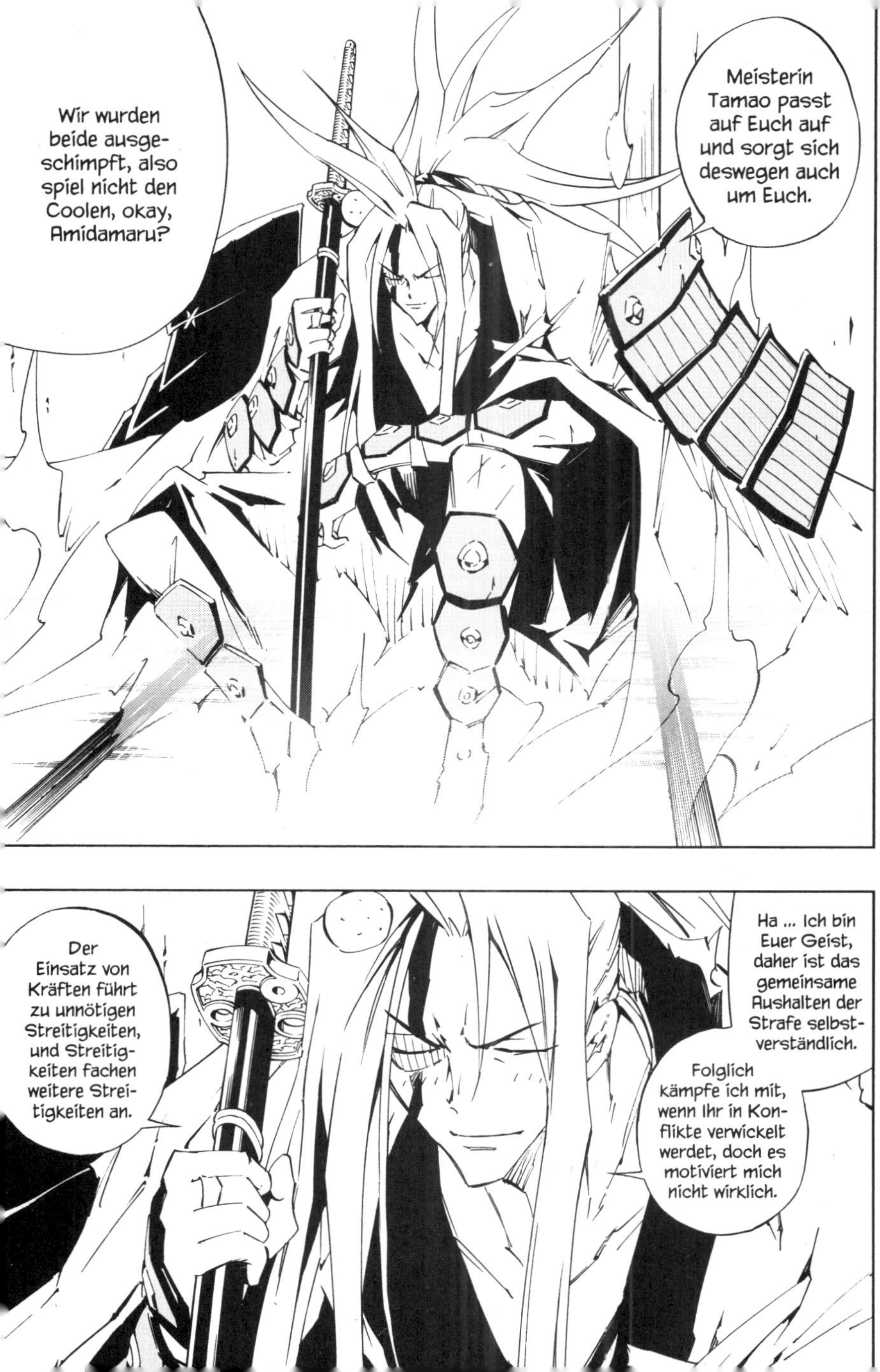

Meisterin Tamao passt auf Euch auf und sorgt sich deswegen auch um Euch.

Wir wurden beide ausgeschimpft, also spiel nicht den Coolen, okay, Amidamaru?

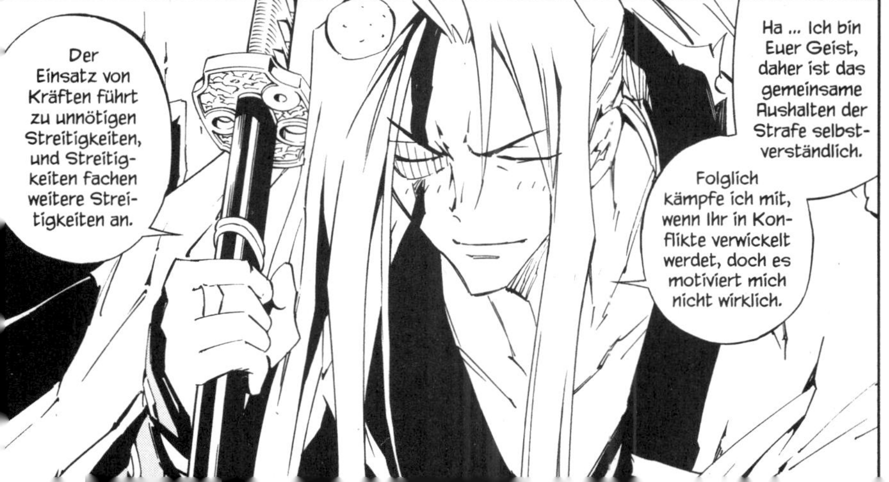

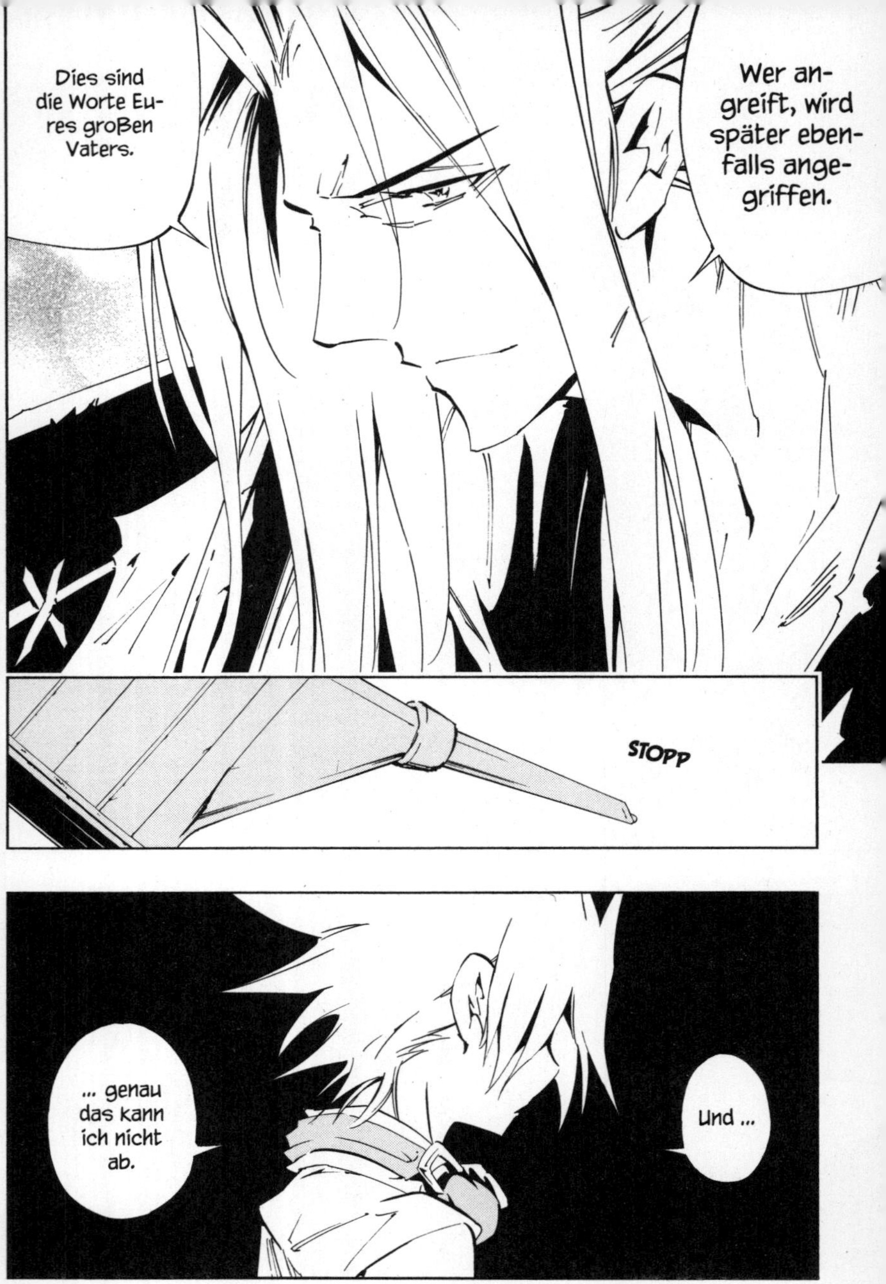

Wer angreift, wird später ebenfalls angegriffen.

Dies sind die Worte Eures großen Vaters.

STOPP

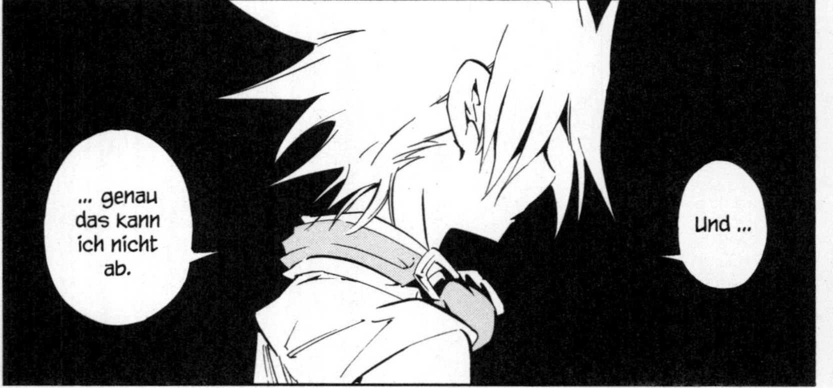

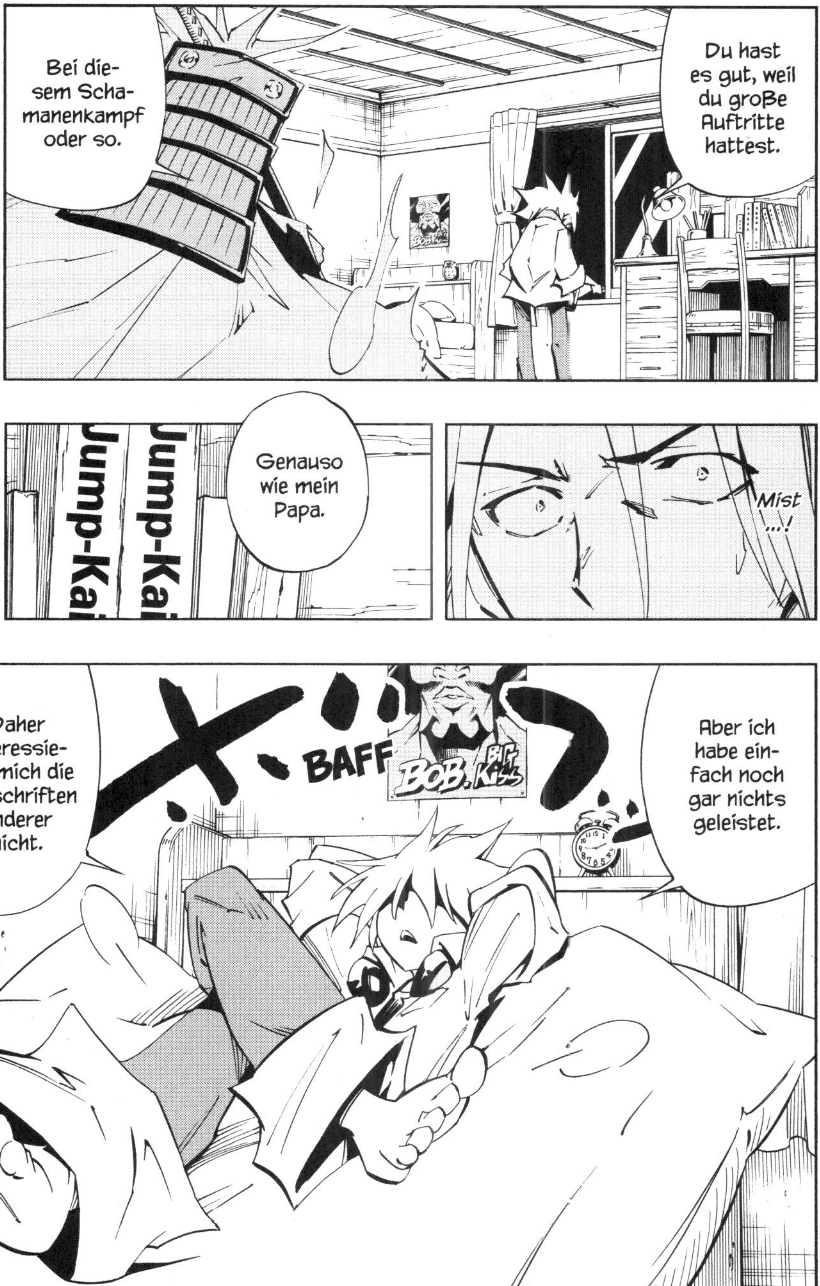

Du hast es gut, weil du große Auftritte hattest.

Bei diesem Schamanenkampf oder so.

Mist ...!

Genauso wie mein Papa.

Jump-Kai

Jump-Kai

Aber ich habe einfach noch gar nichts geleistet.

BOB. BIG KISS

BAFF

Daher interessieren mich die Vorschriften anderer nicht.

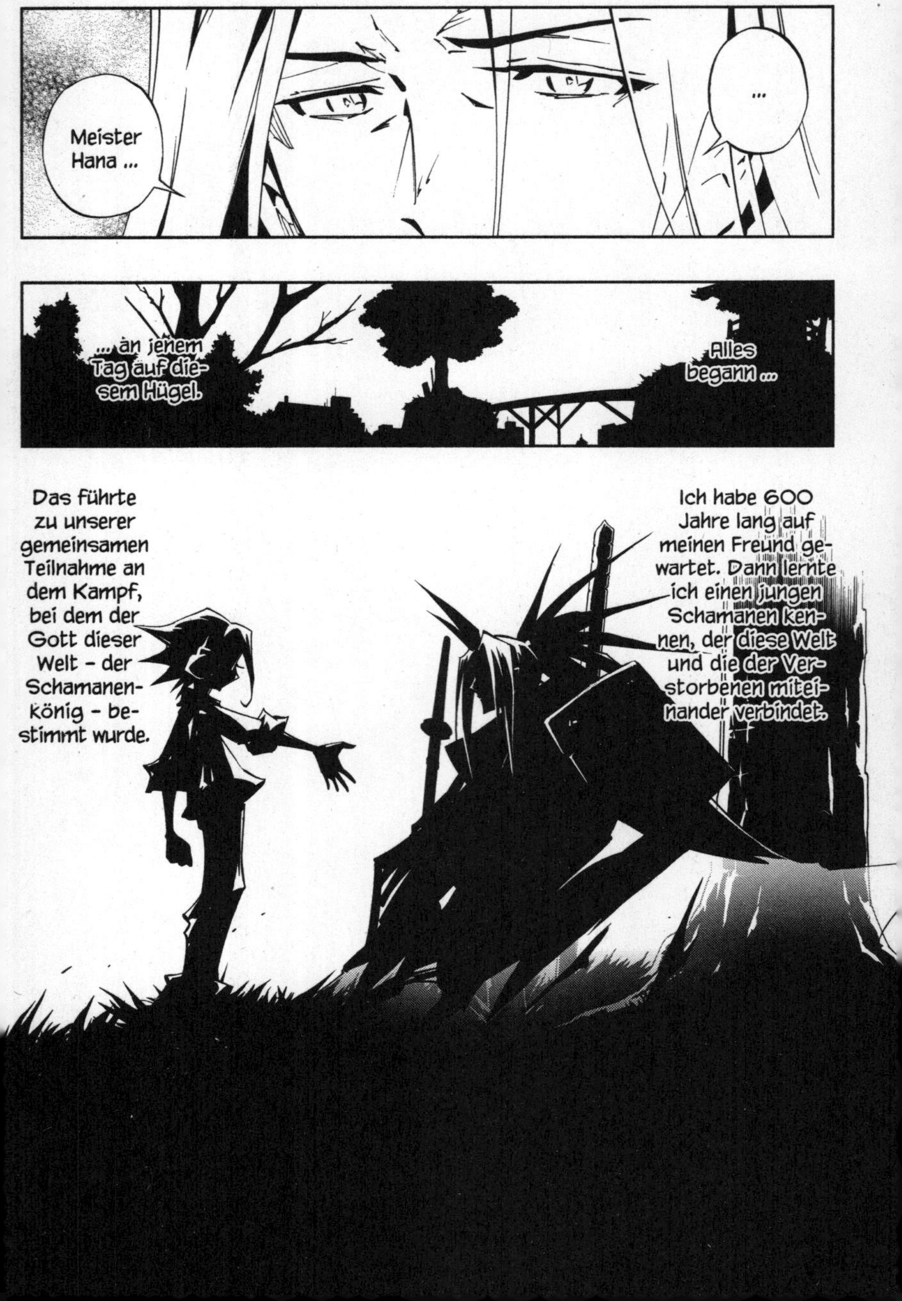

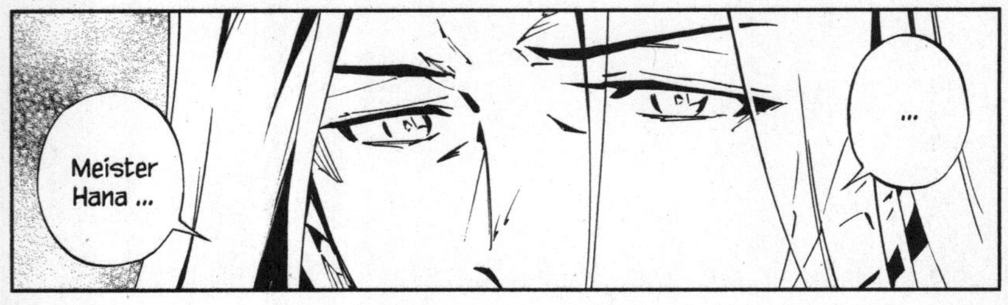

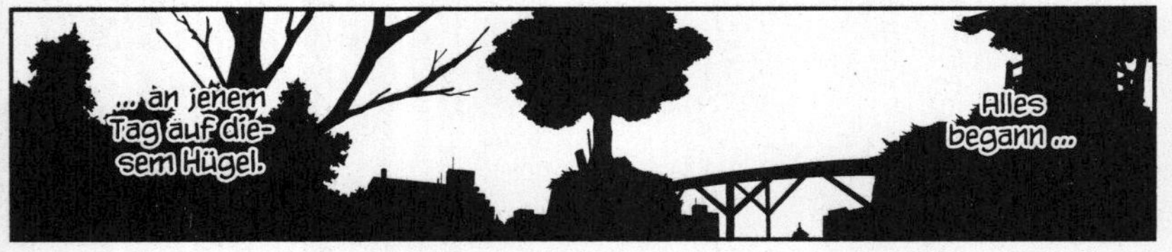

Ich habe 600 Jahre lang auf meinen Freund gewartet. Dann lernte ich einen jungen Schamanen kennen, der diese Welt und die der Verstorbenen miteinander verbindet.

Das führte zu unserer gemeinsamen Teilnahme an dem Kampf, bei dem der Gott dieser Welt – der Schamanenkönig – bestimmt wurde.

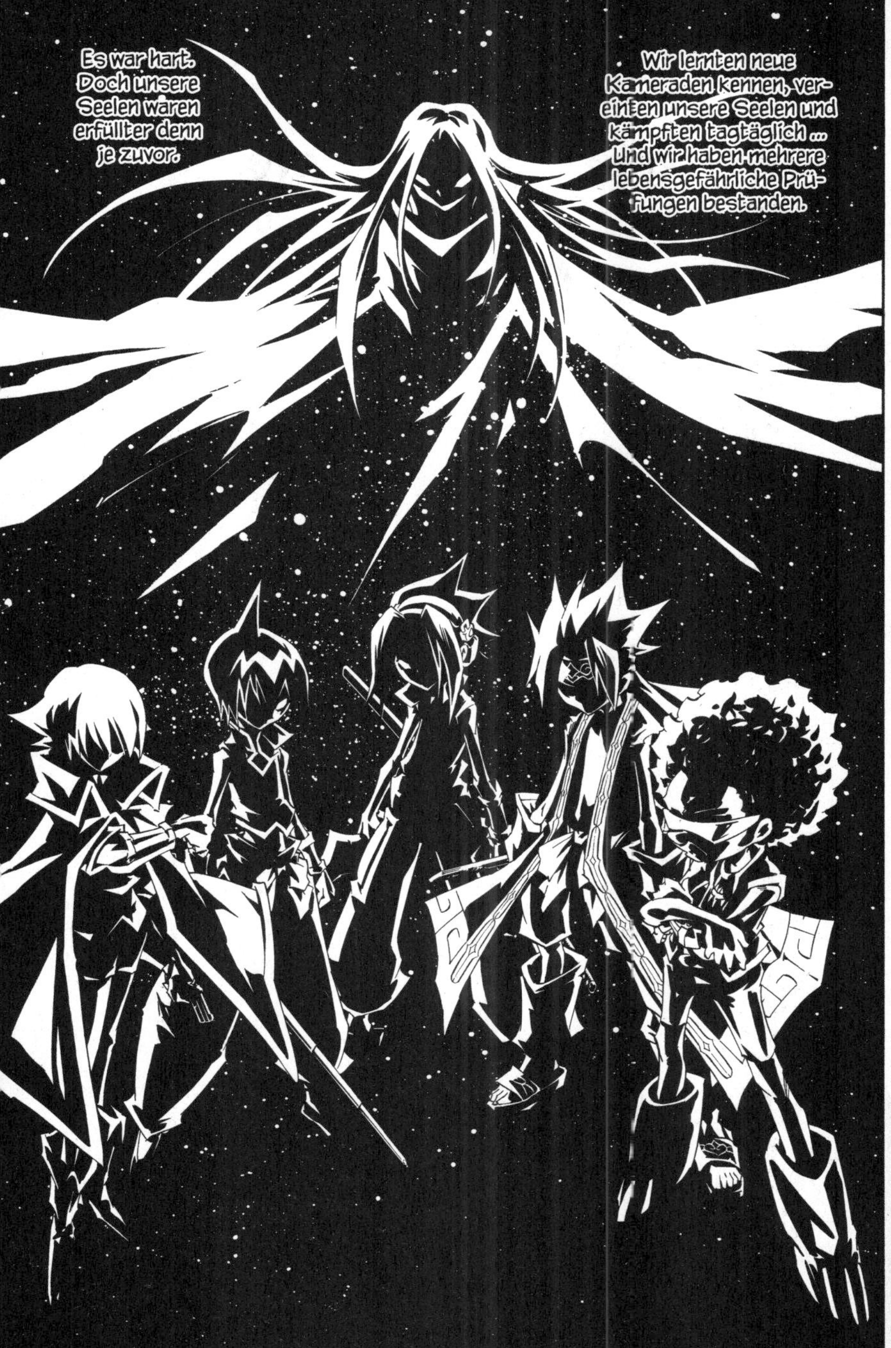
Wir lernten neue Kameraden kennen, vereinten unsere Seelen und kämpften tagtäglich ... Und wir haben mehrere lebensgefährliche Prüfungen bestanden.
Es war hart. Doch unsere Seelen waren erfüllter denn je zuvor.

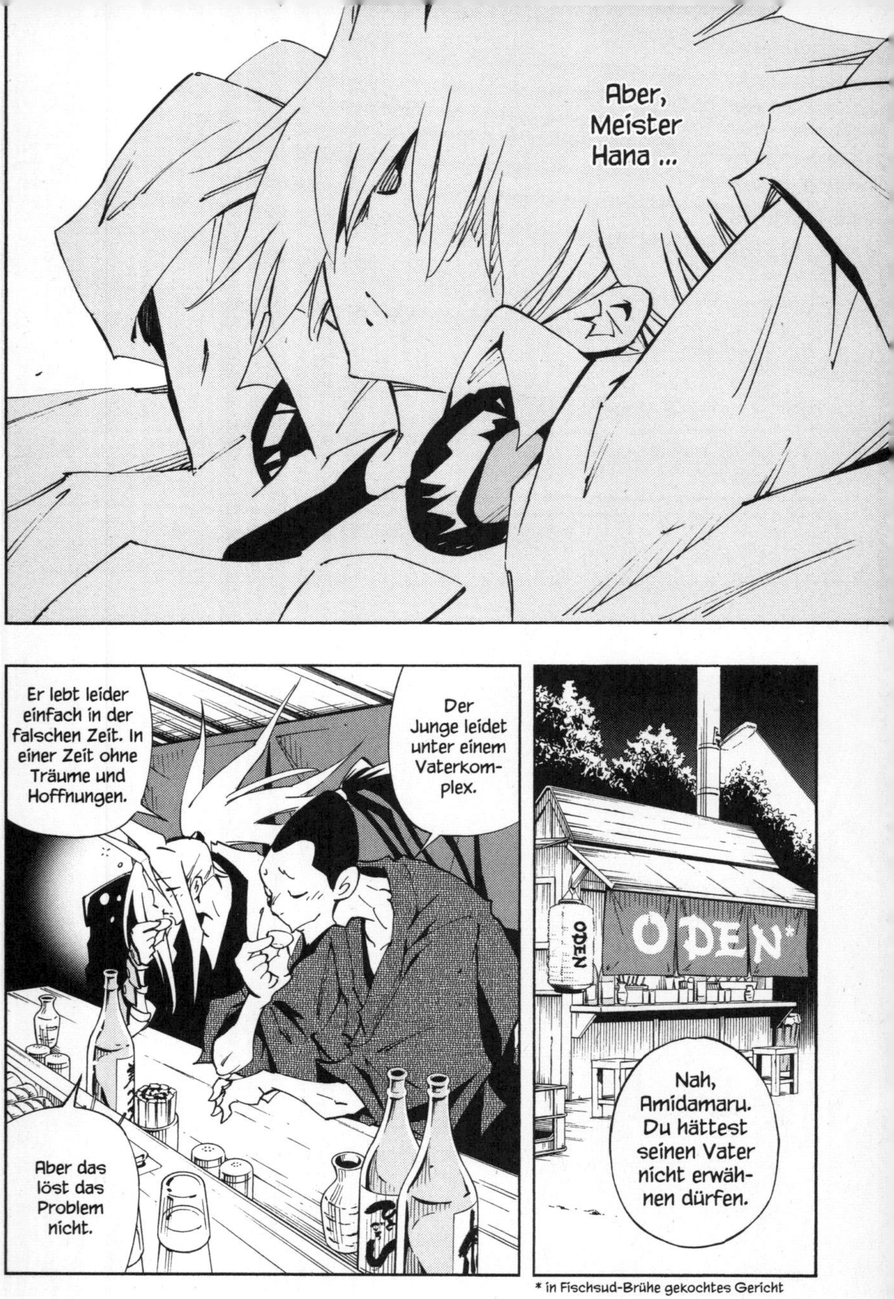

Aber,
Meister
Hana ...

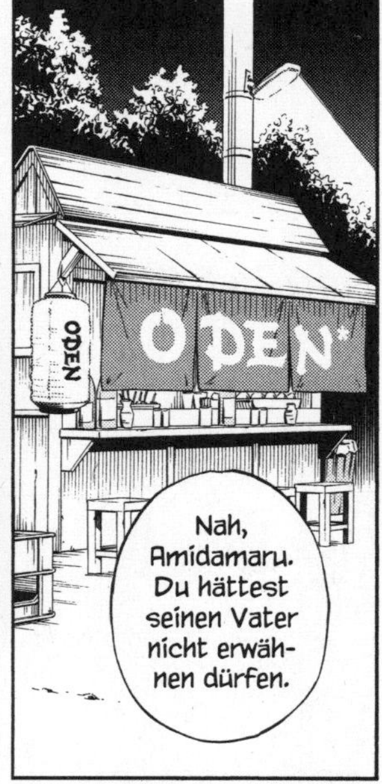

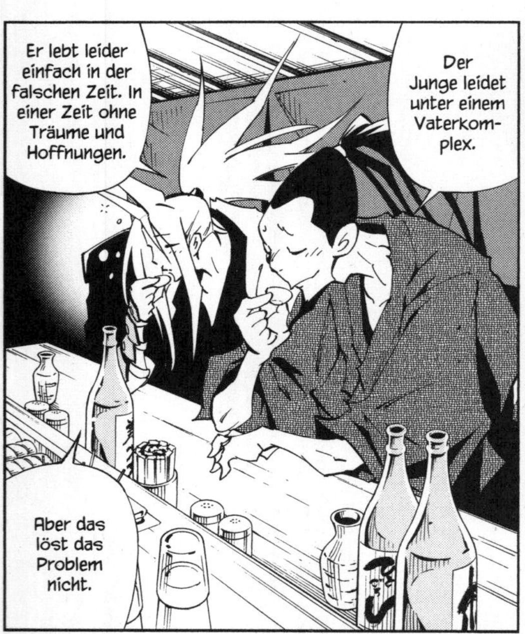

* in Fischsud-Brühe gekochtes Gericht

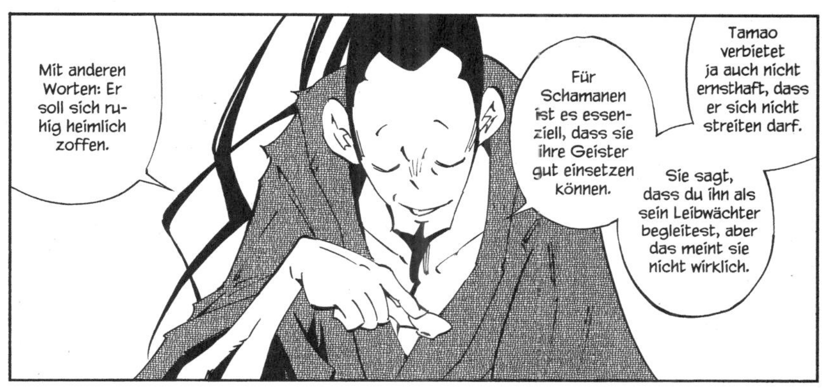
Tamao verbietet ja auch nicht ernsthaft, dass er sich nicht streiten darf.
Sie sagt, dass du ihn als sein Leibwächter begleitest, aber das meint sie nicht wirklich.
Für Schamanen ist es essenziell, dass sie ihre Geister gut einsetzen können.
Mit anderen Worten: Er soll sich ruhig heimlich zoffen.

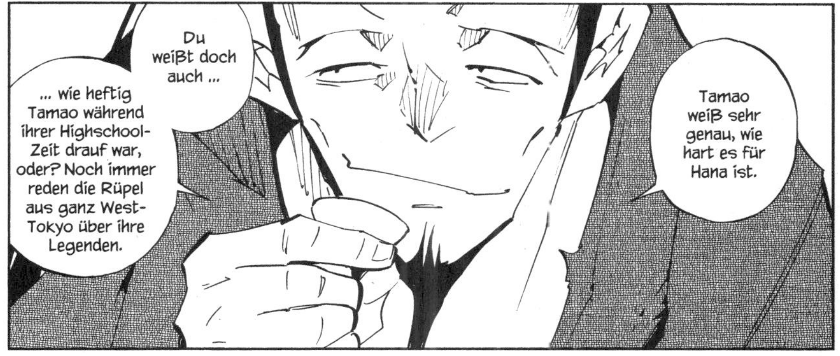
Tamao weiß sehr genau, wie hart es für Hana ist.
Du weißt doch auch ...
... wie heftig Tamao während ihrer Highschool-Zeit drauf war, oder? Noch immer reden die Rüpel aus ganz West-Tokyo über ihre Legenden.

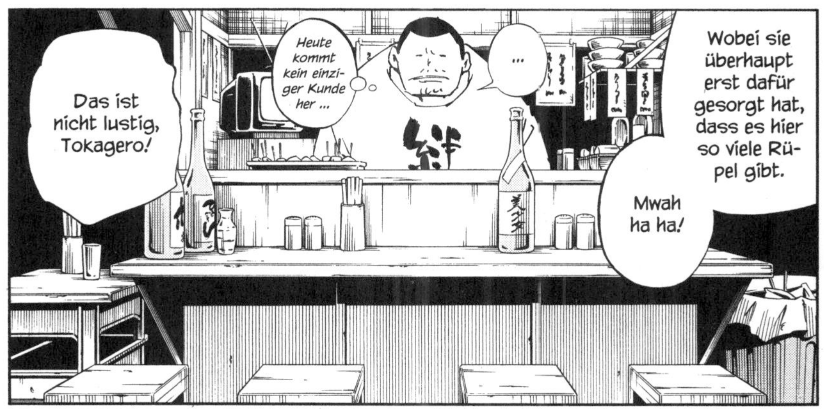
Wobei sie überhaupt erst dafür gesorgt hat, dass es hier so viele Rüpel gibt.
Mwah ha ha!
...
Heute kommt kein einziger Kunde her ...
Das ist nicht lustig, Tokagero!

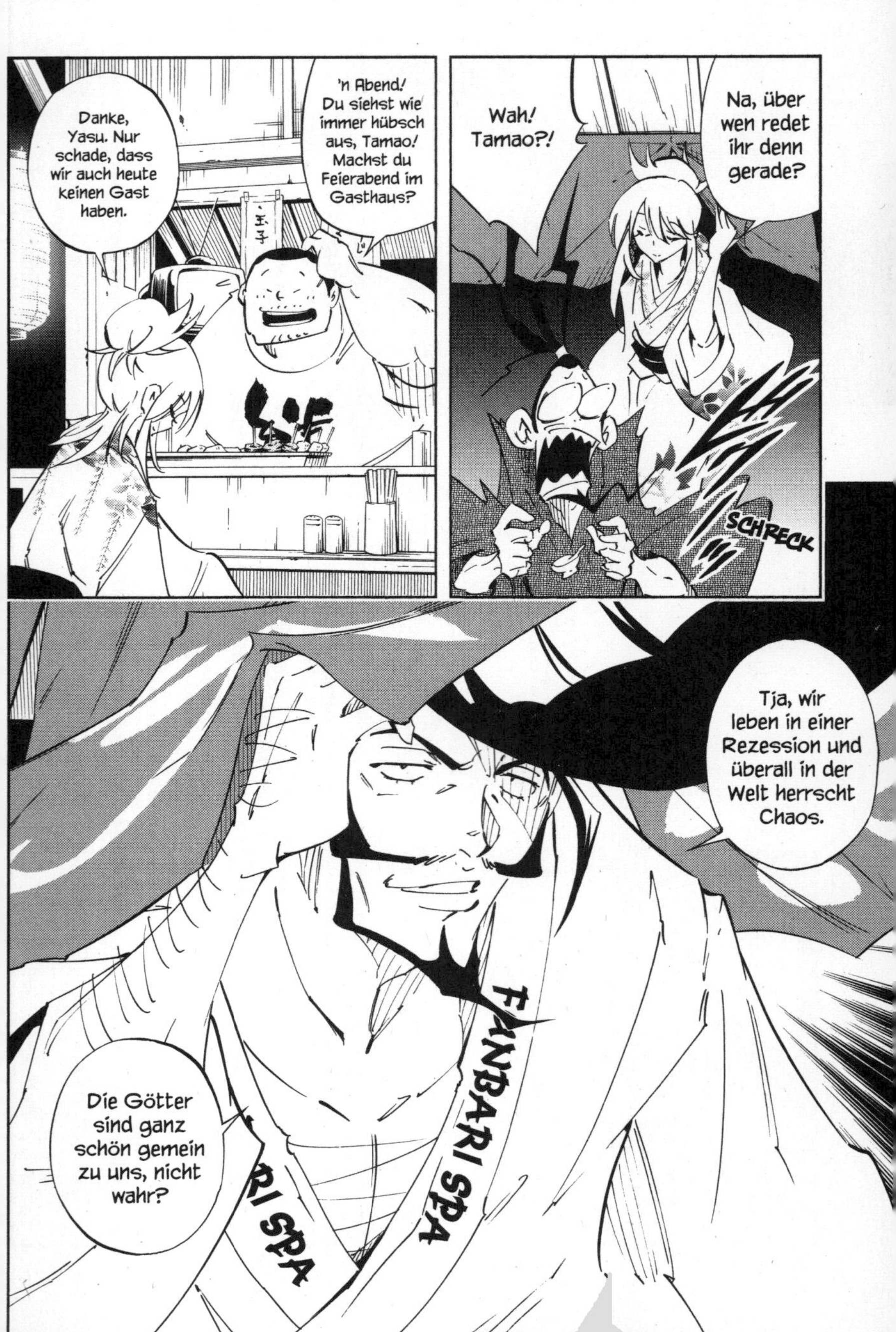
'n Abend! Du siehst wie immer hübsch aus, Tamao! Machst du Feierabend im Gasthaus?
Danke, Yasu. Nur schade, dass wir auch heute keinen Gast haben.
Na, über wen redet ihr denn gerade?
Wah! Tamao?!
SCHRECK
Tja, wir leben in einer Rezession und überall in der Welt herrscht Chaos.
Die Götter sind ganz schön gemein zu uns, nicht wahr?
FANBARI SPA
RI SPA

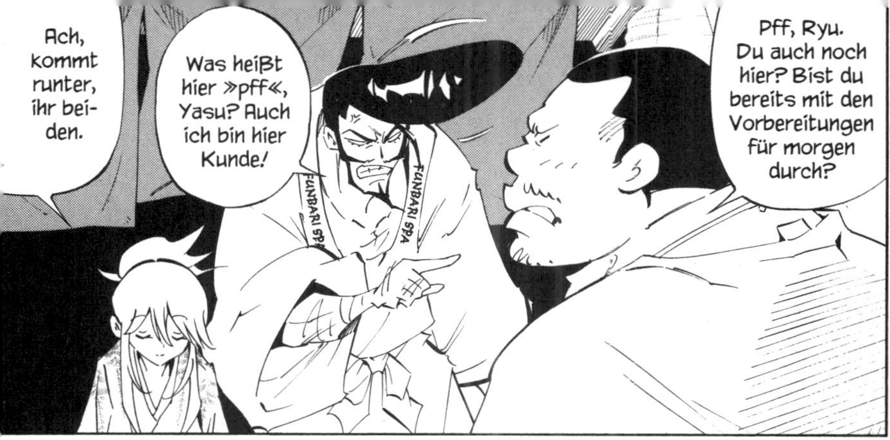

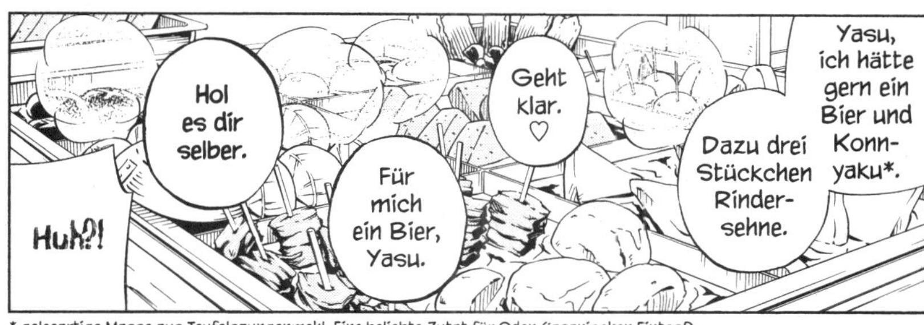

* geleeartige Masse aus Teufelszungenmehl. Eine beliebte Zutat für Oden (japanischen Eintopf).

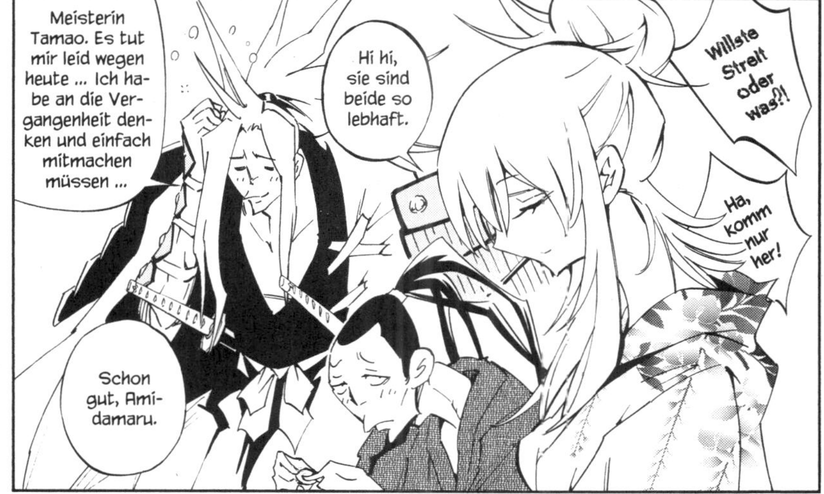

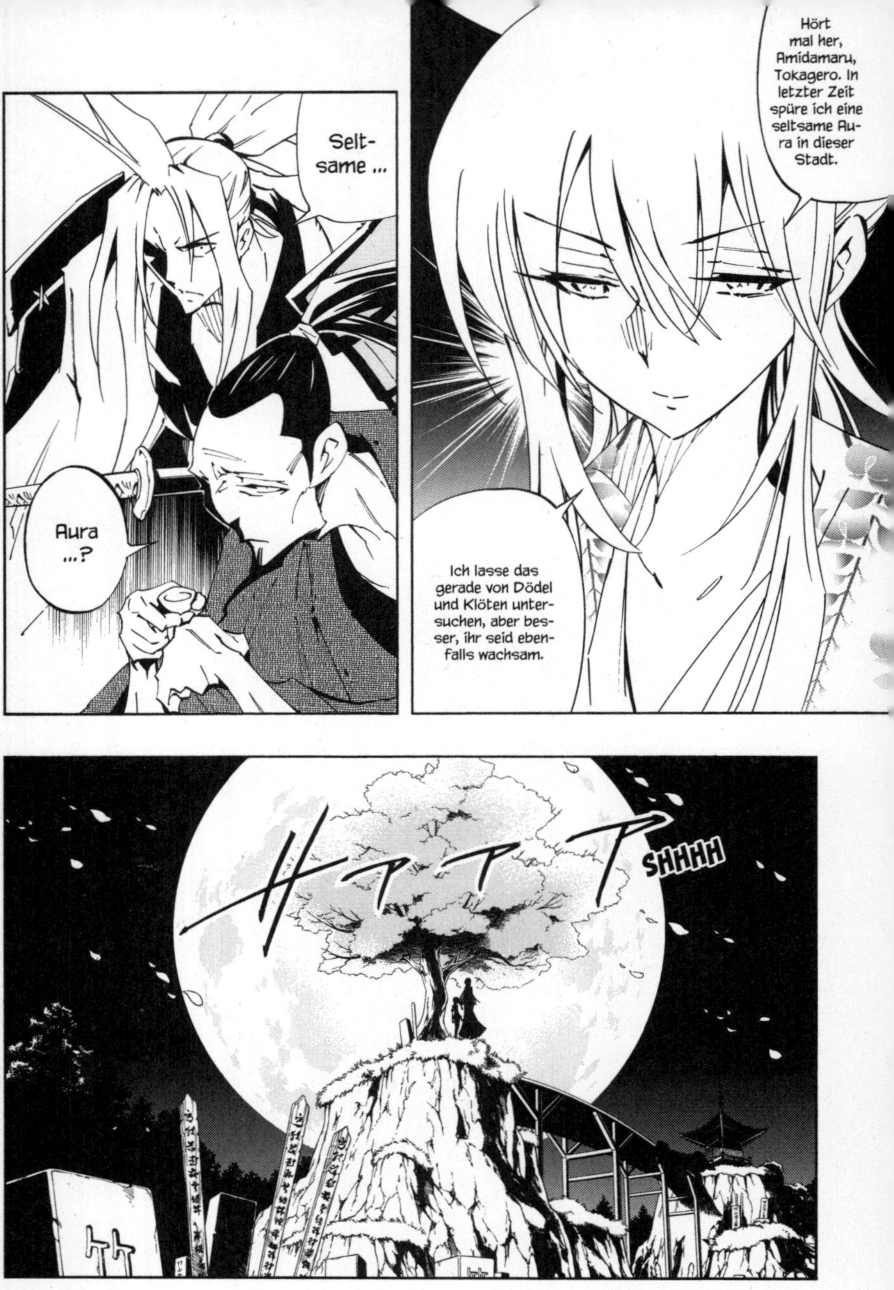

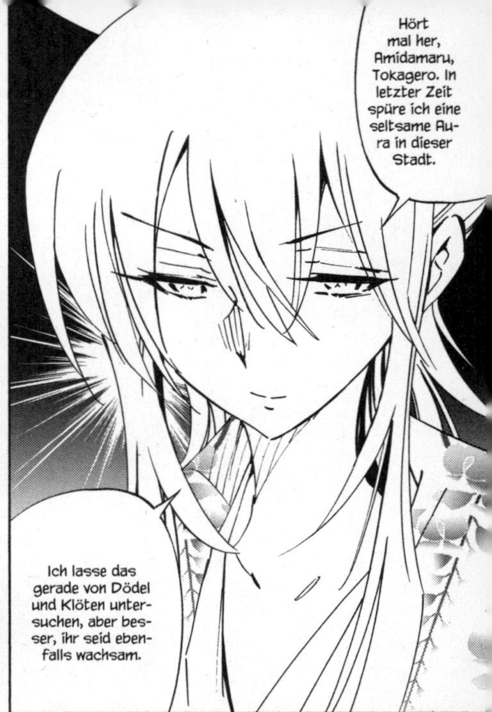
Hört mal her, Amidamaru, Tokagero. In letzter Zeit spüre ich eine seltsame Aura in dieser Stadt.
Ich lasse das gerade von Dödel und Klöten untersuchen, aber besser, ihr seid ebenfalls wachsam.

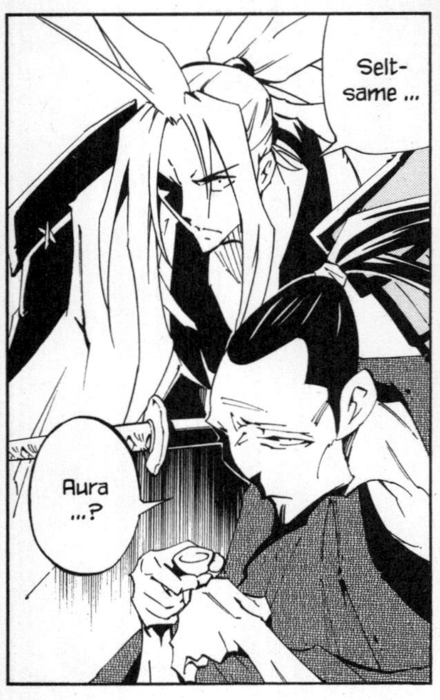
Seltsame ...
Aura ...?

SHHHH

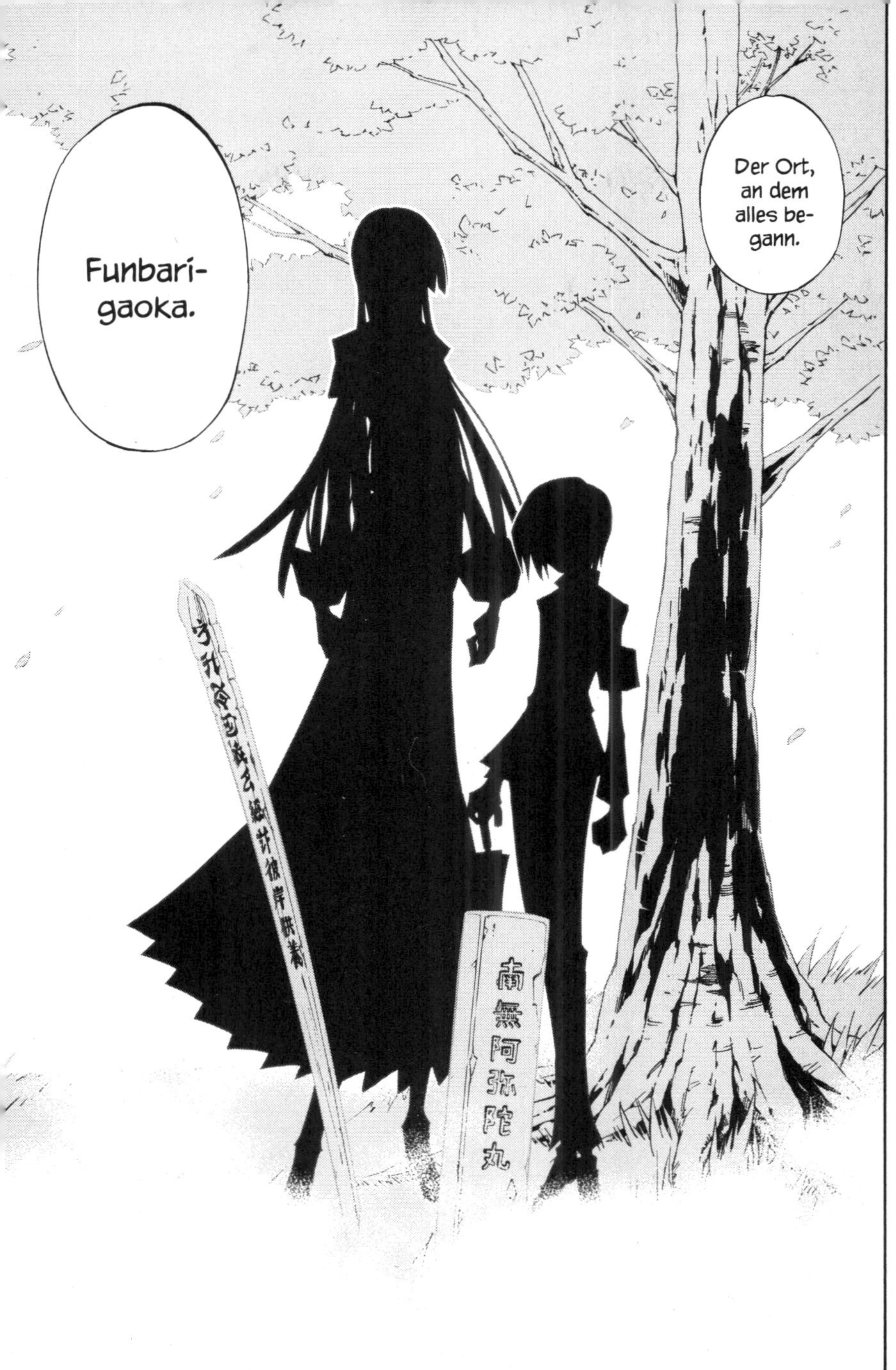
Der Ort, an dem alles be-gann.
Funbari-gaoka.
南無阿弥陀丸

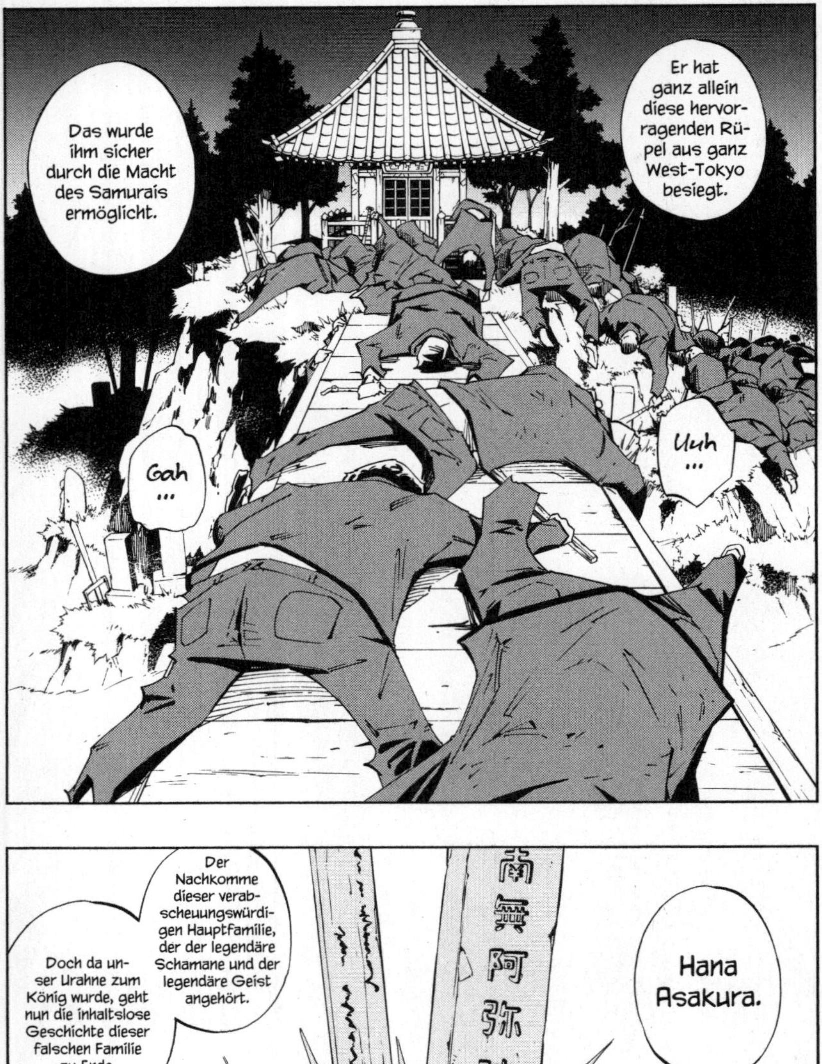

Er hat ganz allein diese hervorragenden Rüpel aus ganz West-Tokyo besiegt.

Das wurde ihm sicher durch die Macht des Samurais ermöglicht.

Uuh ...

Gah ...

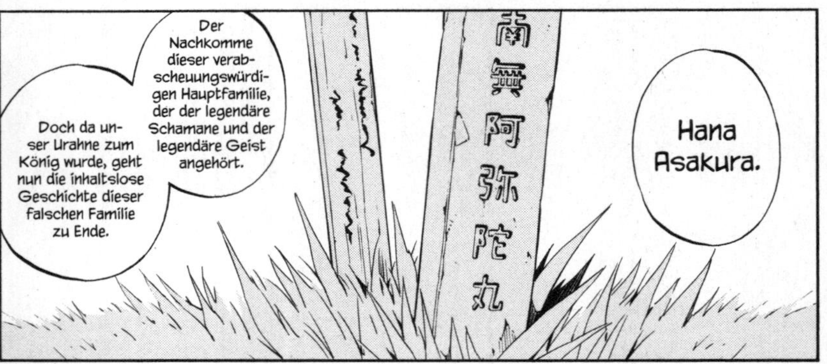

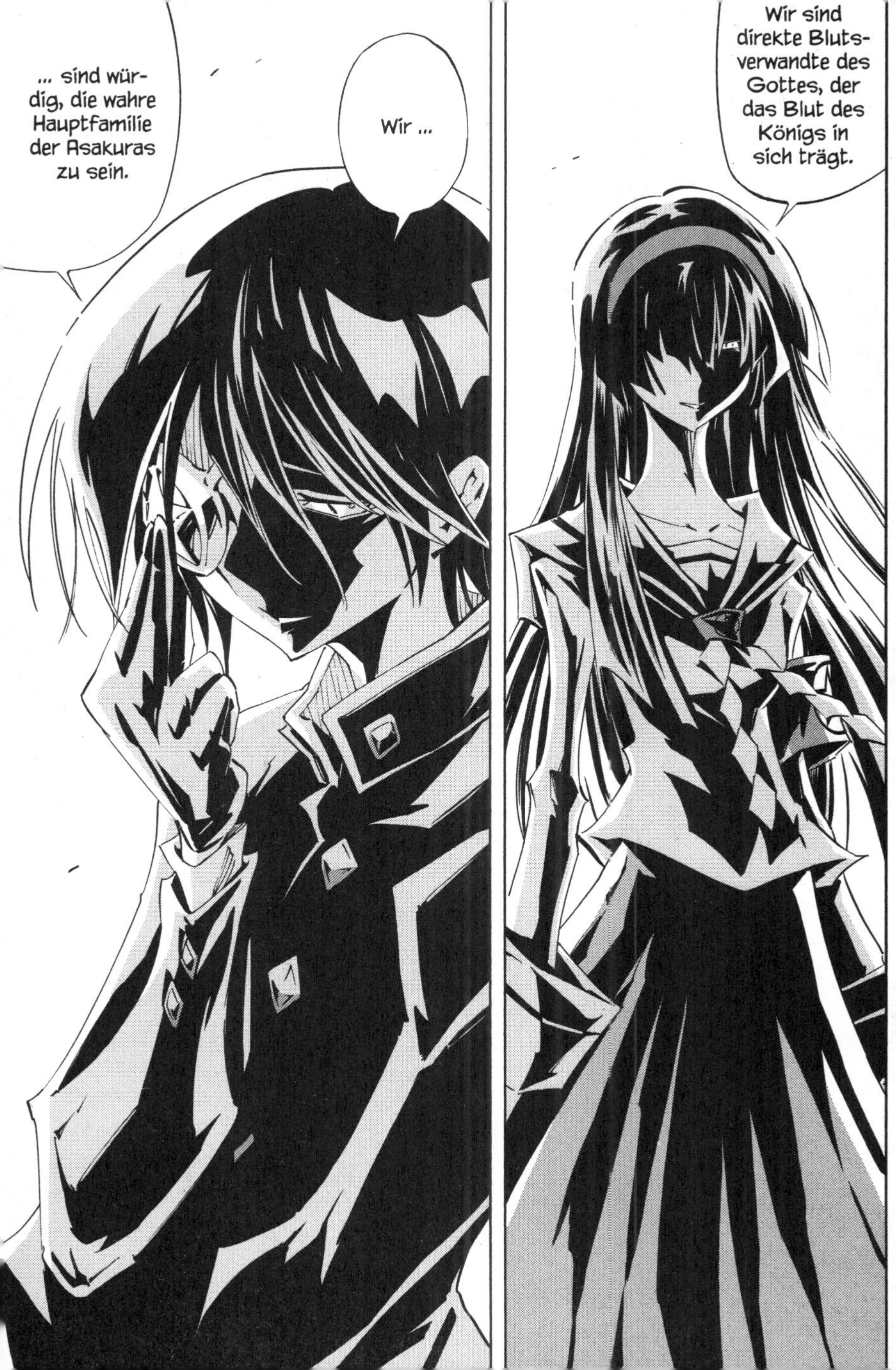
Wir sind direkte Bluts-verwandte des Gottes, der das Blut des Königs in sich trägt.
Wir ...
... sind wür-dig, die wahre Hauptfamilie der Asakuras zu sein.

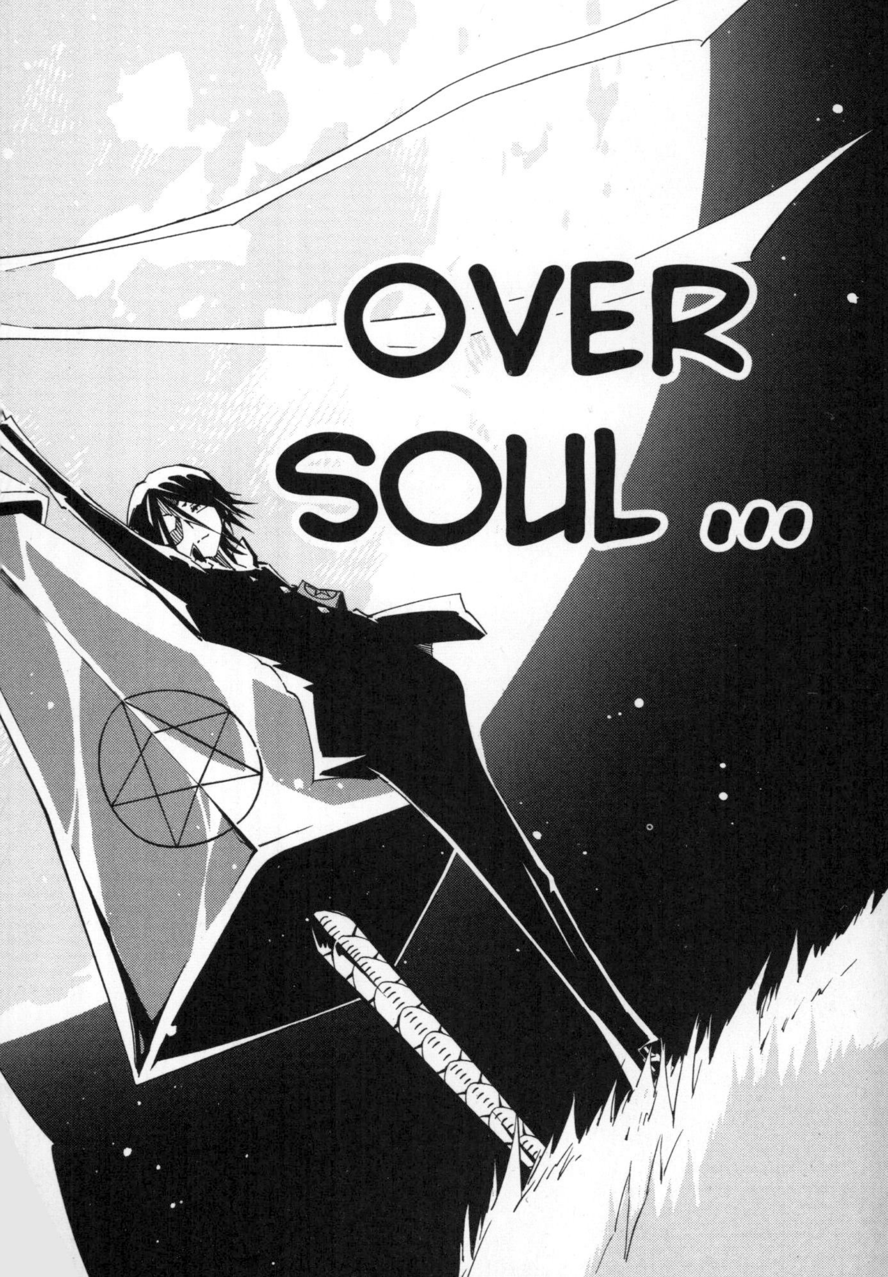
OVER
SOUL ...

TSU-
KUYOMI!

(Der Speer, der den Mond liest)*

* Tsukuyomi ist zudem auch der Name des Gottes, der über die Nacht herrscht.

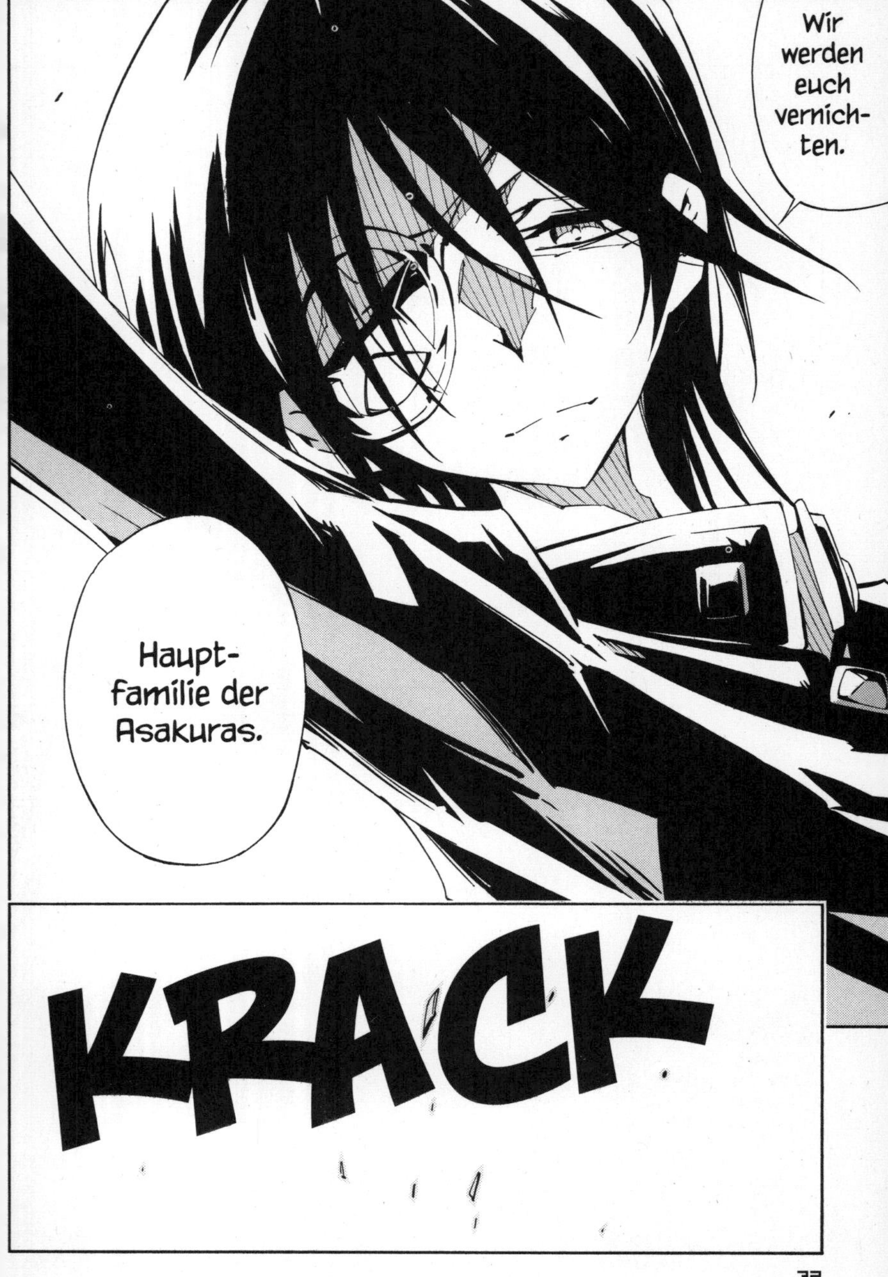
Wir werden euch vernichten.
Haupt-familie der Asakuras.
KRACK

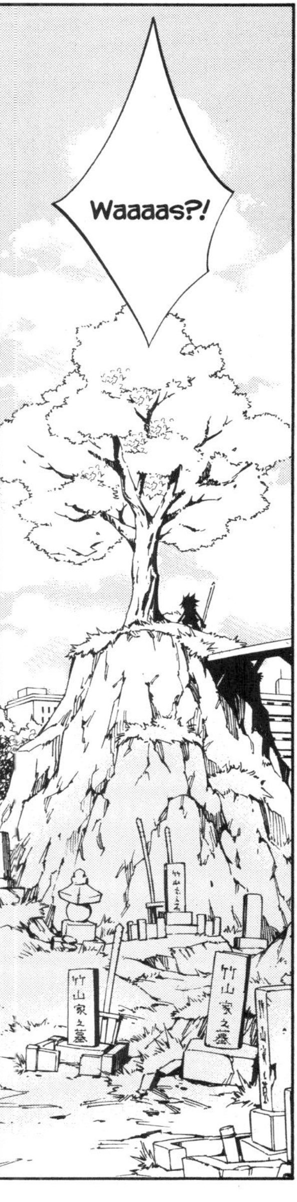
Waaaas?!

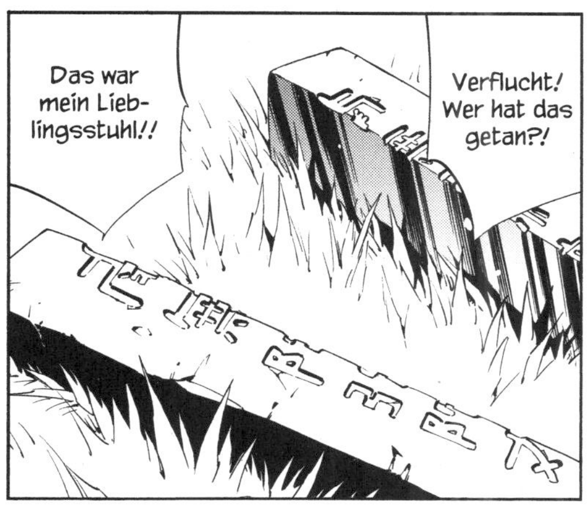
Verflucht! Wer hat das getan?!
Das war mein Lieblingsstuhl!!

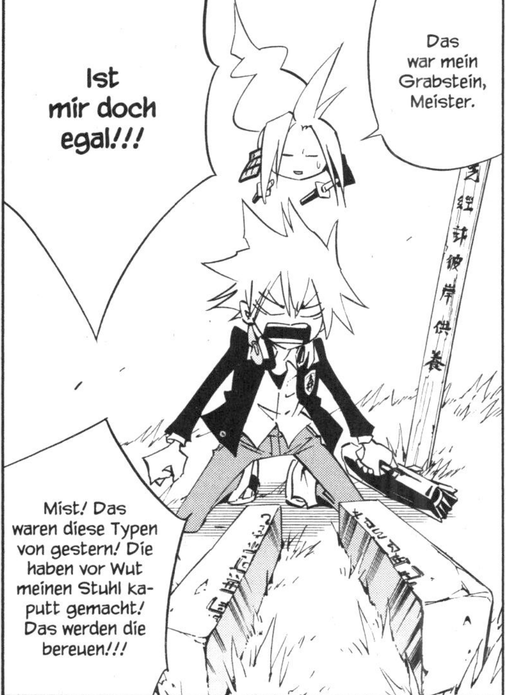
Das war mein Grabstein, Meister.
Ist mir doch egal!!!
Mist! Das waren diese Typen von gestern! Die haben vor Wut meinen Stuhl kaputt gemacht! Das werden die bereuen!!!

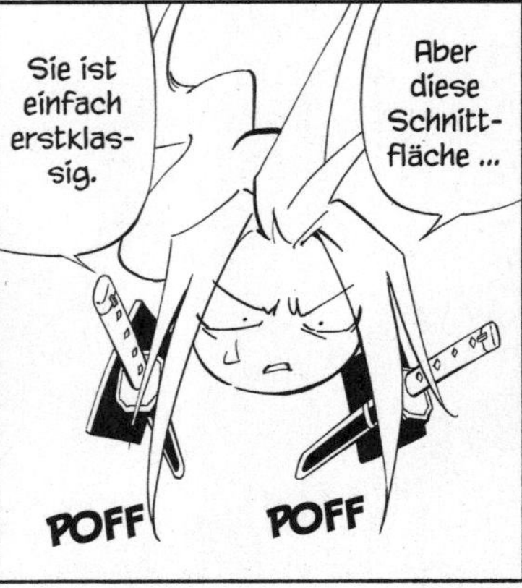
Aber diese Schnittfläche ...
Sie ist einfach erstklassig.
POFF
POFF

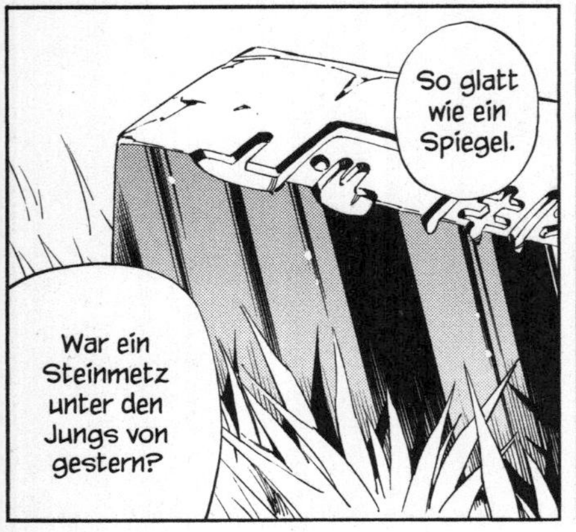
So glatt wie ein Spiegel.
War ein Steinmetz unter den Jungs von gestern?

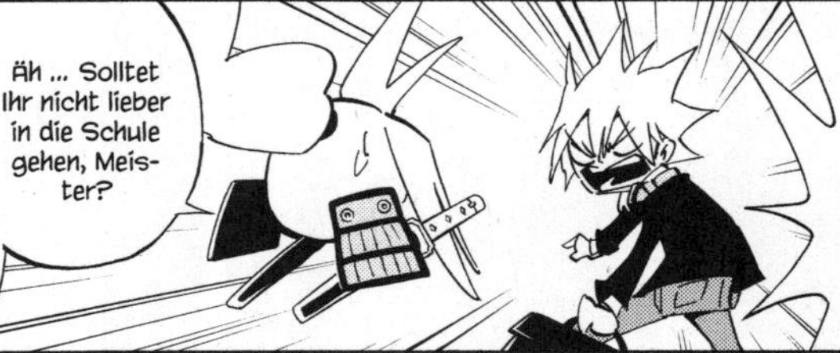
Alles klar! Überprüf alle Söhne der Steinhändler in der Gegend!
Äh ... Solltet Ihr nicht lieber in die Schule gehen, Meister?

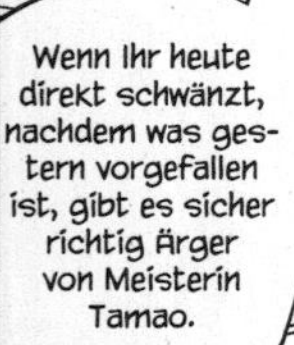
Wenn Ihr heute direkt schwänzt, nachdem was gestern vorgefallen ist, gibt es sicher richtig Ärger von Meisterin Tamao.

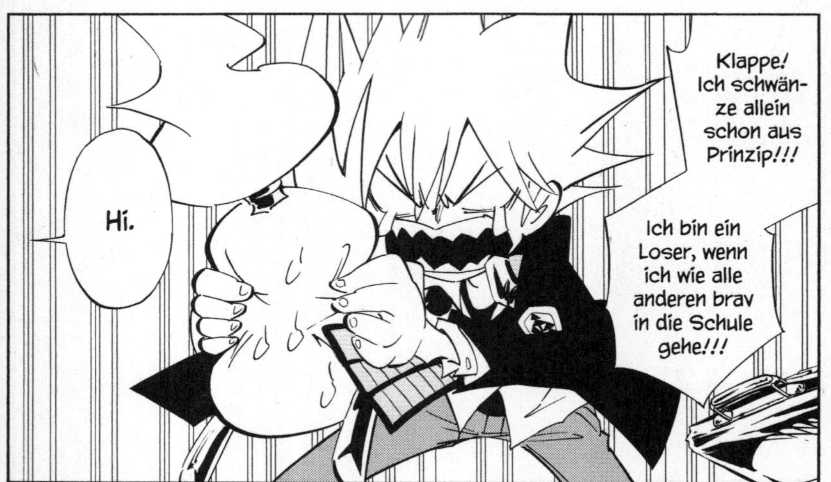
Klappe! Ich schwänze allein schon aus Prinzip!!!
Ich bin ein Loser, wenn ich wie alle anderen brav in die Schule gehe!!!
Hi.

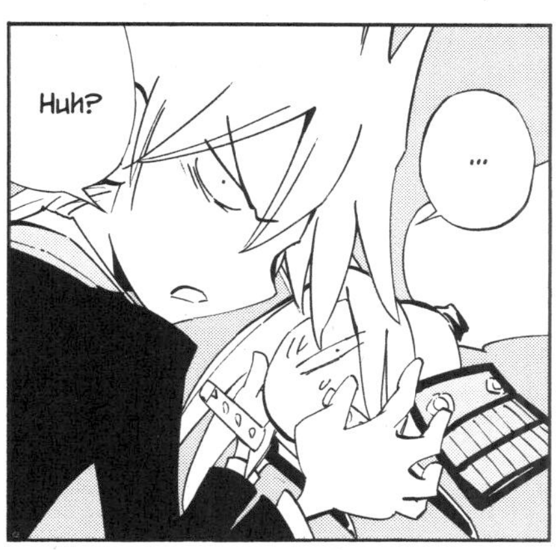
...
Huh?

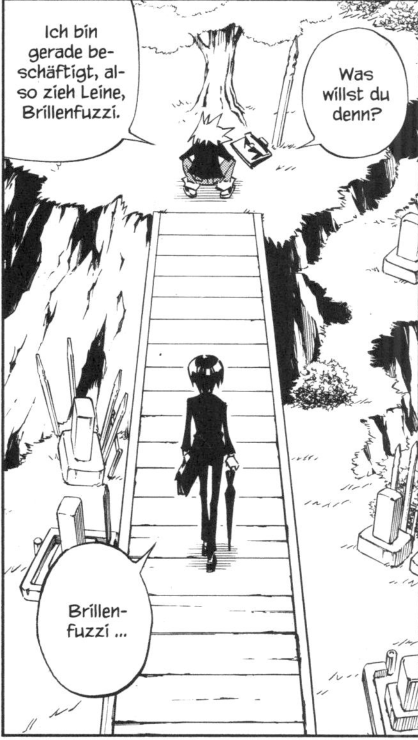
Was willst du denn?
Ich bin gerade beschäftigt, also zieh Leine, Brillenfuzzi.
Brillenfuzzi ...

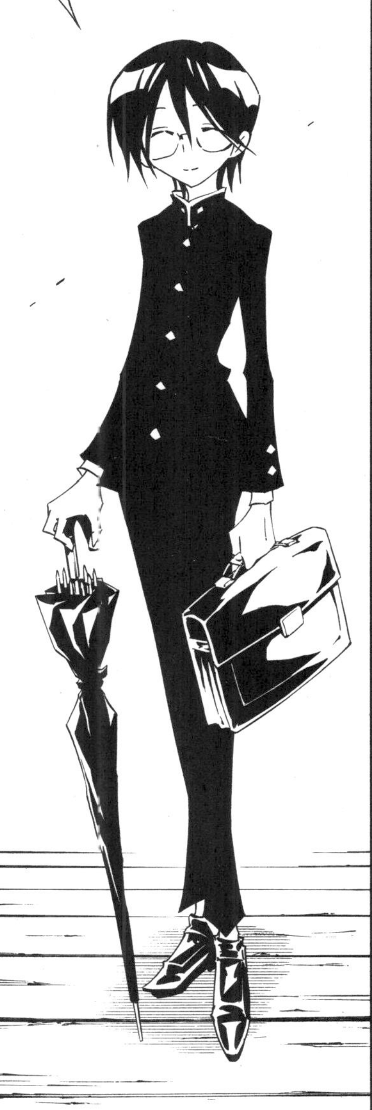
Die Uniform ... ist die der Shinra-Mittelschule, richtig?
Kannst du mir den Weg zeigen? Ich möchte auch dorthin.

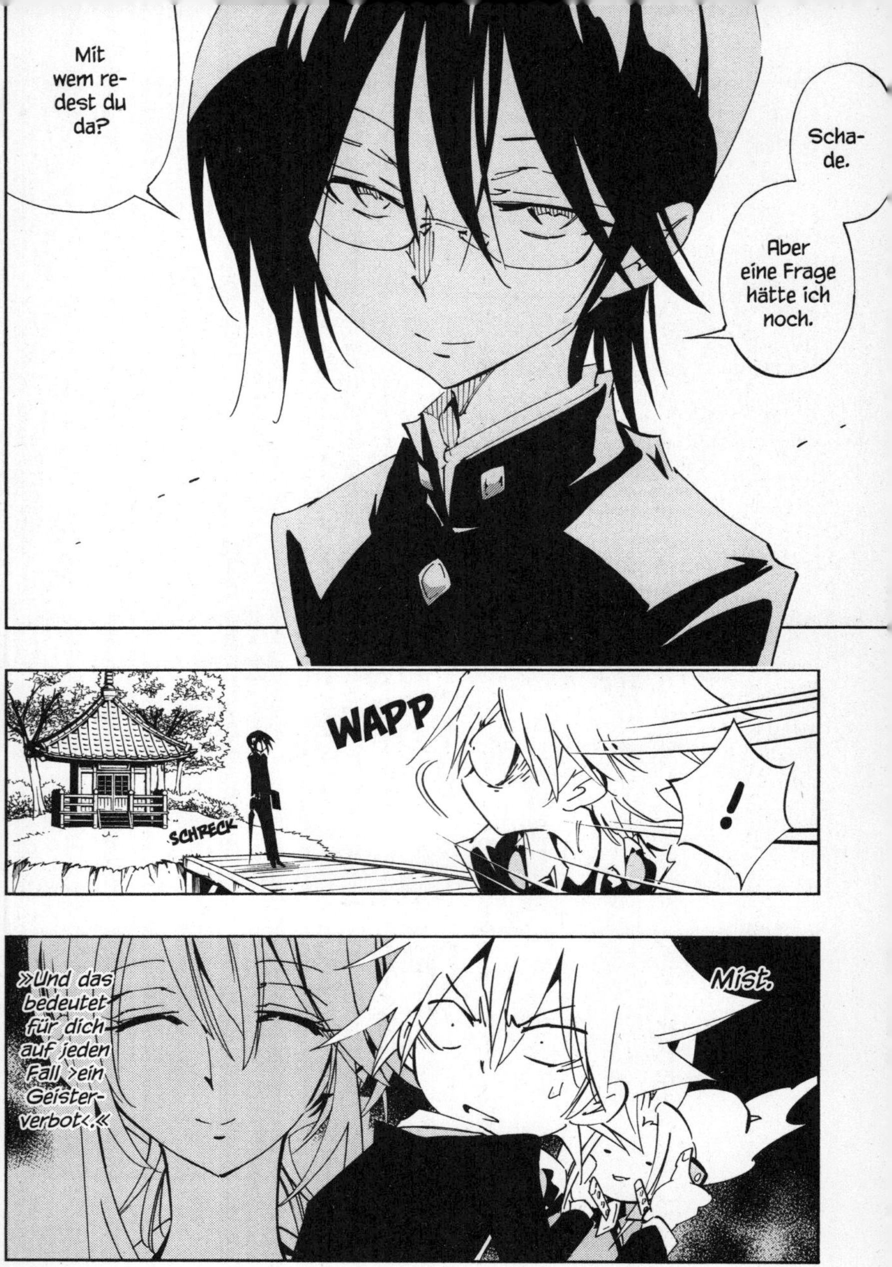

Scha-de.

Aber eine Frage hätte ich noch.

Mit wem re-dest du da?

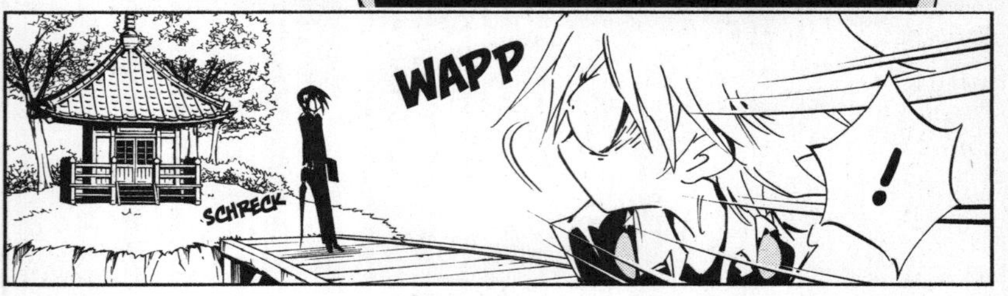

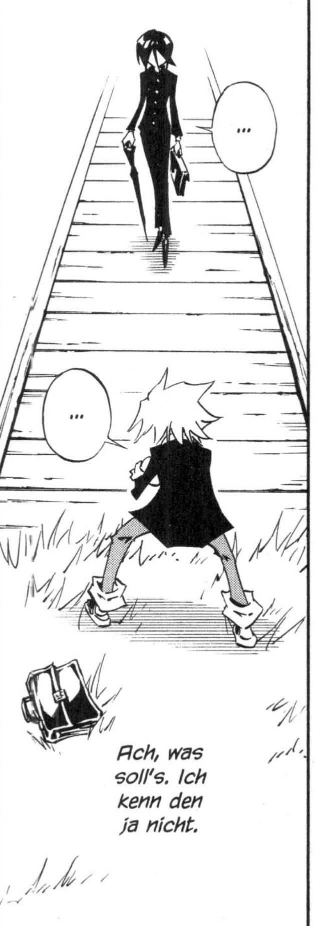
Wenn der von meiner Schamanenkraft erfährt, bekomme ich wieder Ärger von Mama Tamao. Soll ich ihm sagen, dass ich Selbstgespräche führe? Dann sehe ich ja aber wie ein Volltrottel aus.
...
...
Ach, was soll's. Ich kenn den ja nicht.

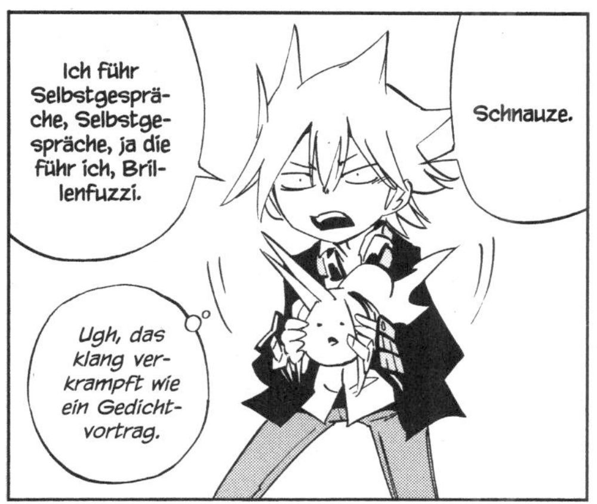
Schnauze.
Ich führ Selbstgespräche, Selbstgespräche, ja die führ ich, Brillenfuzzi.
Ugh, das klang verkrampft wie ein Gedichtvortrag.

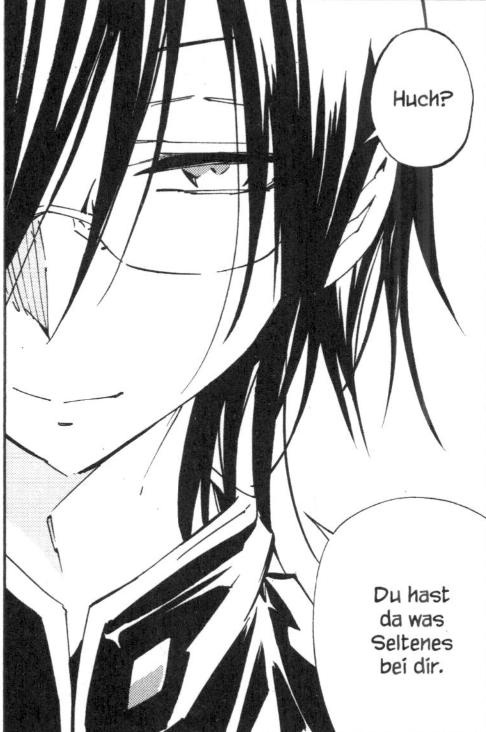
Huch?
Du hast da was Seltenes bei dir.

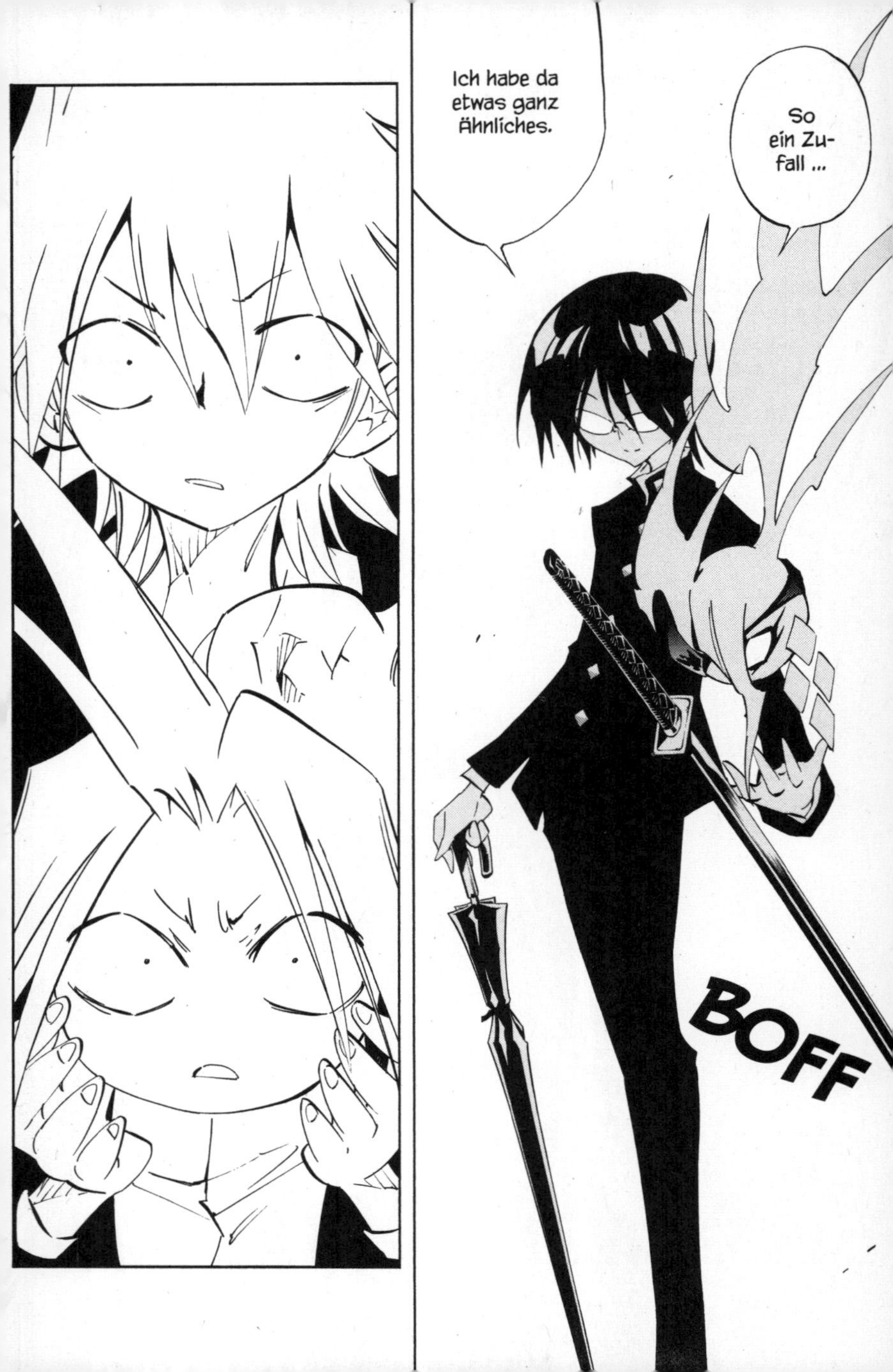
So ein Zufall ...
Ich habe da etwas ganz Ähnliches.
BOFF

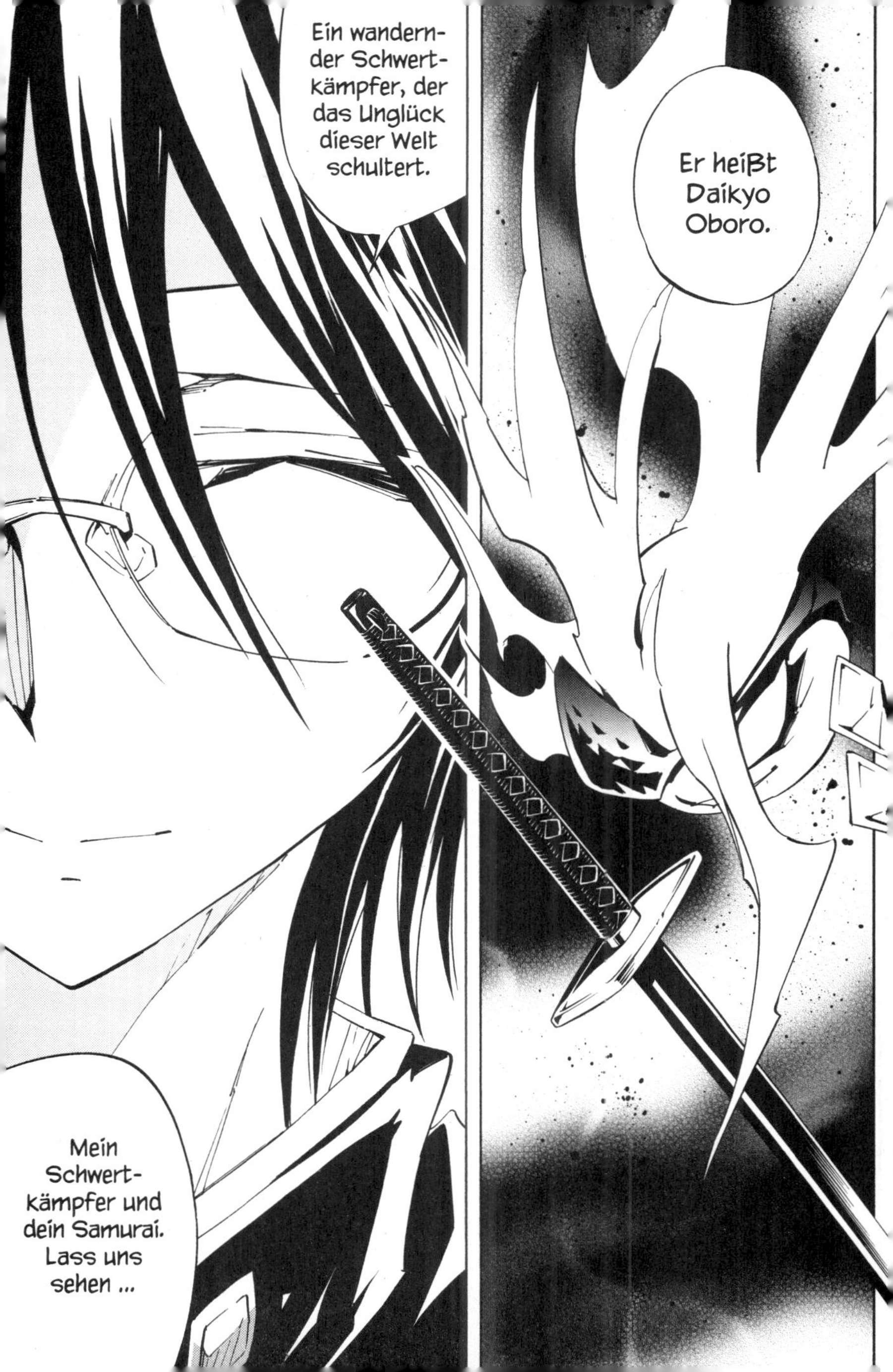
Er heißt Daikyo Oboro.
Ein wandernder Schwertkämpfer, der das Unglück dieser Welt schultert.
Mein Schwertkämpfer und dein Samurai. Lass uns sehen ...

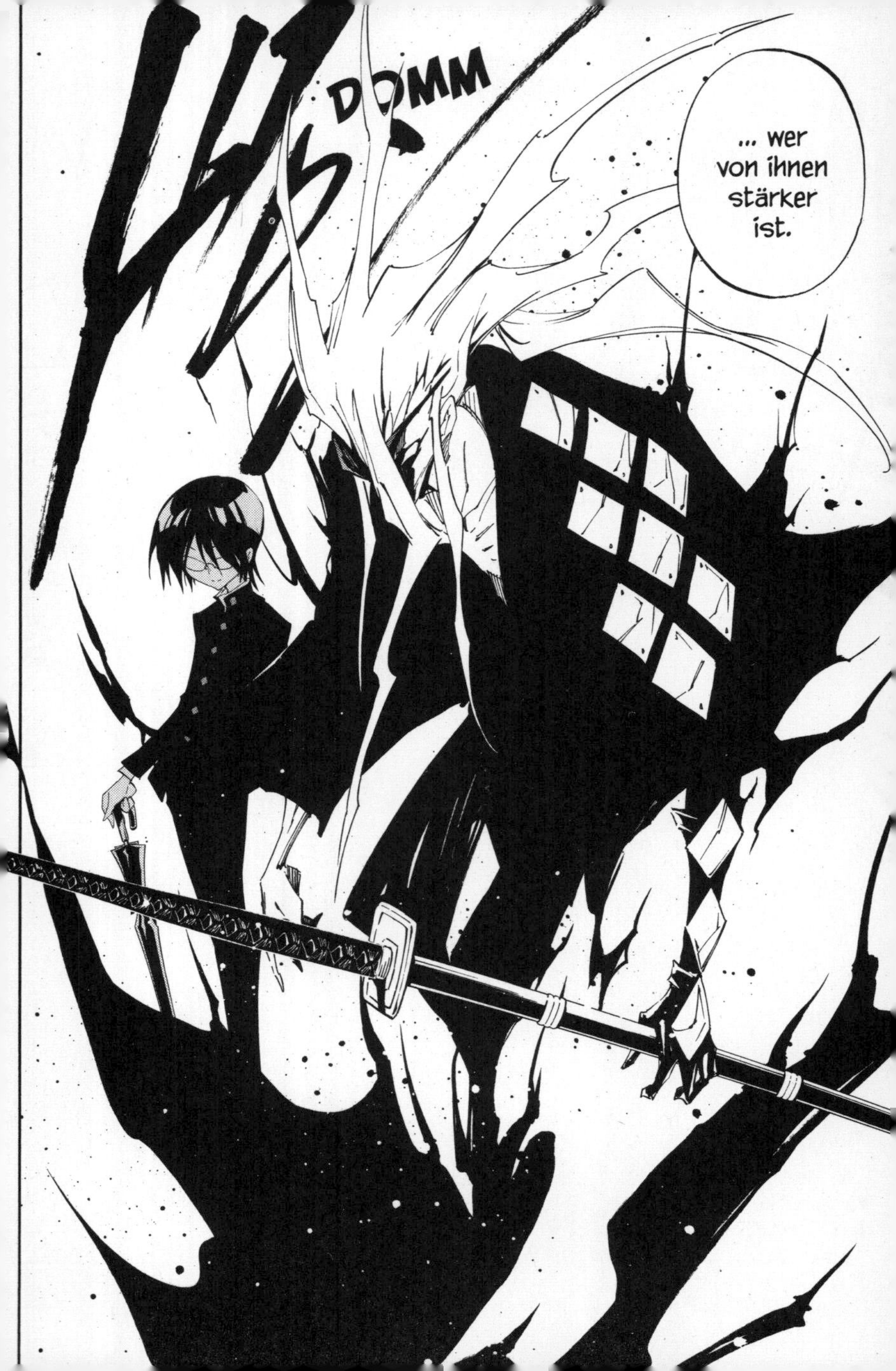
DOMM
... wer von ihnen stärker ist.

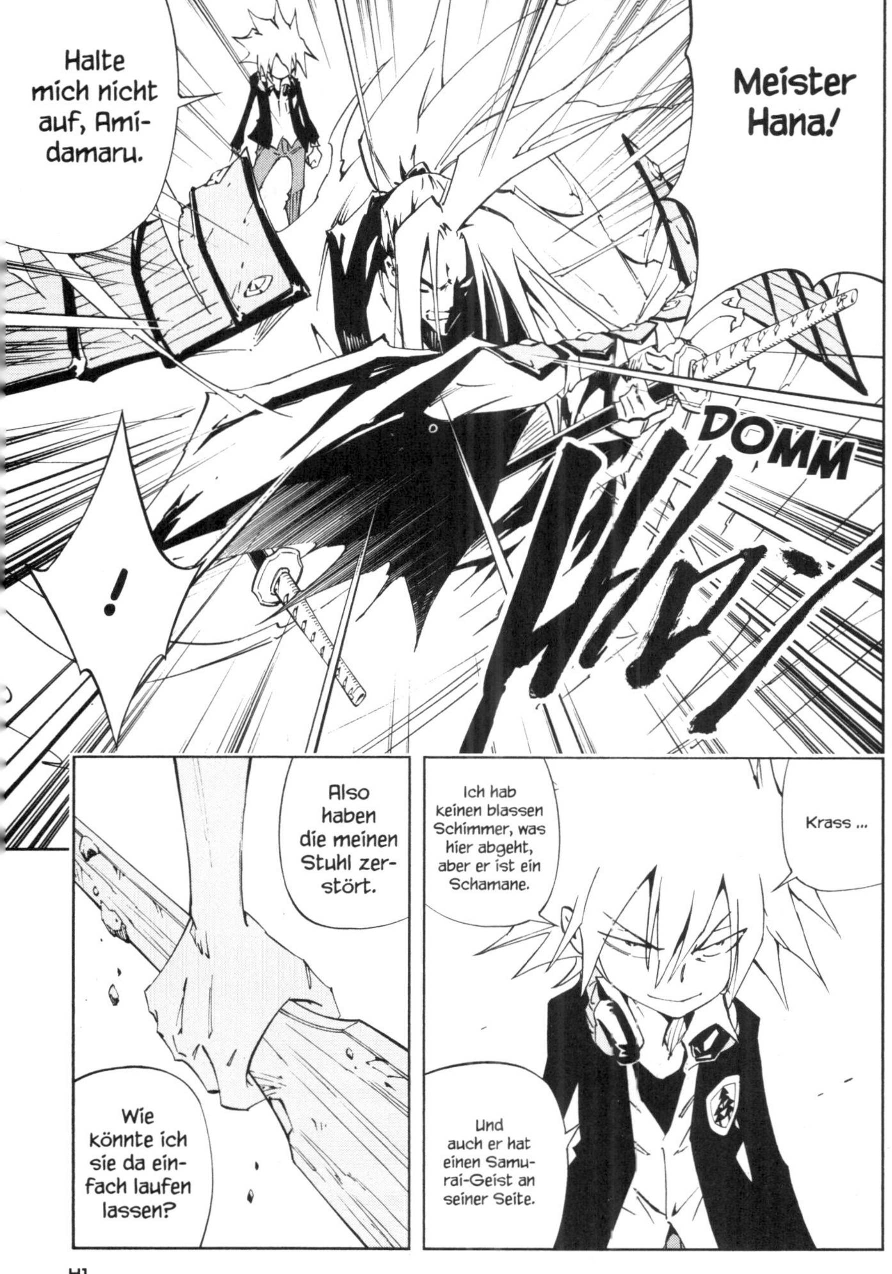
Meister Hana!
Halte mich nicht auf, Ami-damaru.
DOMM
!
Krass ...
Ich hab keinen blassen Schimmer, was hier abgeht, aber er ist ein Schamane.
Und auch er hat einen Samu-rai-Geist an seiner Seite.
Also haben die meinen Stuhl zer-stört.
Wie könnte ich sie da ein-fach laufen lassen?

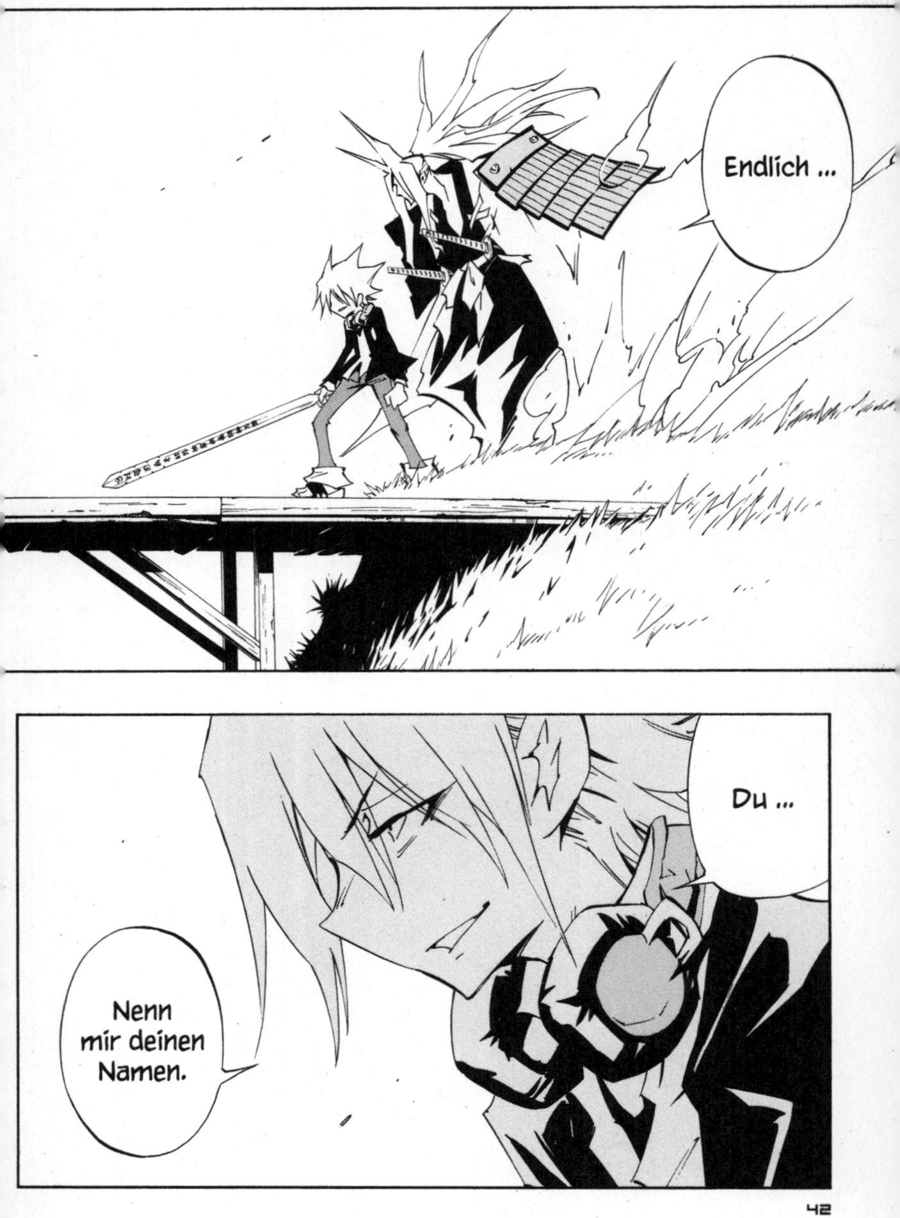

Endlich ...

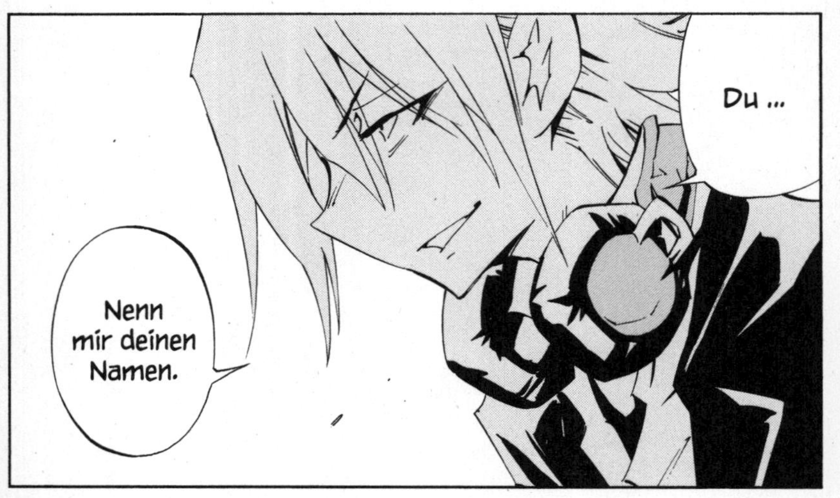

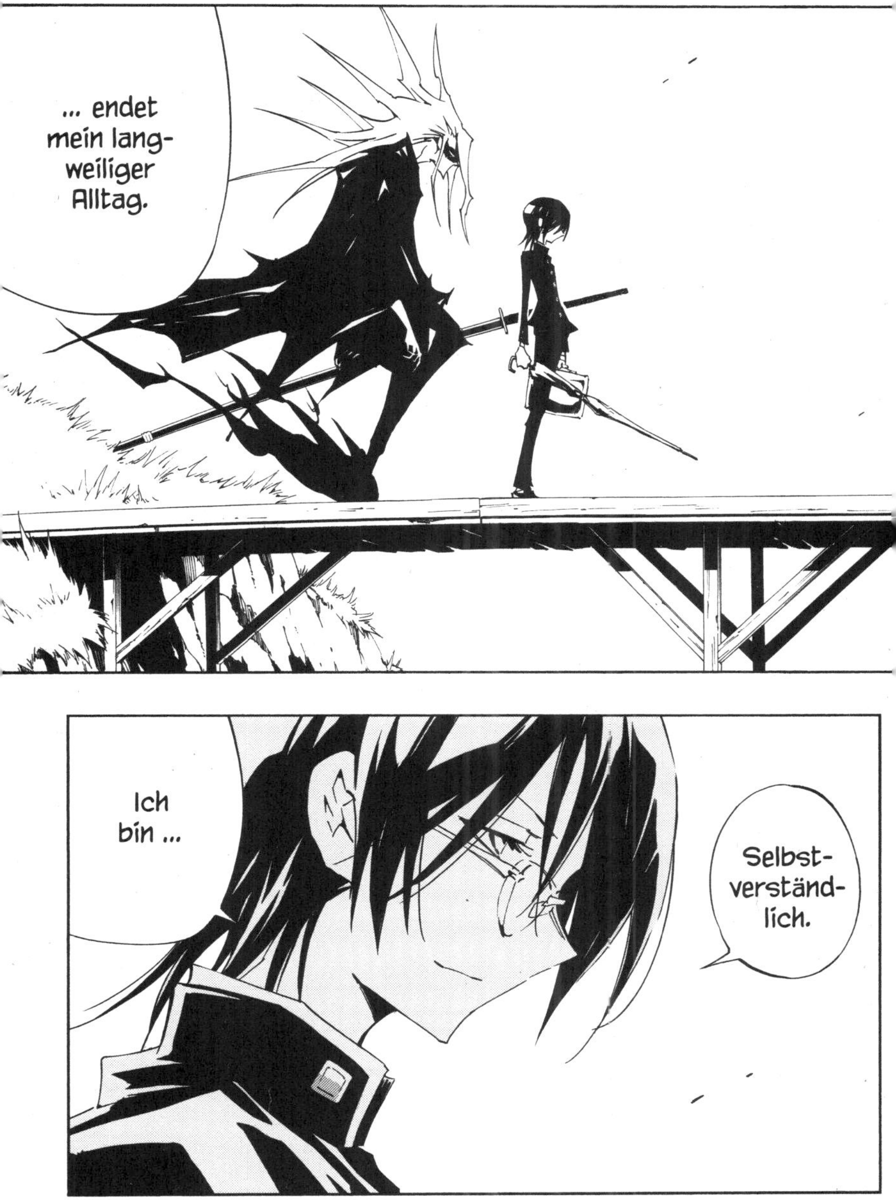

... endet mein lang-weiliger Alltag.

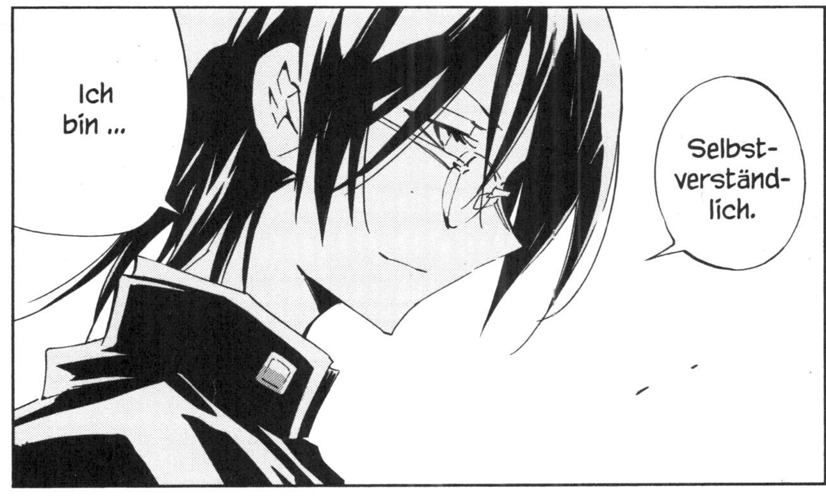

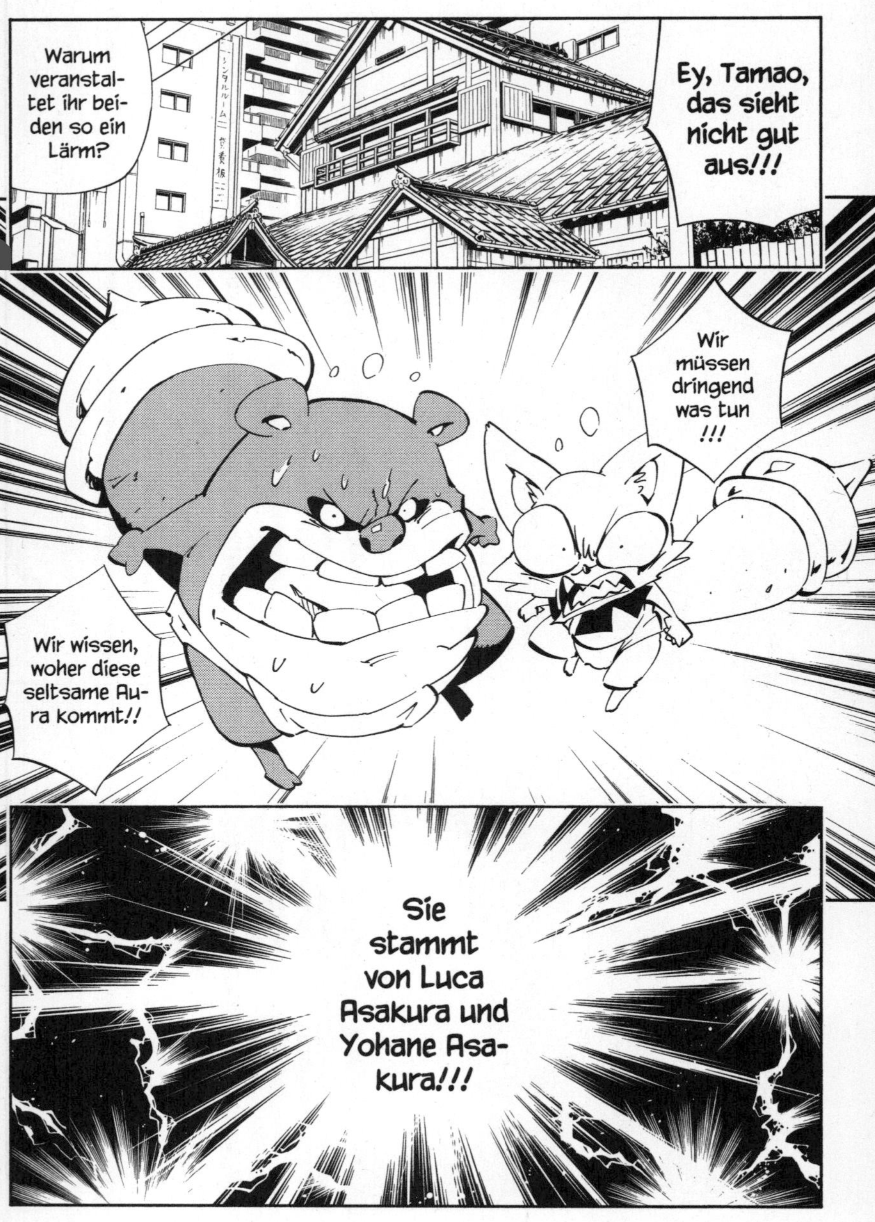
Ey, Tamao, das sieht nicht gut aus!!!
Warum veranstaltet ihr beiden so ein Lärm?
Wir müssen dringend was tun!!!
Wir wissen, woher diese seltsame Aura kommt!!
Sie stammt von Luca Asakura und Yohane Asakura!!!

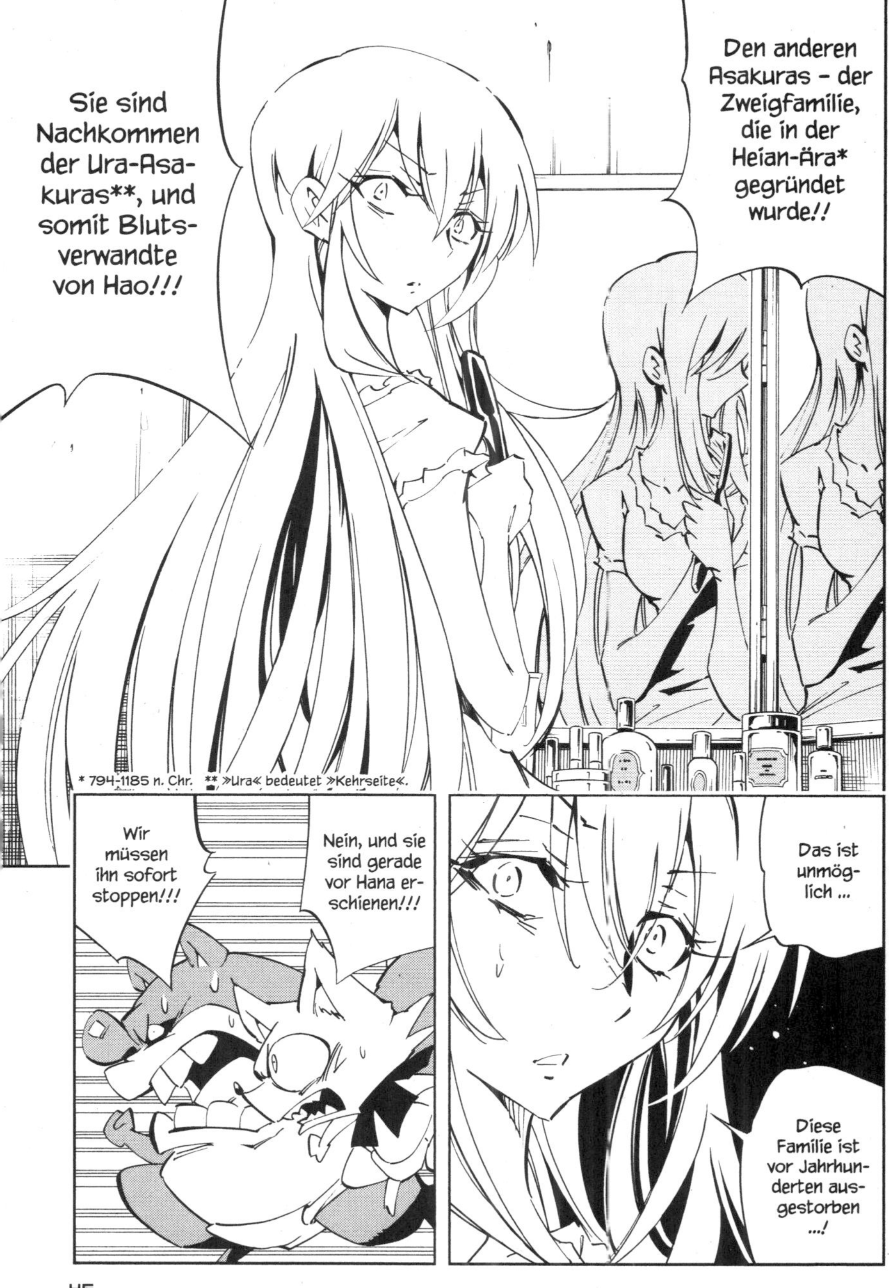

Den anderen Asakuras – der Zweigfamilie, die in der Heian-Ära* gegründet wurde!!
Sie sind Nachkommen der Ura-Asakuras**, und somit Blutsverwandte von Hao!!!
* 794-1185 n. Chr. ** »Ura« bedeutet »Kehrseite«.
Das ist unmöglich ...
Diese Familie ist vor Jahrhunderten ausgestorben ...!
Nein, und sie sind gerade vor Hana erschienen!!!
Wir müssen ihn sofort stoppen!!!

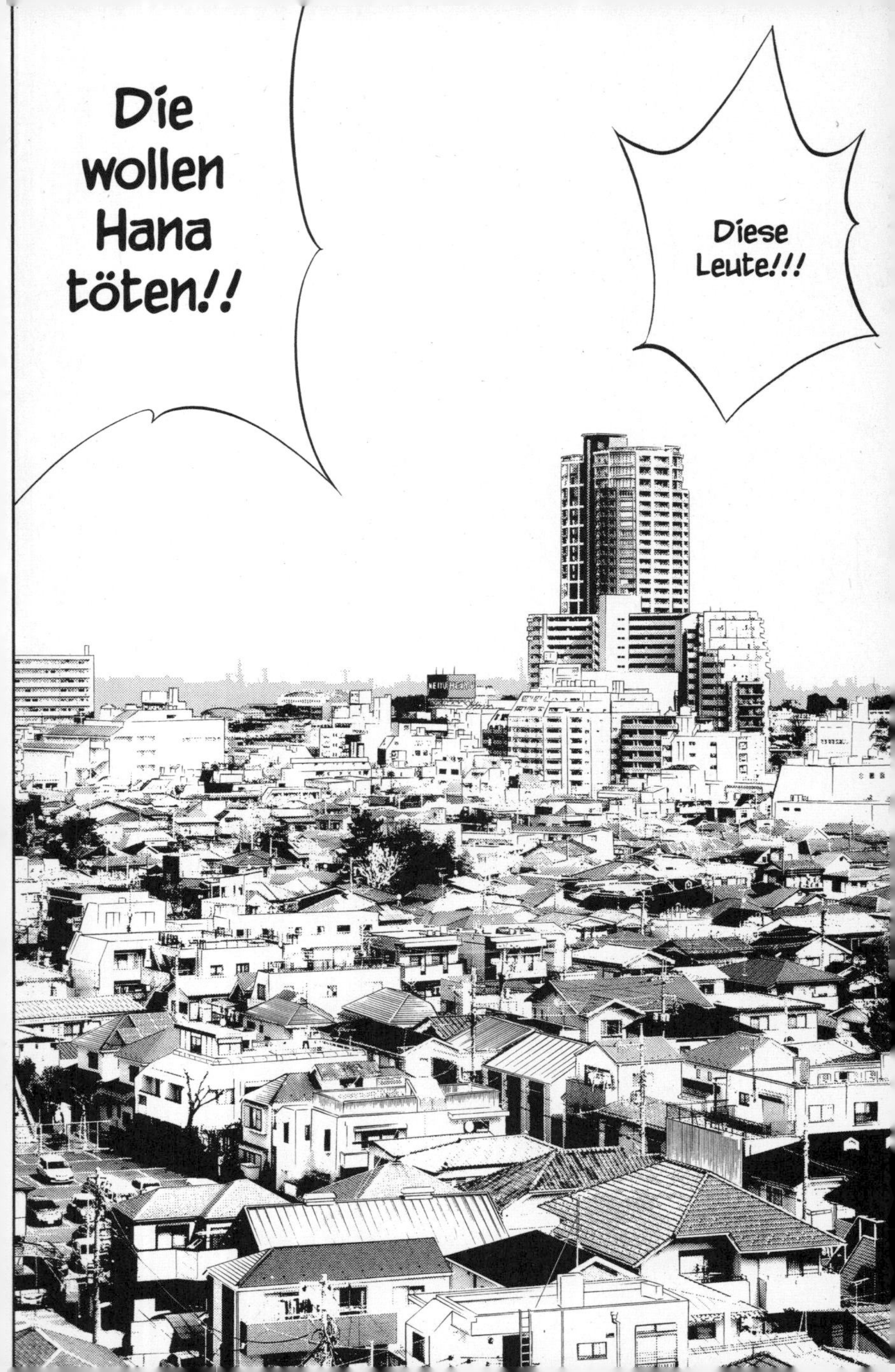
Diese Leute!!!
Die wollen Hana töten!!

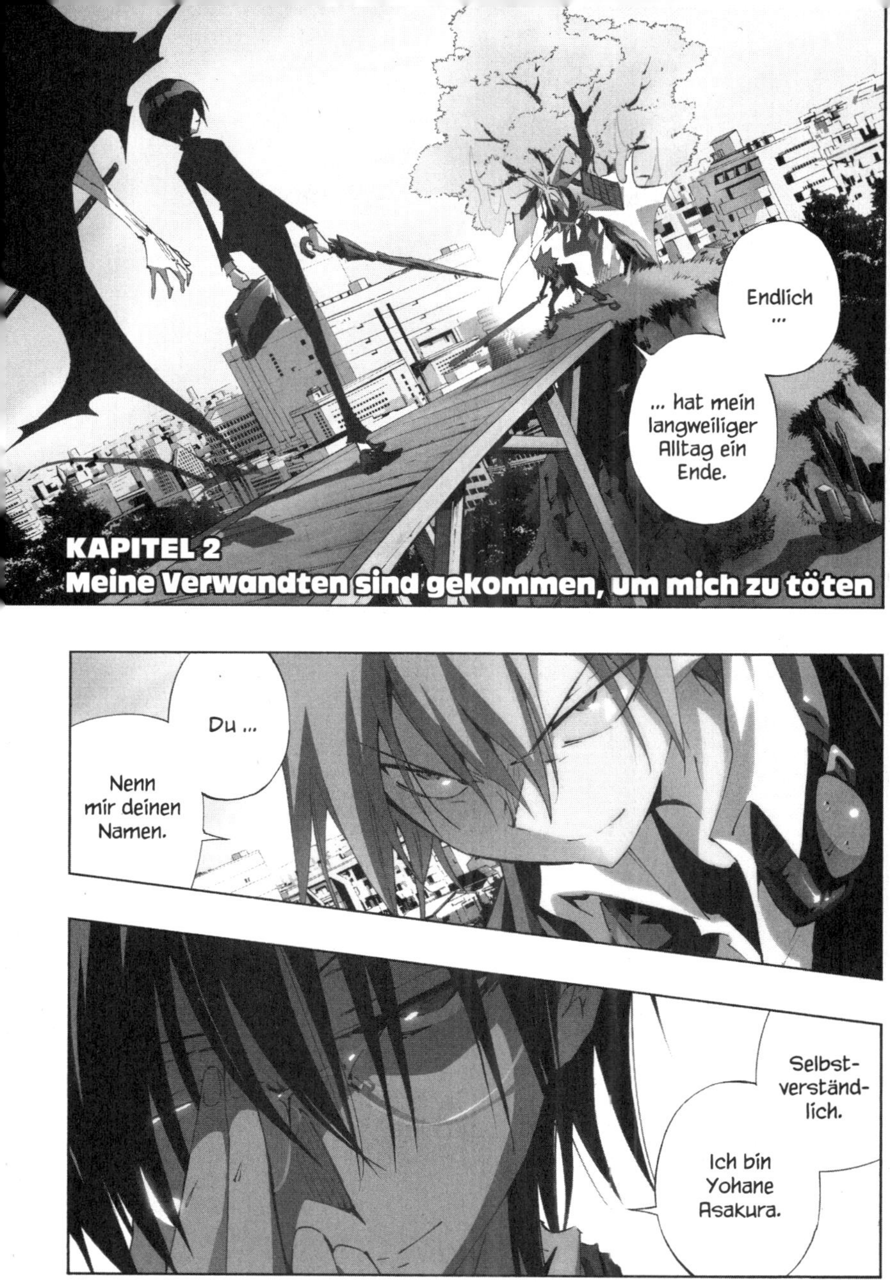

KAPITEL 2
Meine Verwandten sind gekommen, um mich zu töten

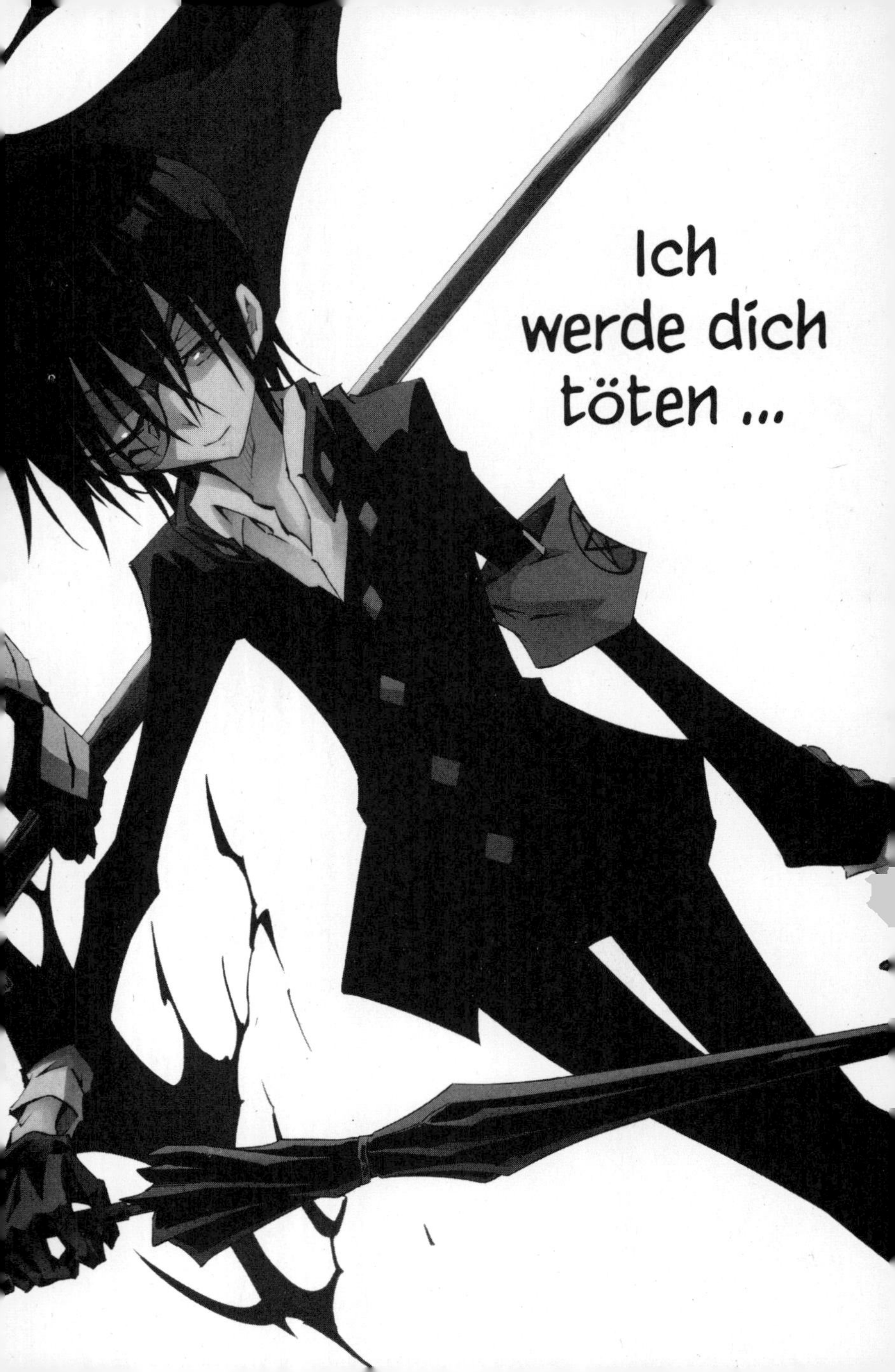
Ich
werde dich
töten ...

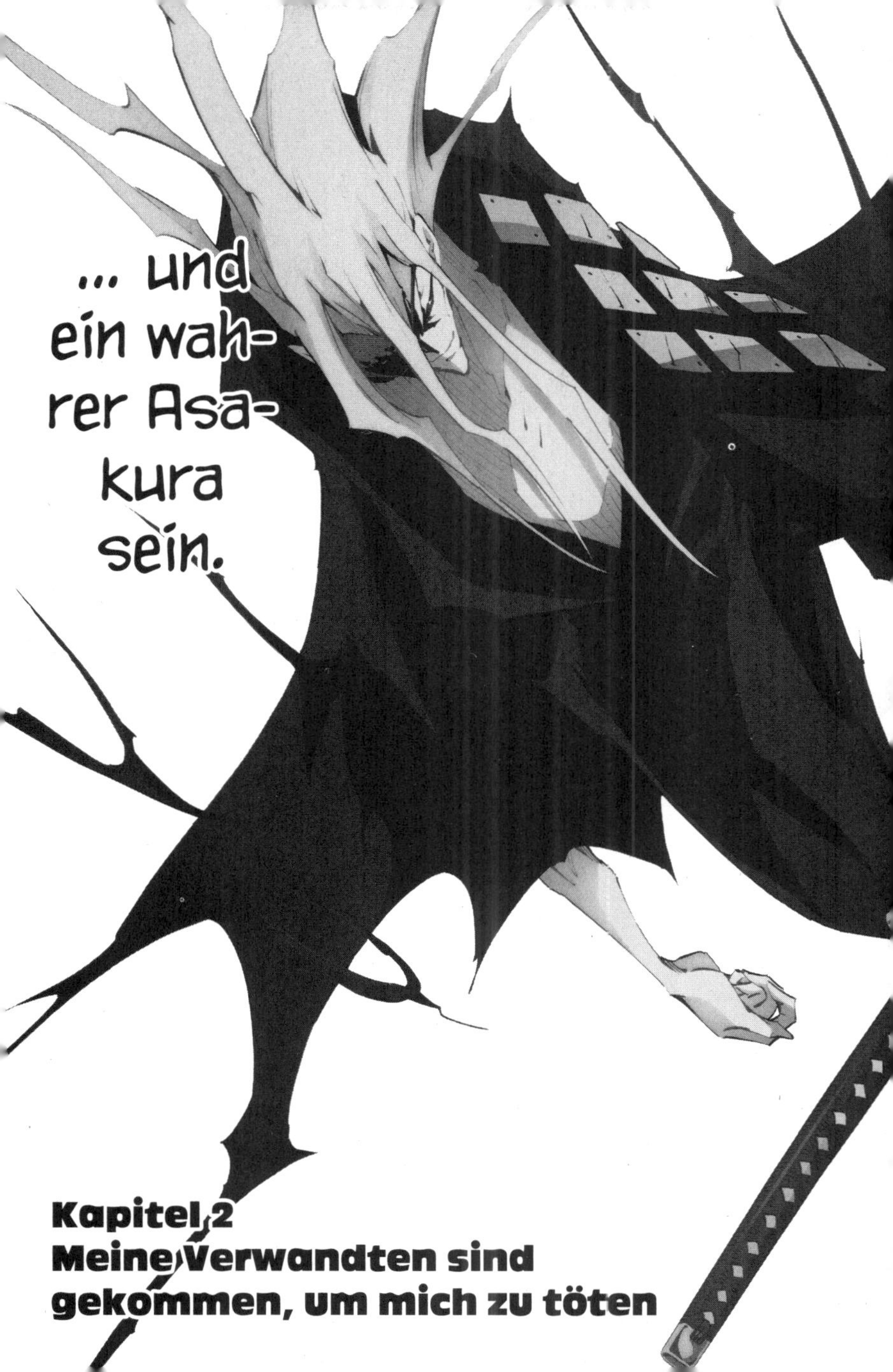
... und ein wahrer Asakura sein.
Kapitel 2
Meine Verwandten sind gekommen, um mich zu töten

SHAMAN KING
FLOWERS

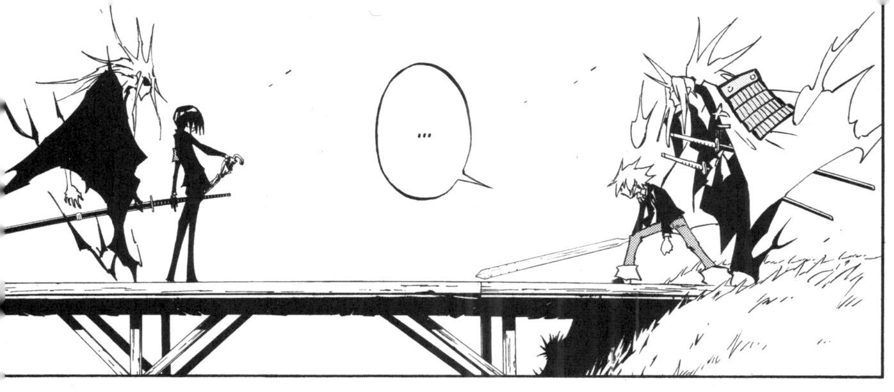

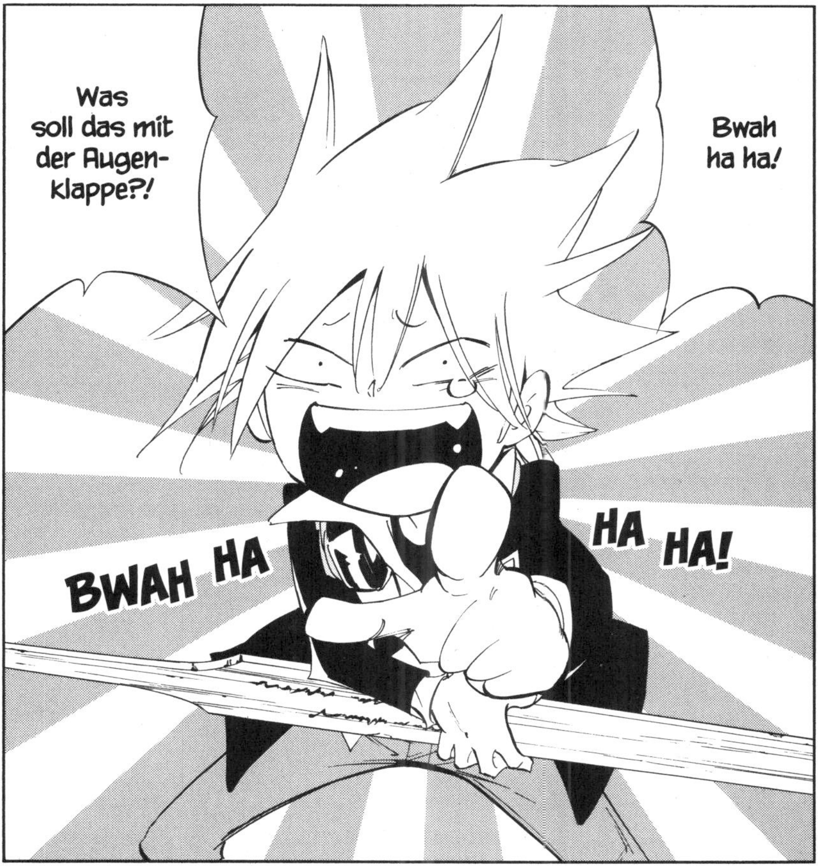

Bwah ha ha!

Was soll das mit der Augen-klappe?!

BWAH HA HA HA!

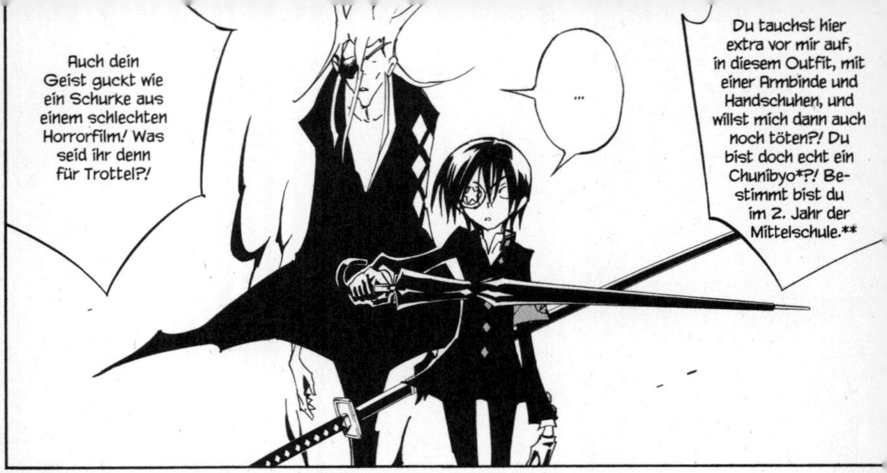

Du tauchst hier extra vor mir auf, in diesem Outfit, mit einer Armbinde und Handschuhen, und willst mich dann auch noch töten?! Du bist doch echt ein Chunibyo*?! Bestimmt bist du im 2. Jahr der Mittelschule.**

…

Auch dein Geist guckt wie ein Schurke aus einem schlechten Horrorfilm! Was seid ihr denn für Trottel?!

* junge Teenager, die ein peinliches, selbstüberschätzendes Verhalten an den Tag legen legen
** entspricht unserer 8. Klasse

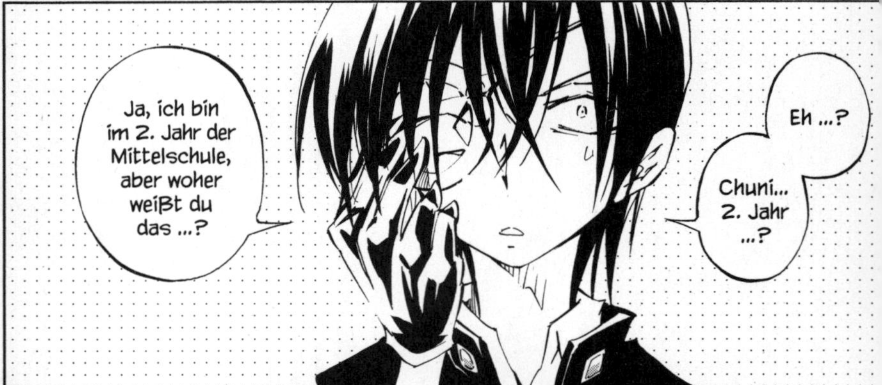

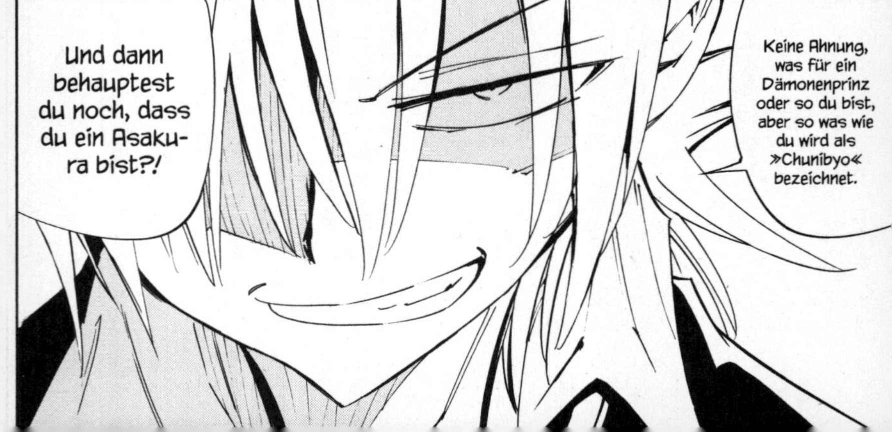

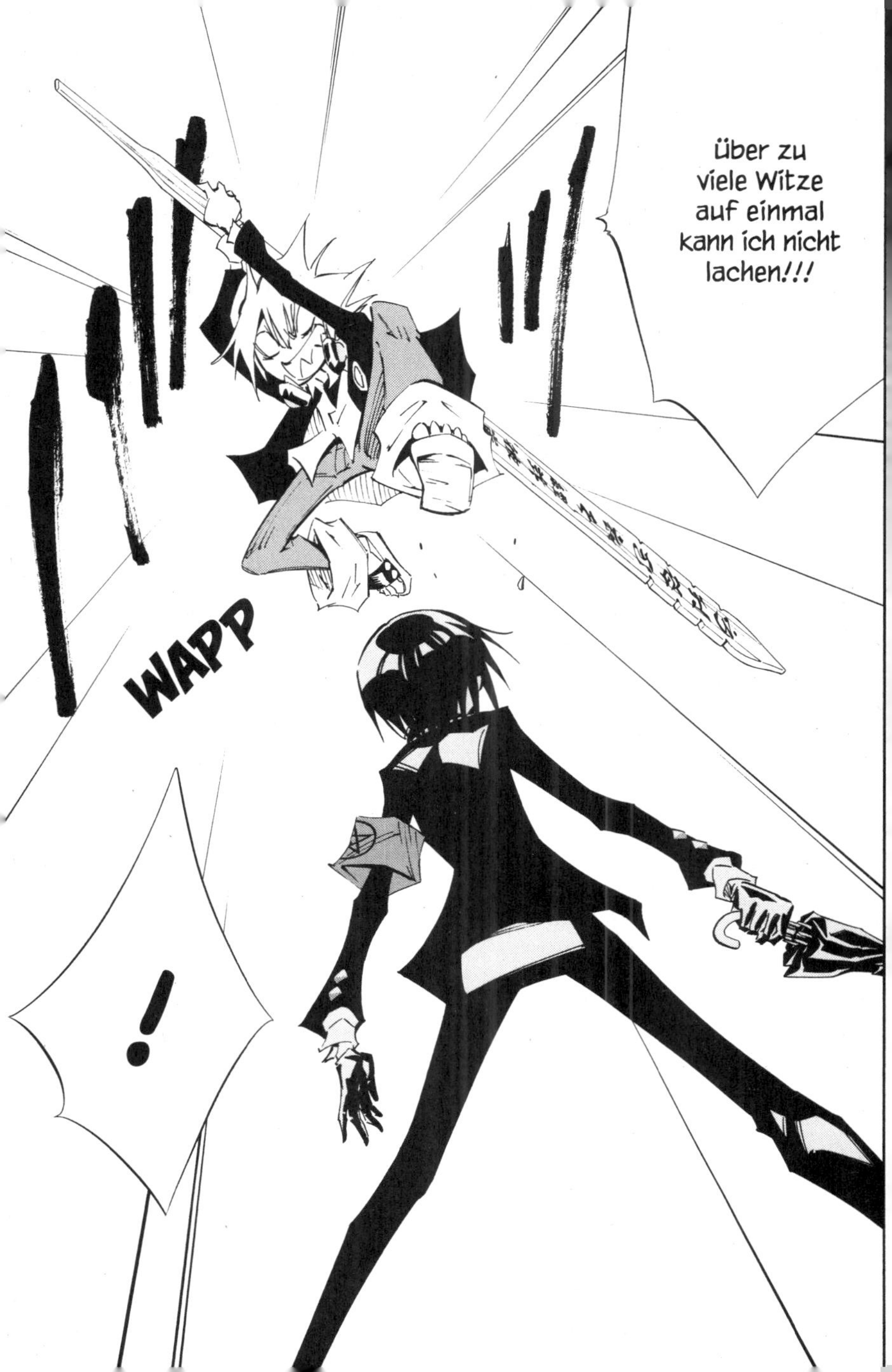
über zu
viele Witze
auf einmal
kann ich nicht
lachen!!!
WAPP
!

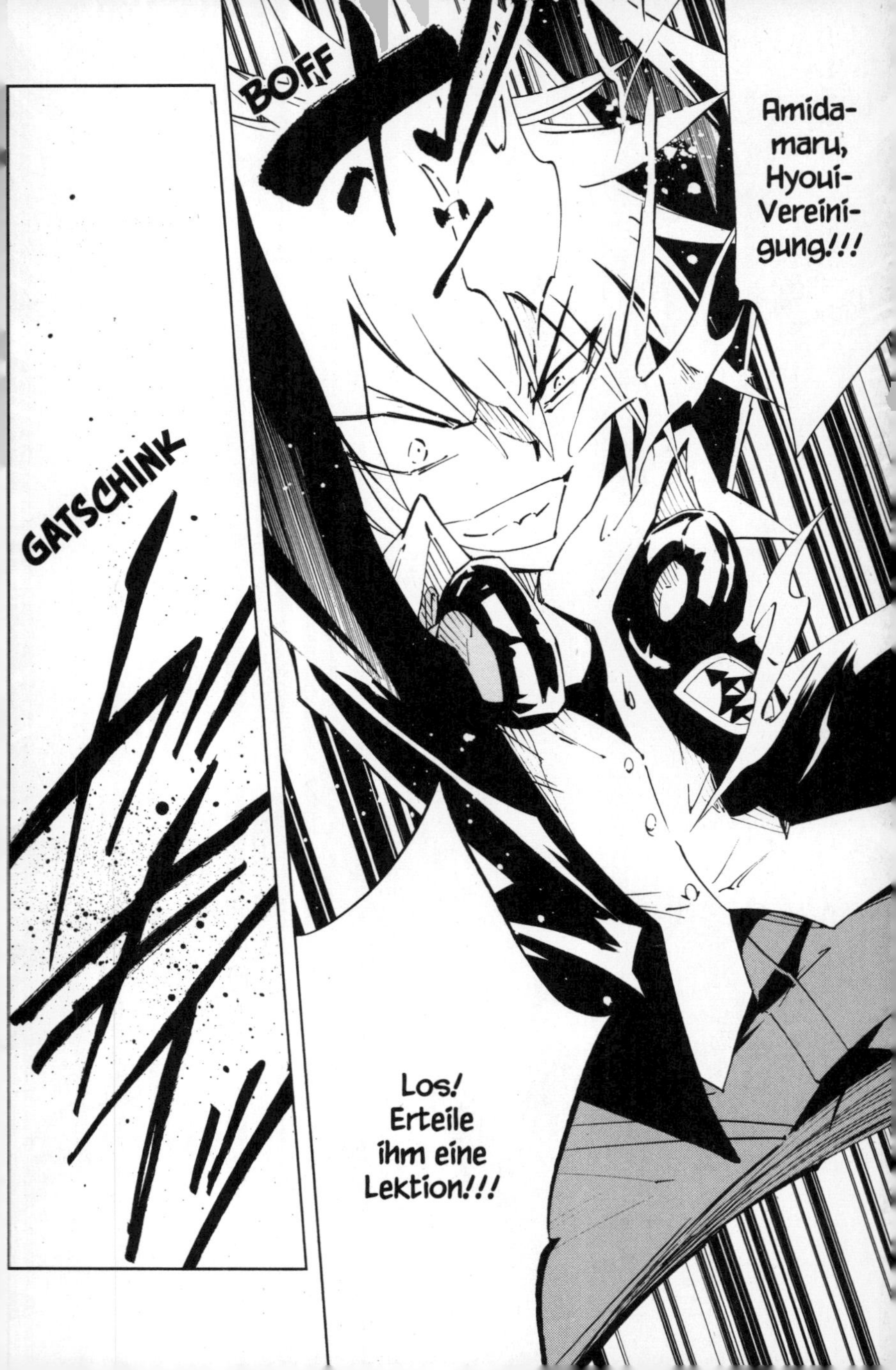
Amida-
maru,
Hyoui-
Vereini-
gung!!!
BOFF
Los!
Erteile
ihm eine
Lektion!!!
GATSCHINK

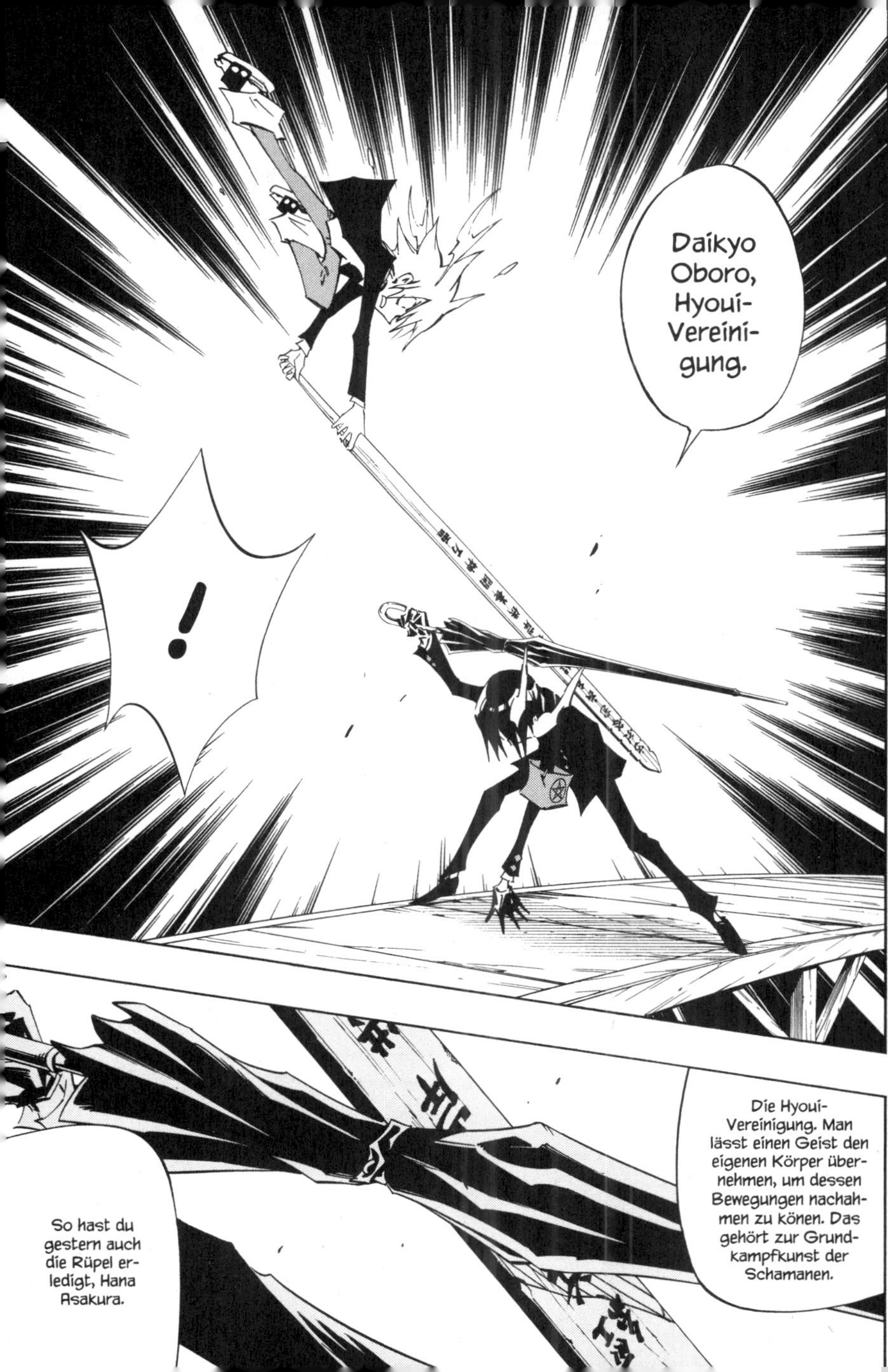
Daikyo Oboro, Hyoui-Vereinigung.
!
Die Hyoui-Vereinigung. Man lässt einen Geist den eigenen Körper übernehmen, um dessen Bewegungen nachahmen zu können. Das gehört zur Grundkampfkunst der Schamanen.
So hast du gestern auch die Rüpel erledigt, Hana Asakura.

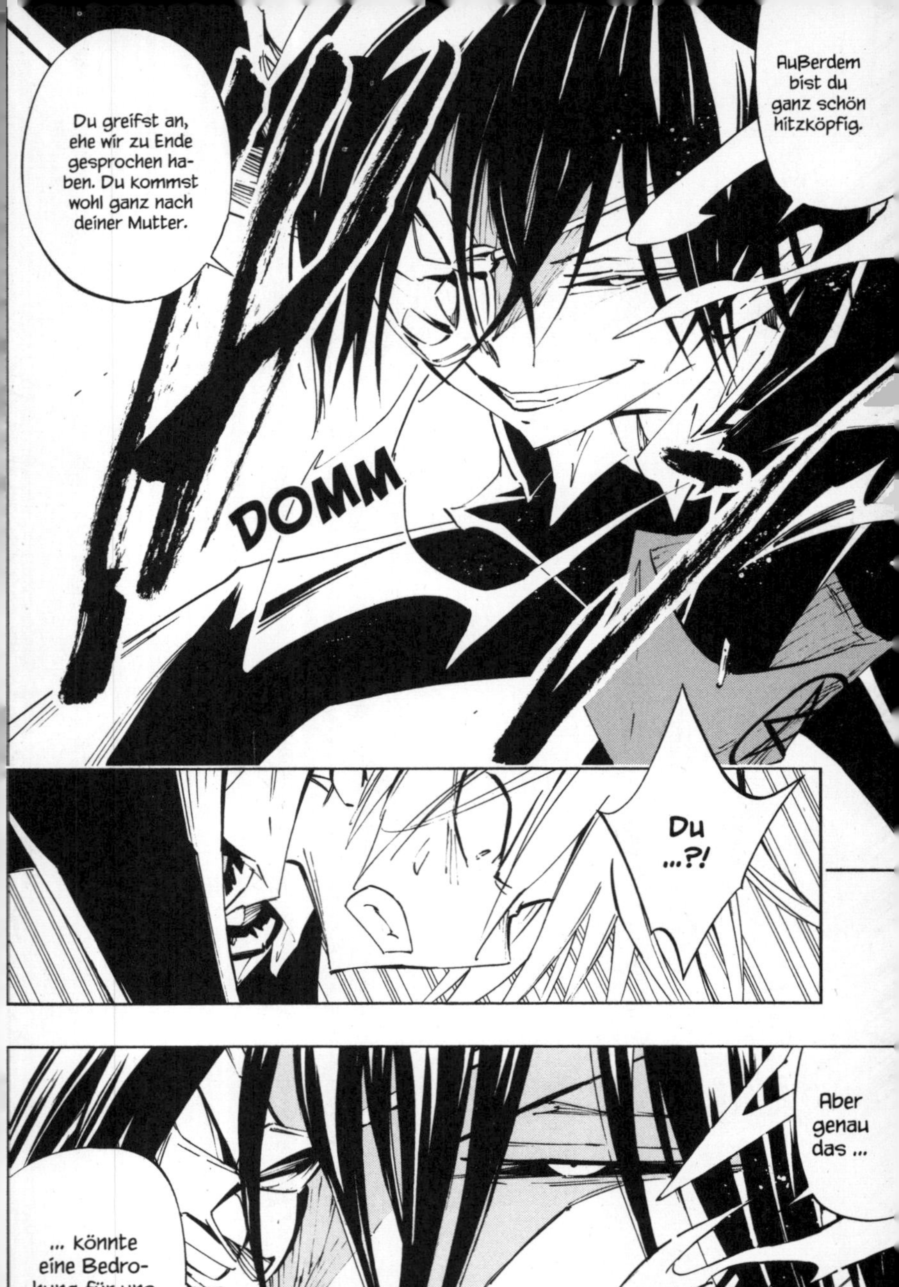
Außerdem bist du ganz schön hitzköpfig.
Du greifst an, ehe wir zu Ende gesprochen haben. Du kommst wohl ganz nach deiner Mutter.
DOMM
Du ...?!
Aber genau das ...
... könnte eine Bedrohung für uns werden.

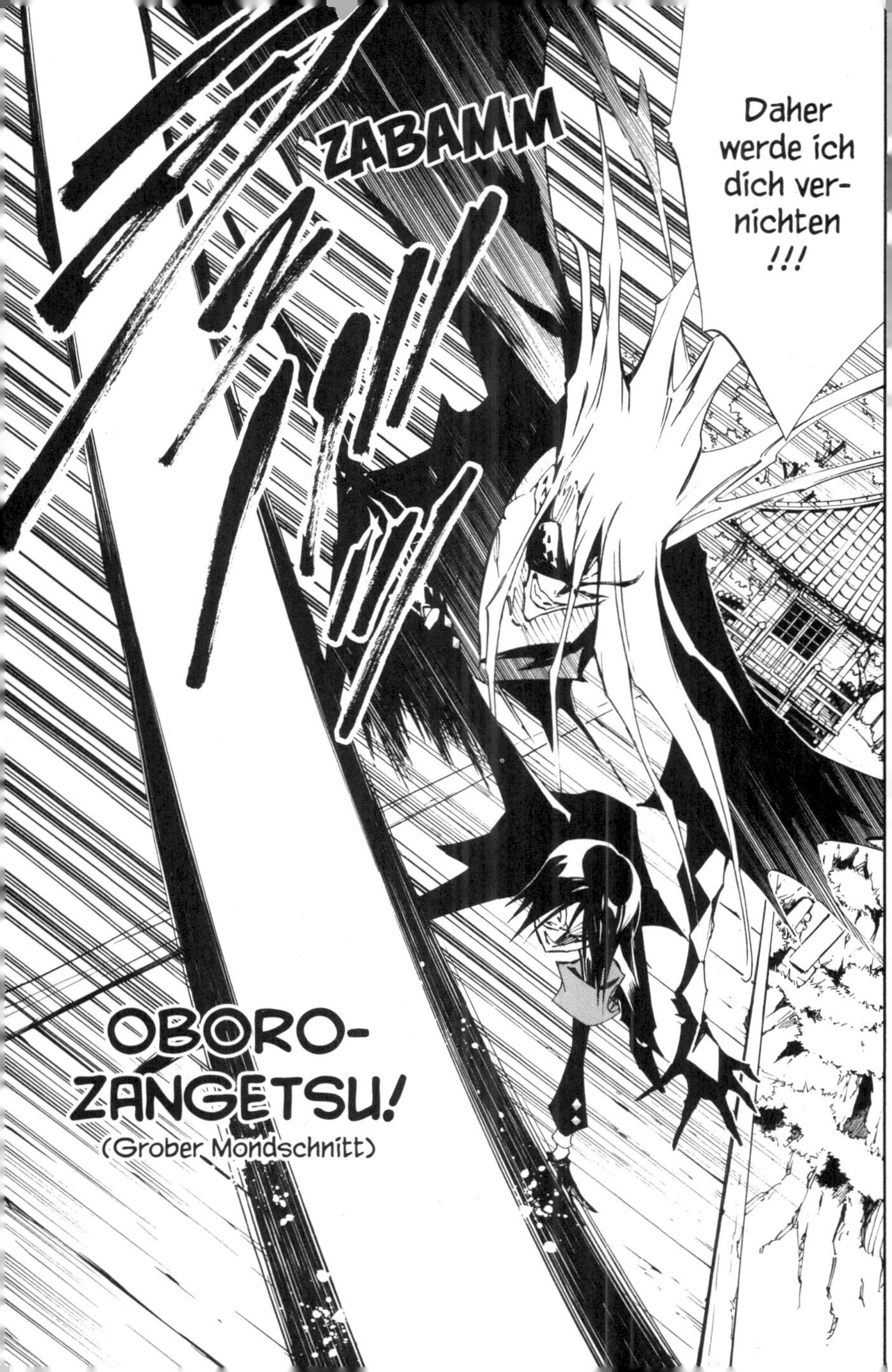
Daher werde ich dich ver- nichten !!!
ZABAMM
OBORO- ZANGETSU!
(Grober Mondschnitt)

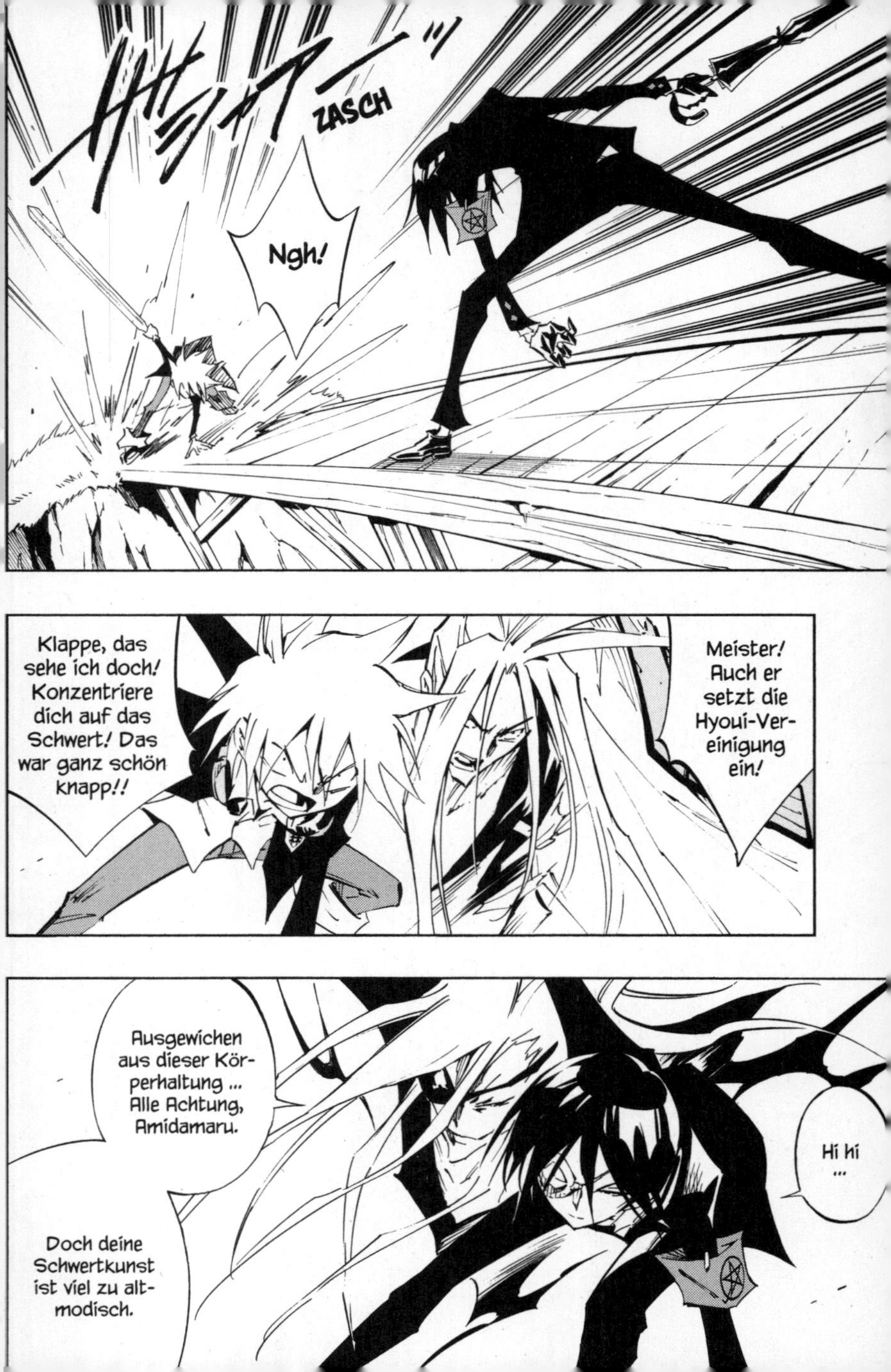

ZASCH

Ngh!

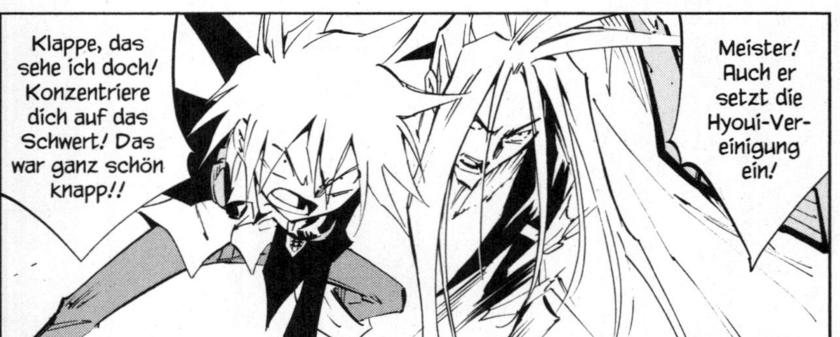
Meister! Auch er setzt die Hyoui-Vereinigung ein!
Klappe, das sehe ich doch! Konzentriere dich auf das Schwert! Das war ganz schön knapp!!

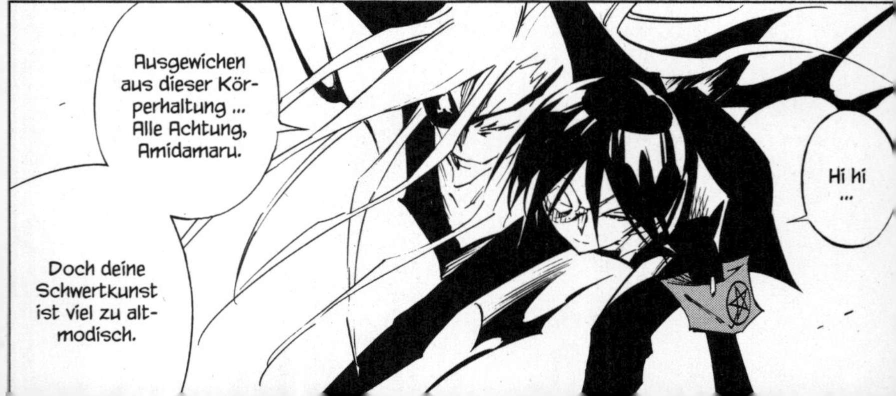
Hi hi ...
Ausgewichen aus dieser Körperhaltung ... Alle Achtung, Amidamaru.
Doch deine Schwertkunst ist viel zu altmodisch.

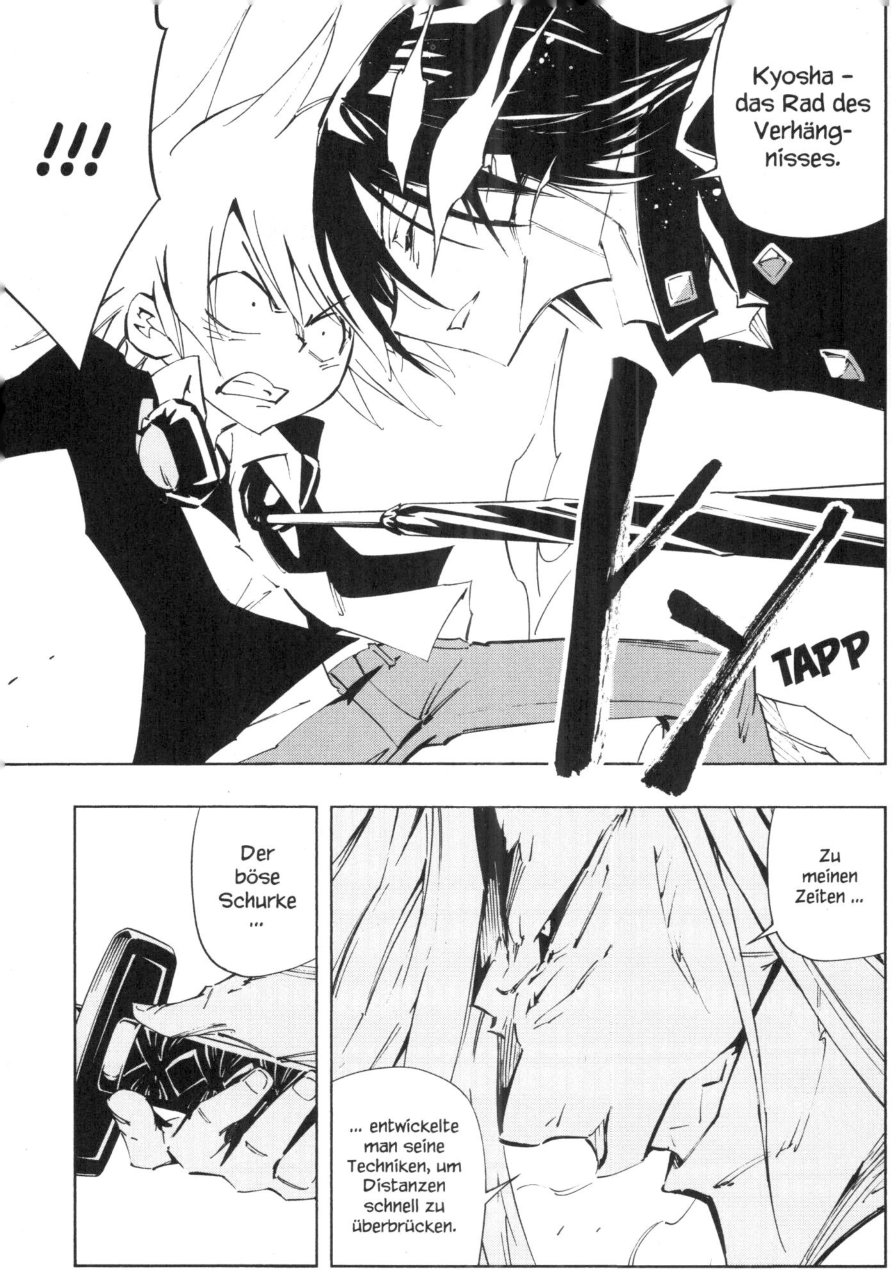

Kyosha – das Rad des Verhängnisses.

!!!

TAPP

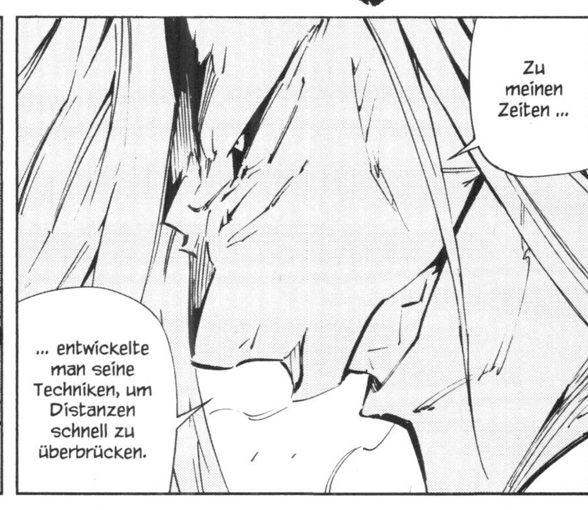

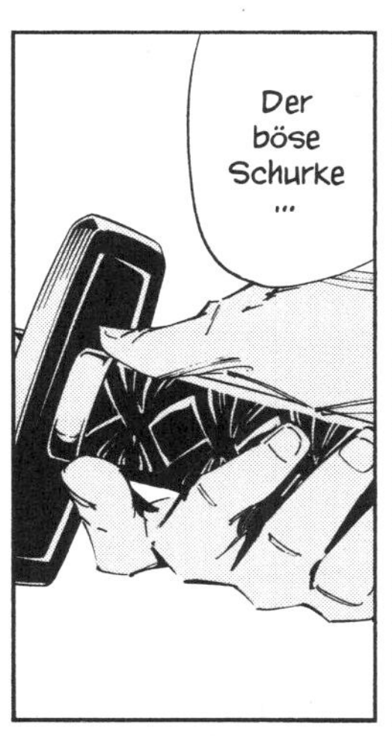

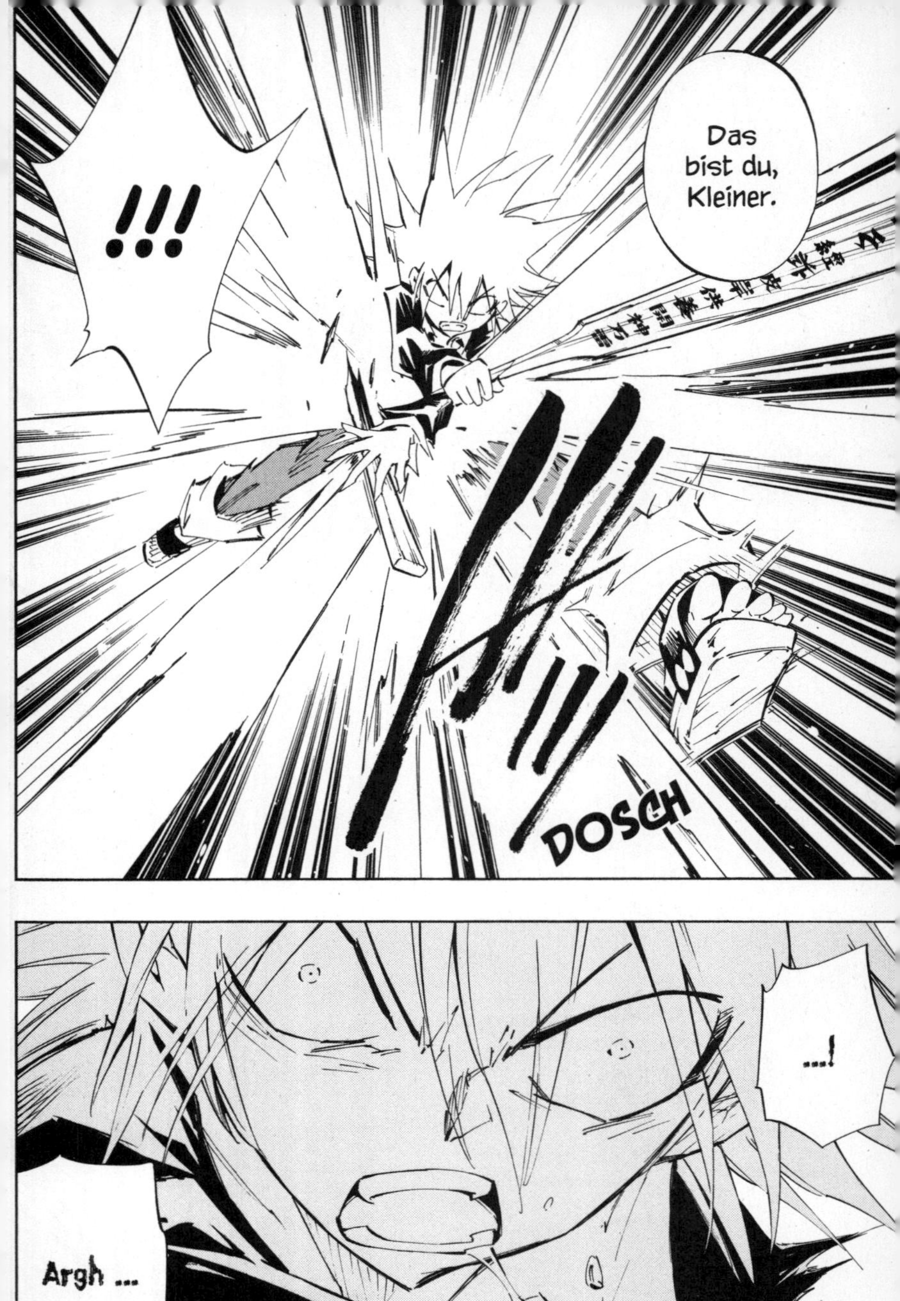
Das bist du, Kleiner.
!!!
DOSCH
...!
Argh ...

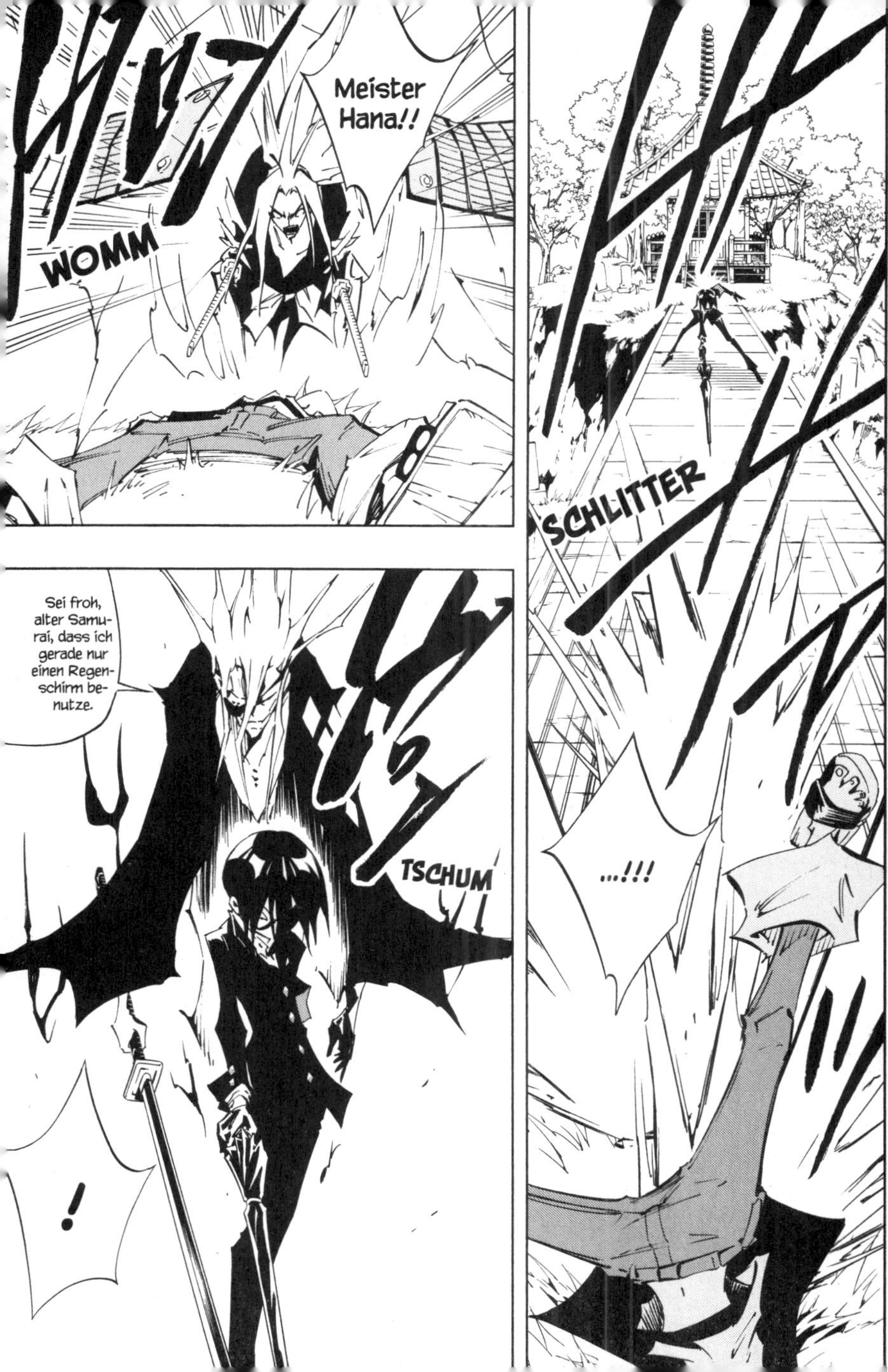
SCHLITTER
...!!!
Meister Hana!!
WOMM
Sei froh, alter Samurai, dass ich gerade nur einen Regenschirm benutze.
TSCHUM
!

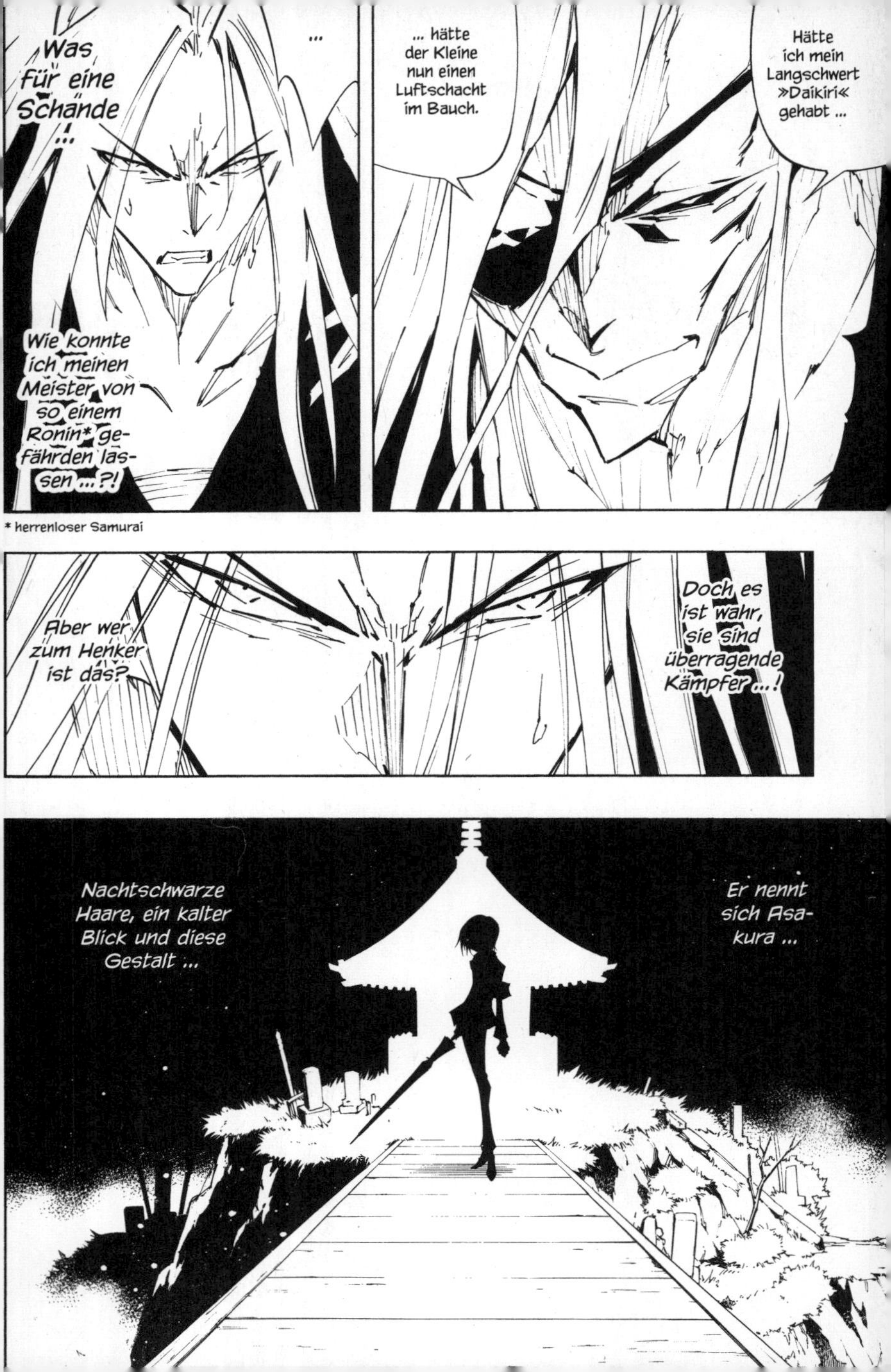

Hätte ich mein Langschwert »Daikiri« gehabt ...

... hätte der Kleine nun einen Luftschacht im Bauch.

...

Was für eine Schande ...

Wie konnte ich meinen Meister von so einem Ronin* gefährden lassen ...?!

* herrenloser Samurai

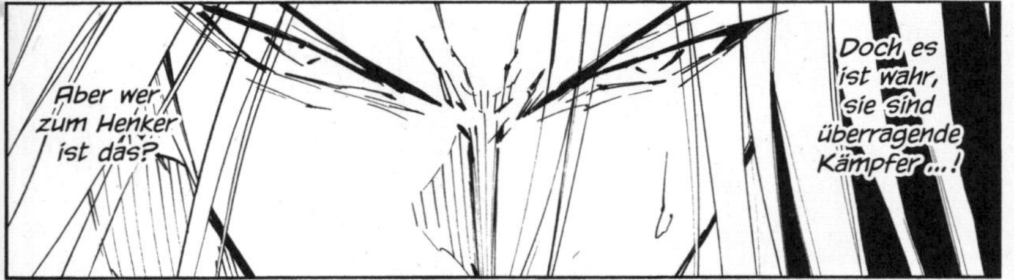

Er nennt sich Asakura ...

Nachtschwarze Haare, ein kalter Blick und diese Gestalt ...

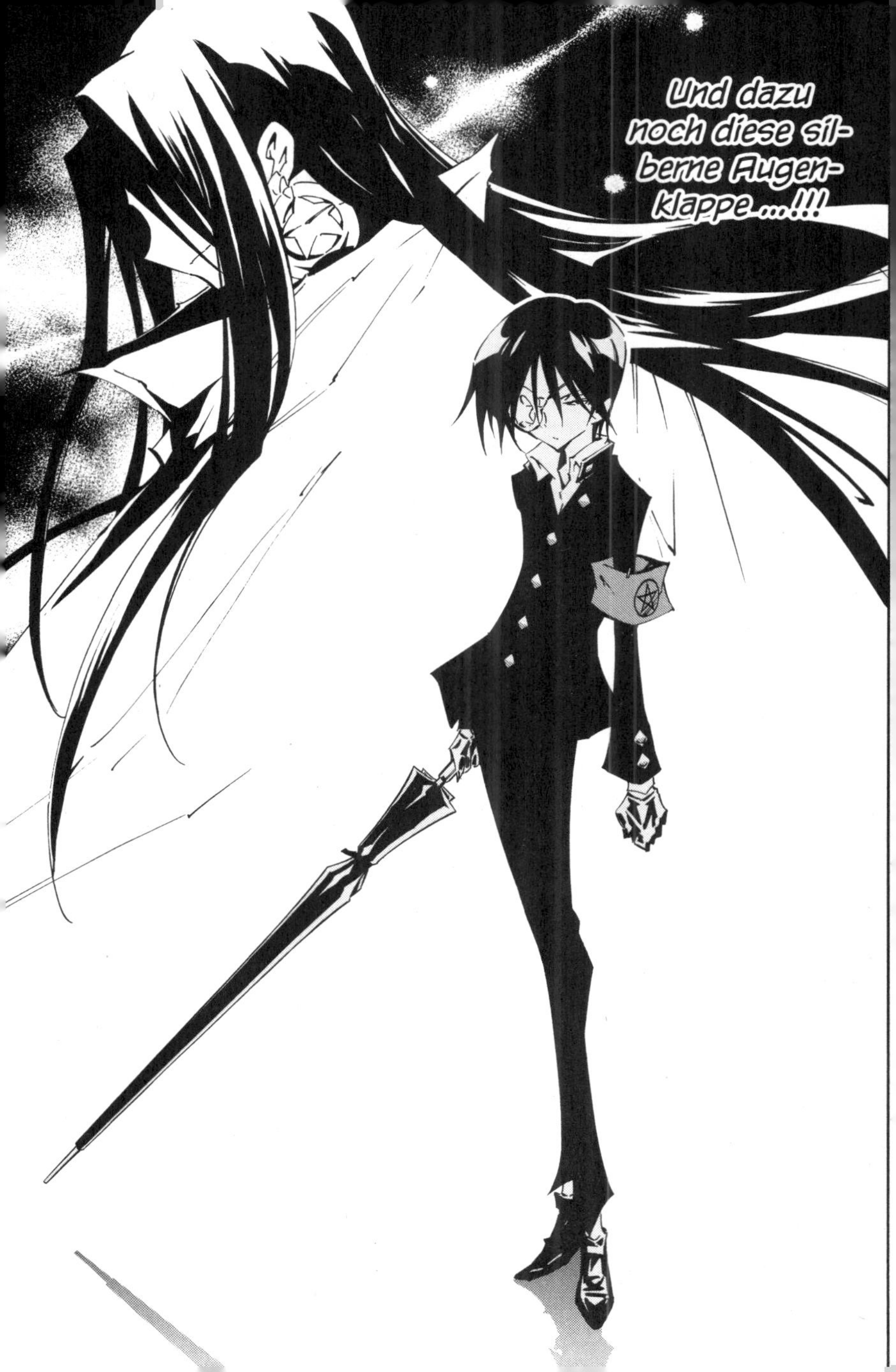
Und dazu noch diese sil-
berne Augen-
klappe ...!!!

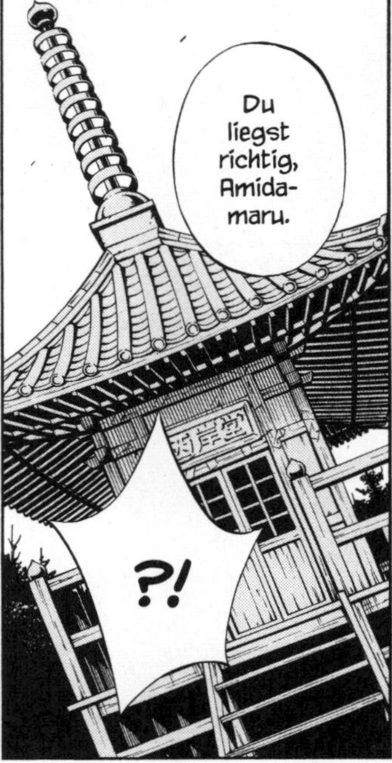
Du liegst richtig, Amidamaru.
?!

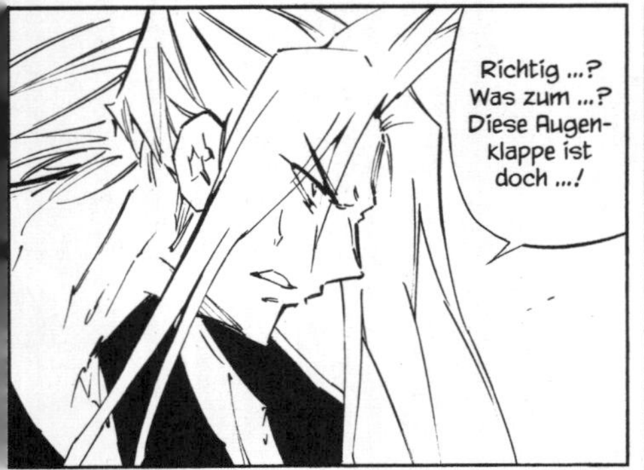
Richtig ...? Was zum ...? Diese Augen-klappe ist doch ...!

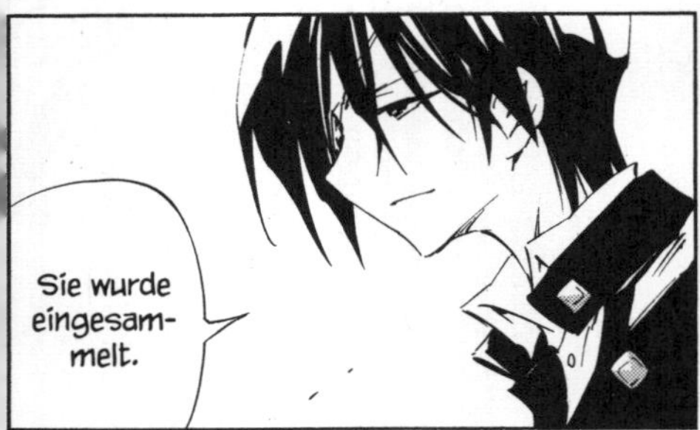
Sie wurde eingesam-melt.

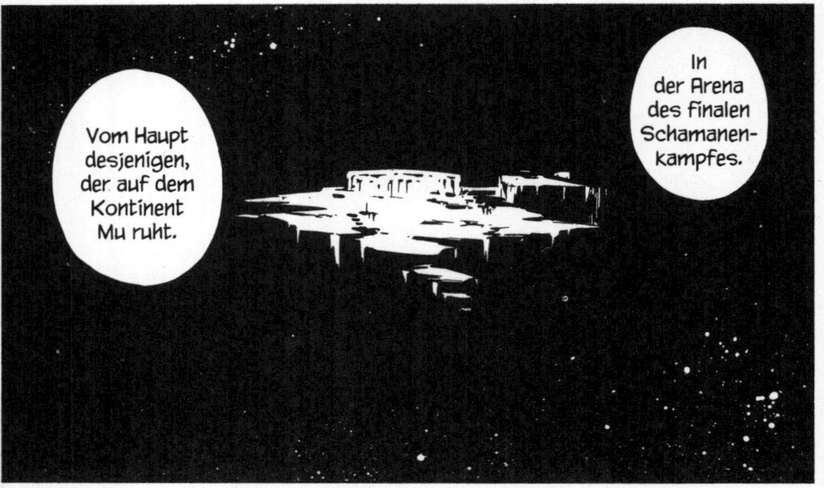
In der Arena des finalen Schamanen-kampfes.
Vom Haupt desjenigen, der auf dem Kontinent Mu ruht.

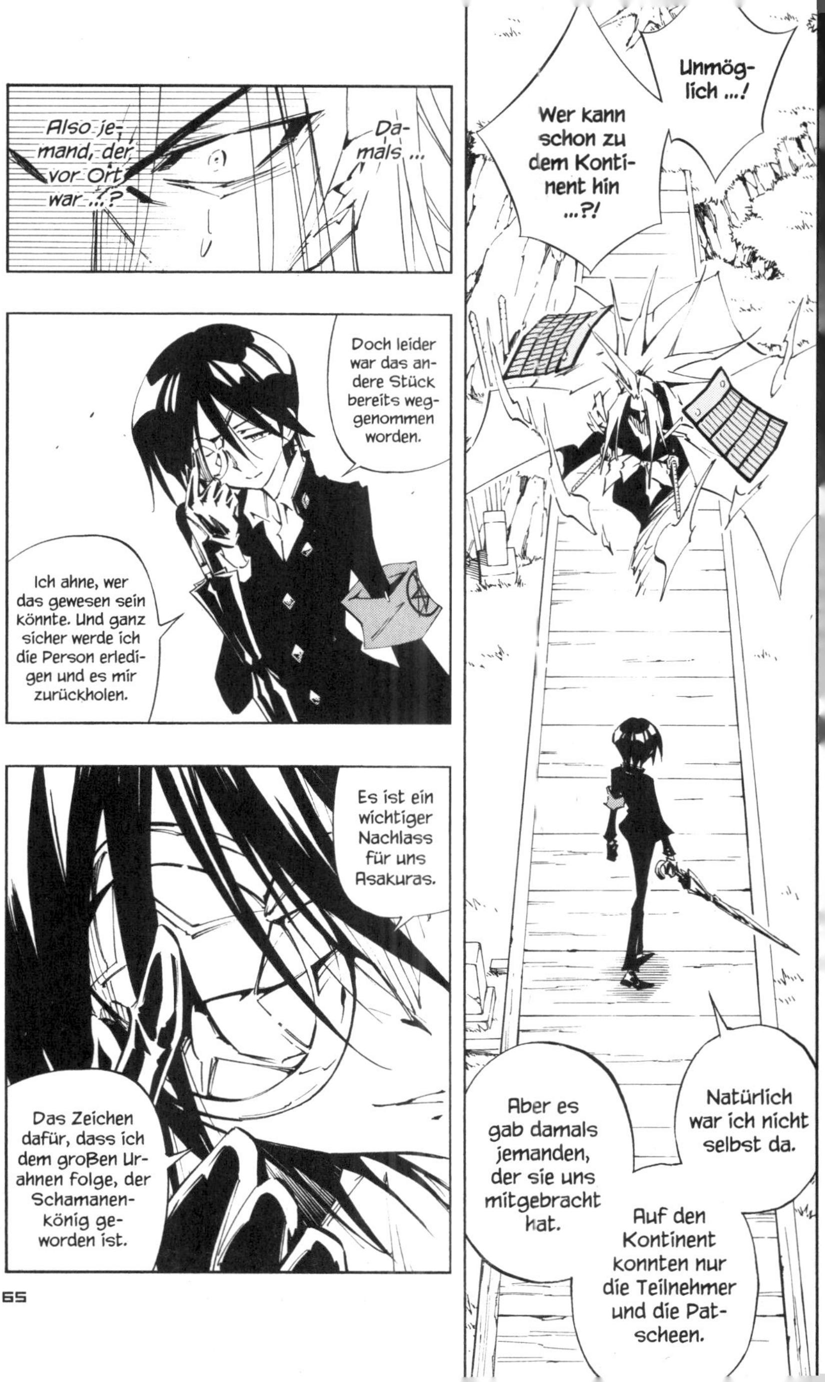

Unmöglich ...!
Wer kann schon zu dem Kontinent hin ...?!
Natürlich war ich nicht selbst da.
Aber es gab damals jemanden, der sie uns mitgebracht hat.
Auf den Kontinent konnten nur die Teilnehmer und die Patscheen.

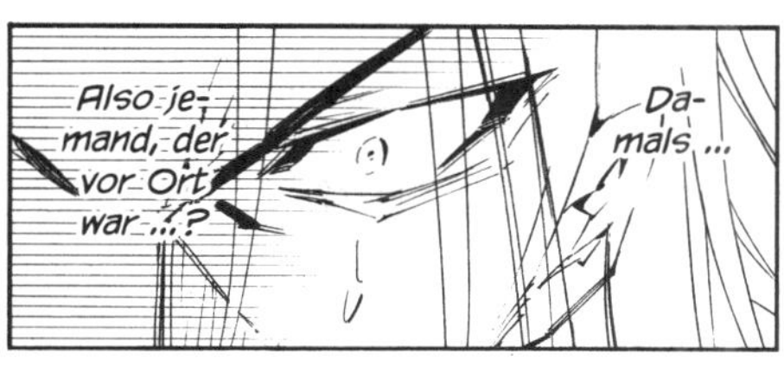

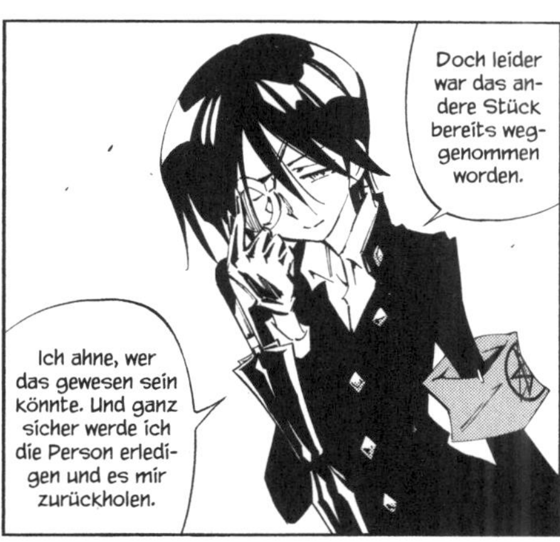

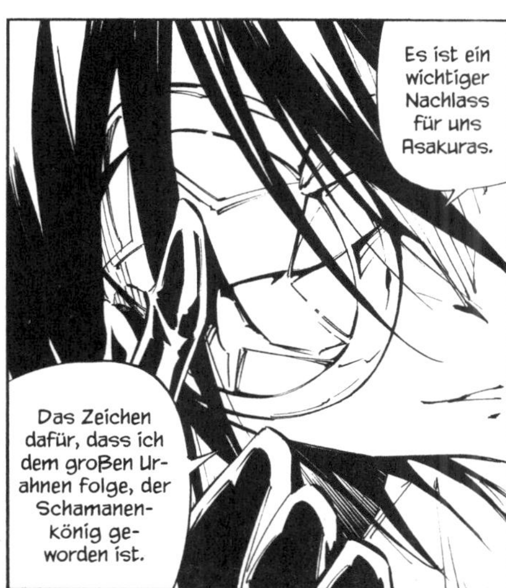

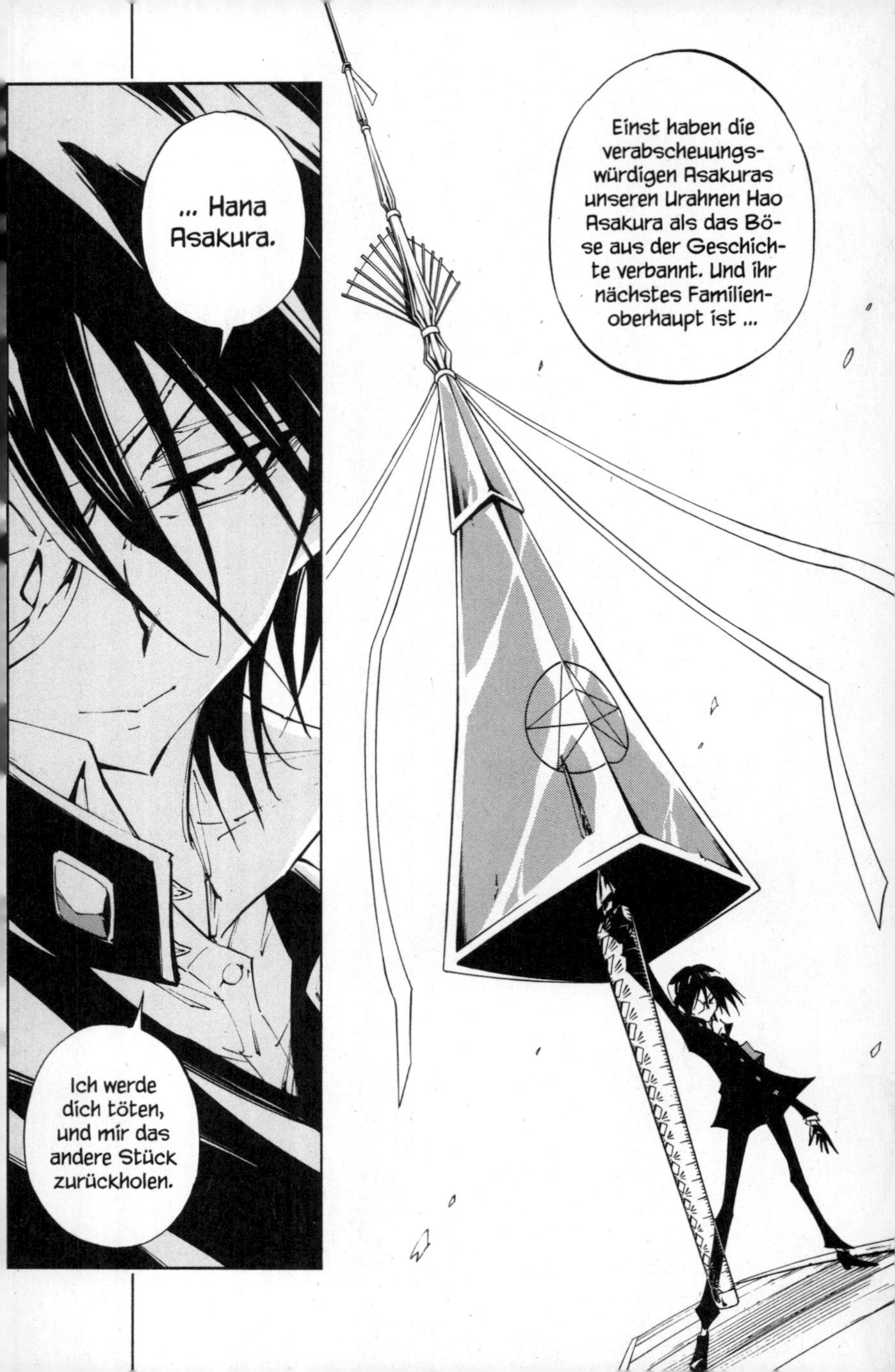
Einst haben die verabscheuungswürdigen Asakuras unseren Urahnen Hao Asakura als das Böse aus der Geschichte verbannt. Und ihr nächstes Familienoberhaupt ist ...
... Hana Asakura.
Ich werde dich töten, und mir das andere Stück zurückholen.

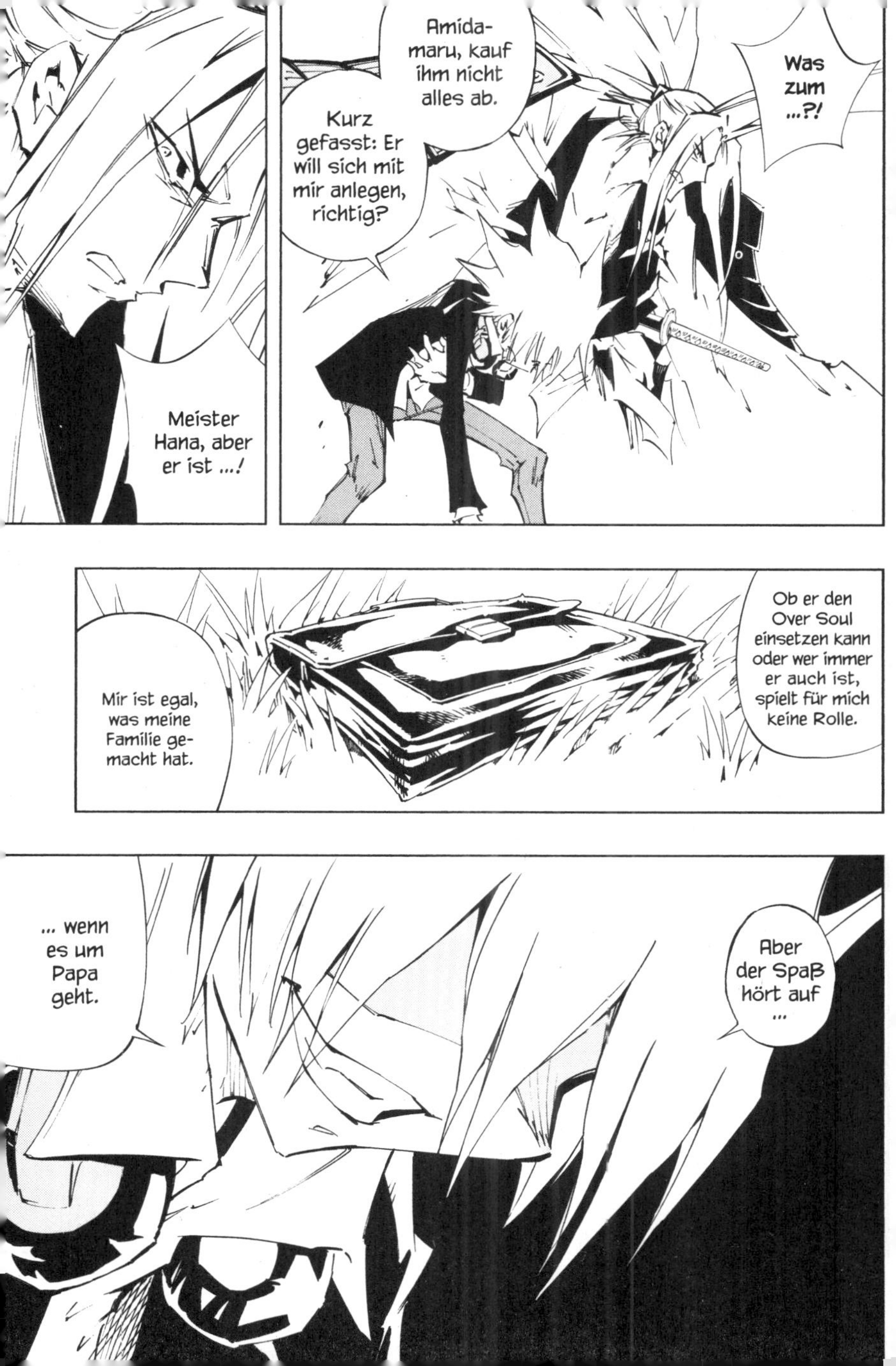

Was zum ...?!
Amidamaru, kauf ihm nicht alles ab.
Kurz gefasst: Er will sich mit mir anlegen, richtig?
Meister Hana, aber er ist ...!

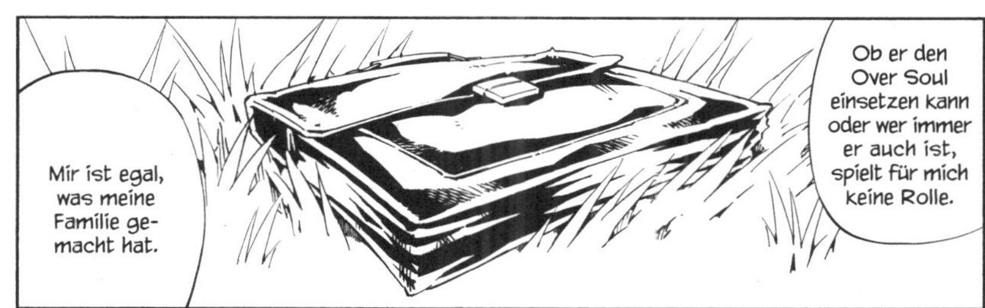

Aber der Spaß hört auf ...
... wenn es um Papa geht.

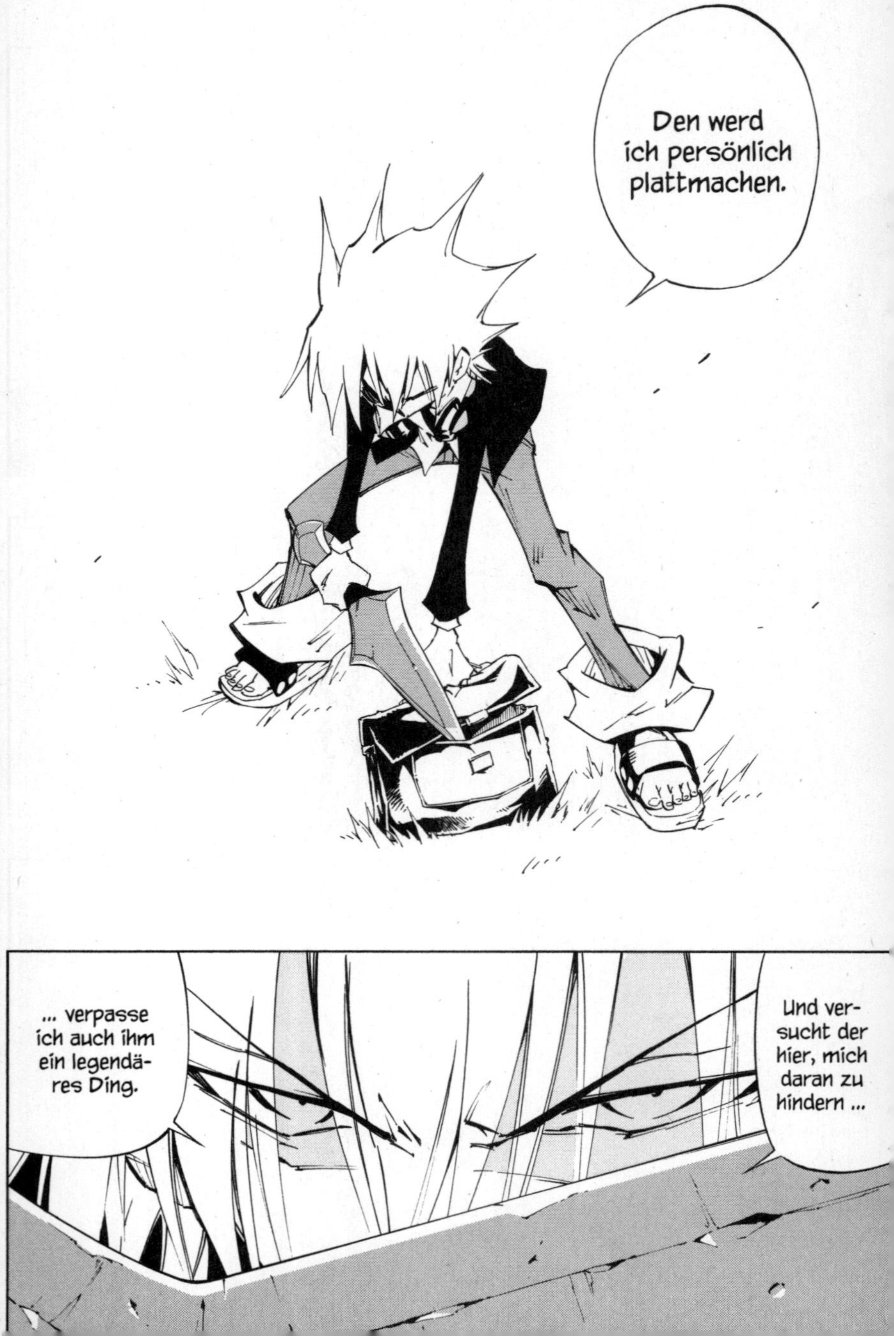

Den werd ich persönlich plattmachen.

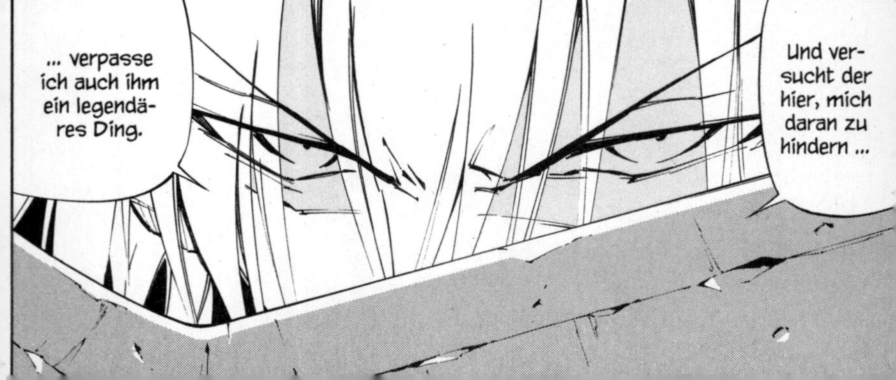

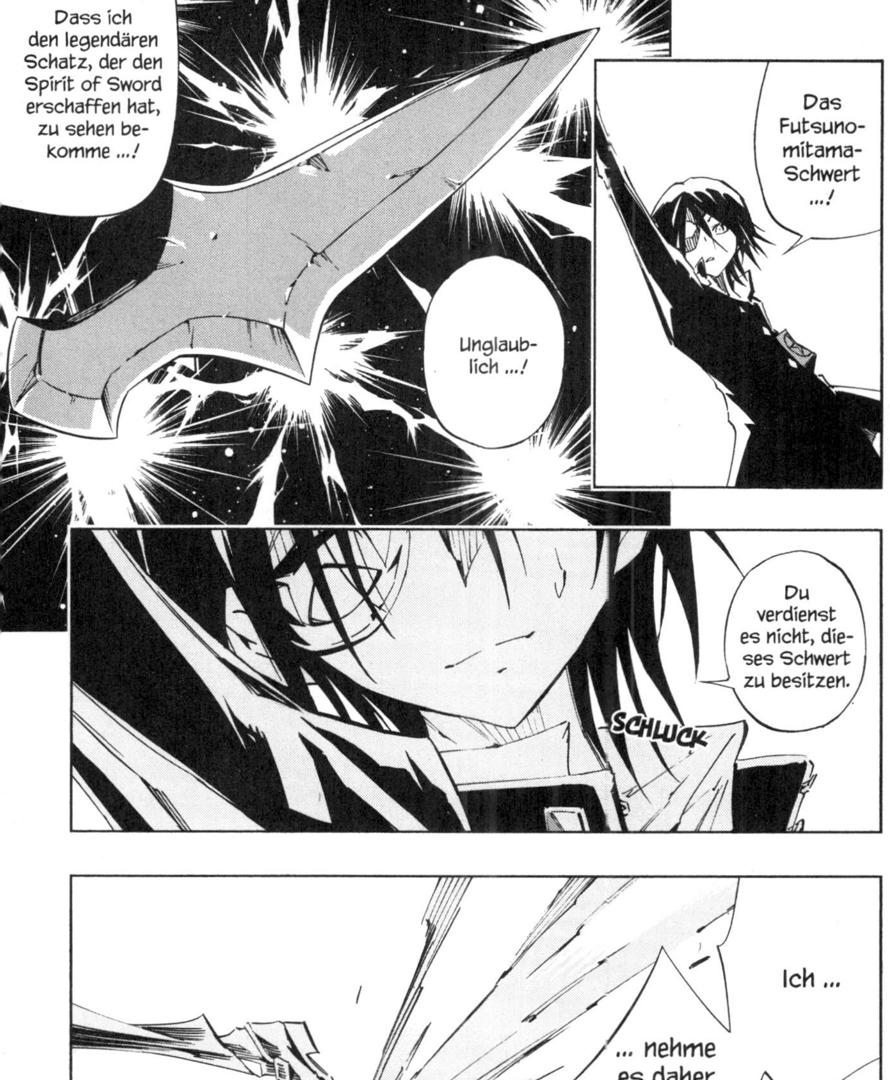
Das Futsunomitama-Schwert ...!
Dass ich den legendären Schatz, der den Spirit of Sword erschaffen hat, zu sehen bekomme ...!
Unglaublich ...!
Du verdienst es nicht, dieses Schwert zu besitzen.
SCHLUCK
Ich ...
... nehme es daher an mich, zusammen mit deinem Leben!

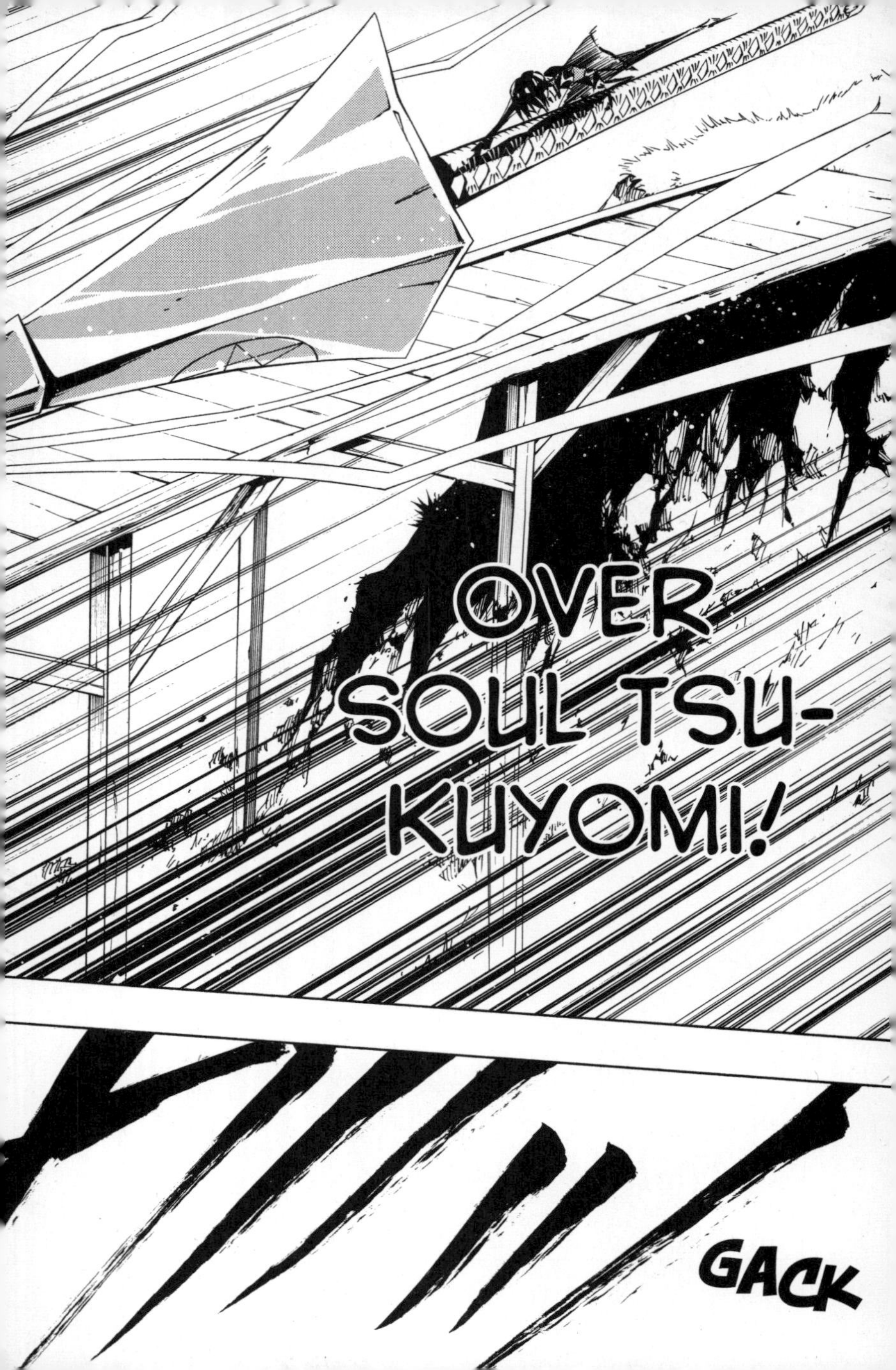
OVER SOUL TSU-KUYOMI!
GACK

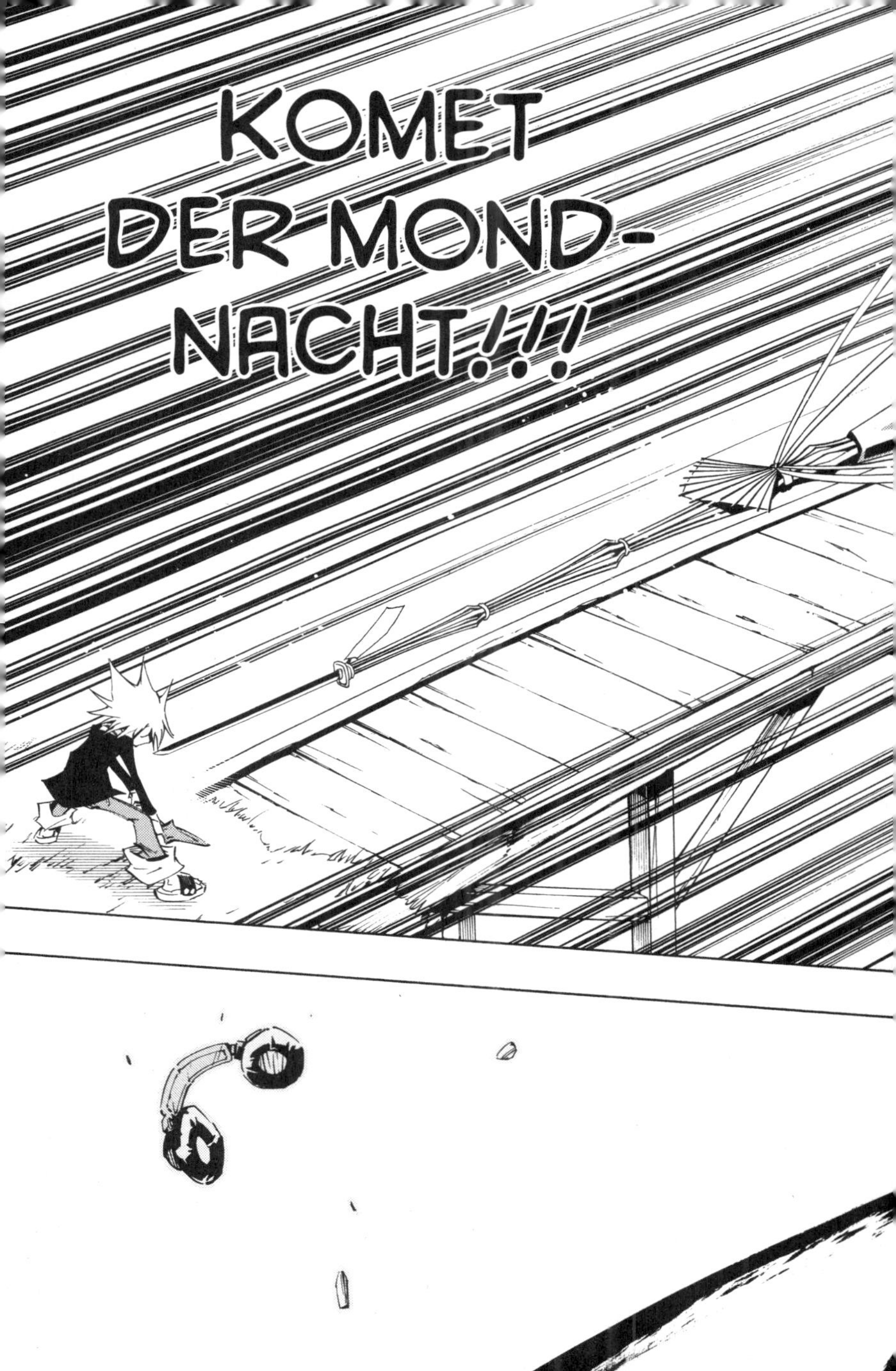
KOMET
DER MOND-
NACHT!!!

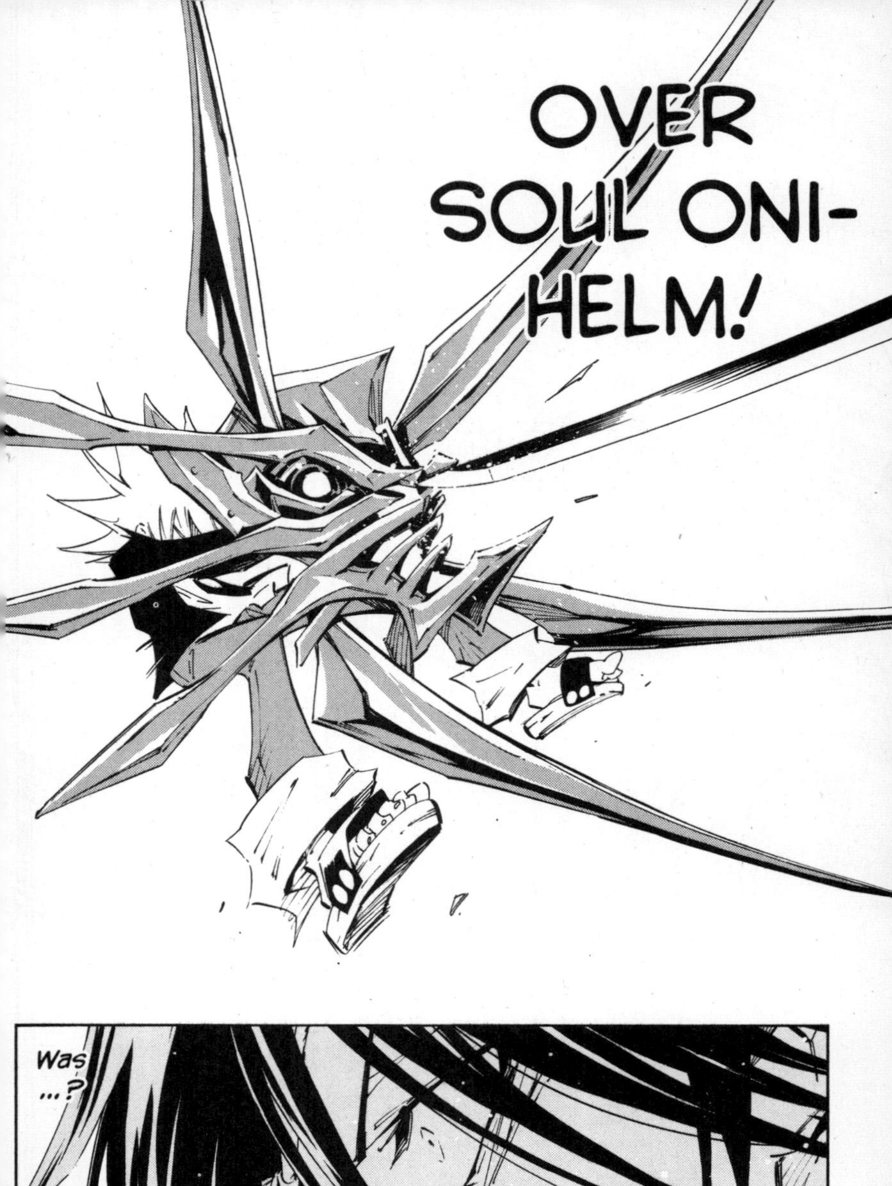
OVER SOUL ONI-HELM!
Was ...?

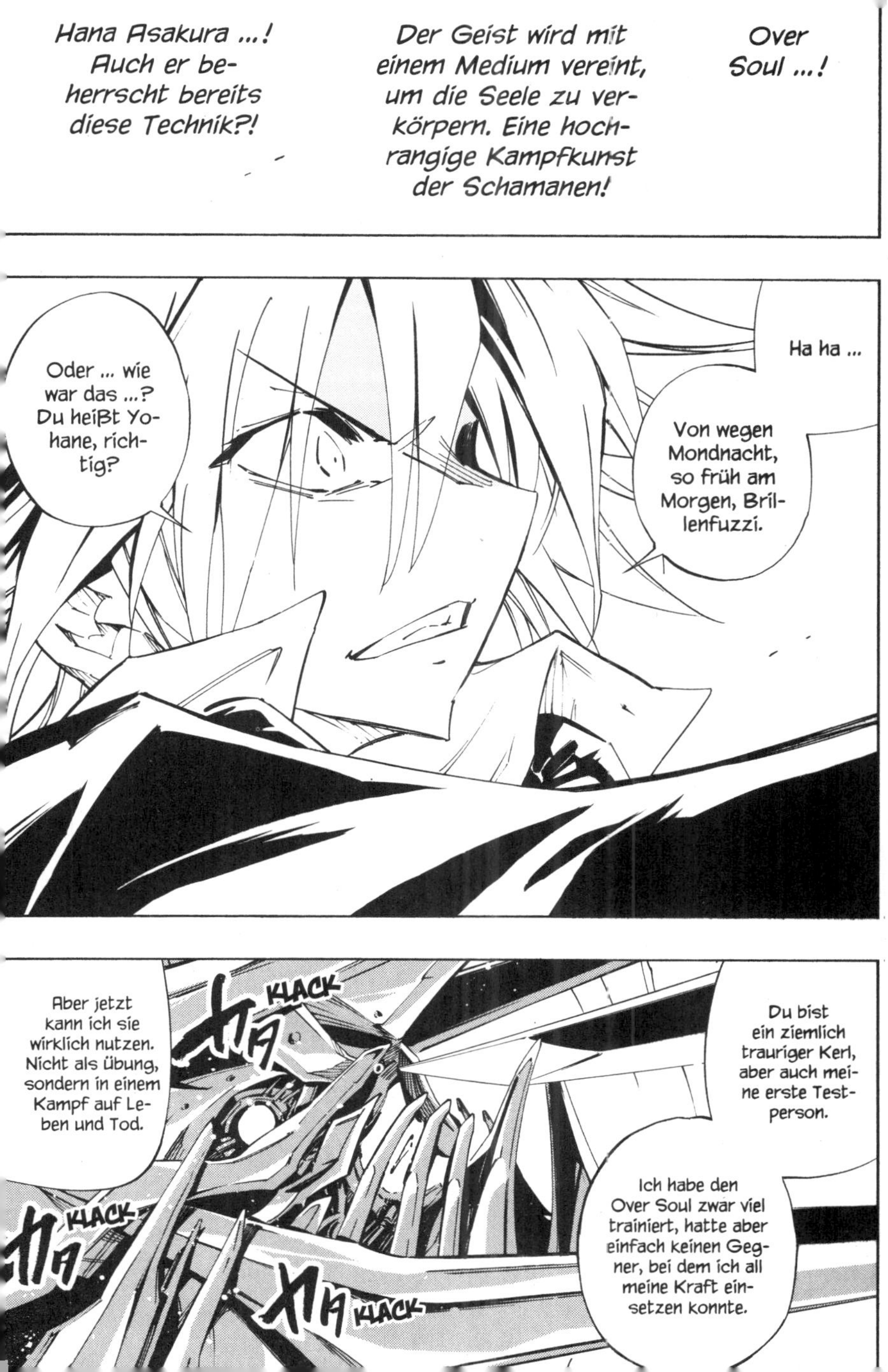

Over Soul ...!

Der Geist wird mit einem Medium vereint, um die Seele zu verkörpern. Eine hochrangige Kampfkunst der Schamanen!

Hana Asakura ...! Auch er beherrscht bereits diese Technik?!

Ha ha ...

Von wegen Mondnacht, so früh am Morgen, Brillenfuzzi.

Oder ... wie war das ...? Du heißt Yohane, richtig?

Du bist ein ziemlich trauriger Kerl, aber auch meine erste Testperson.

Ich habe den Over Soul zwar viel trainiert, hatte aber einfach keinen Gegner, bei dem ich all meine Kraft einsetzen konnte.

Aber jetzt kann ich sie wirklich nutzen. Nicht als Übung, sondern in einem Kampf auf Leben und Tod.

KLACK

KLACK

KLACK

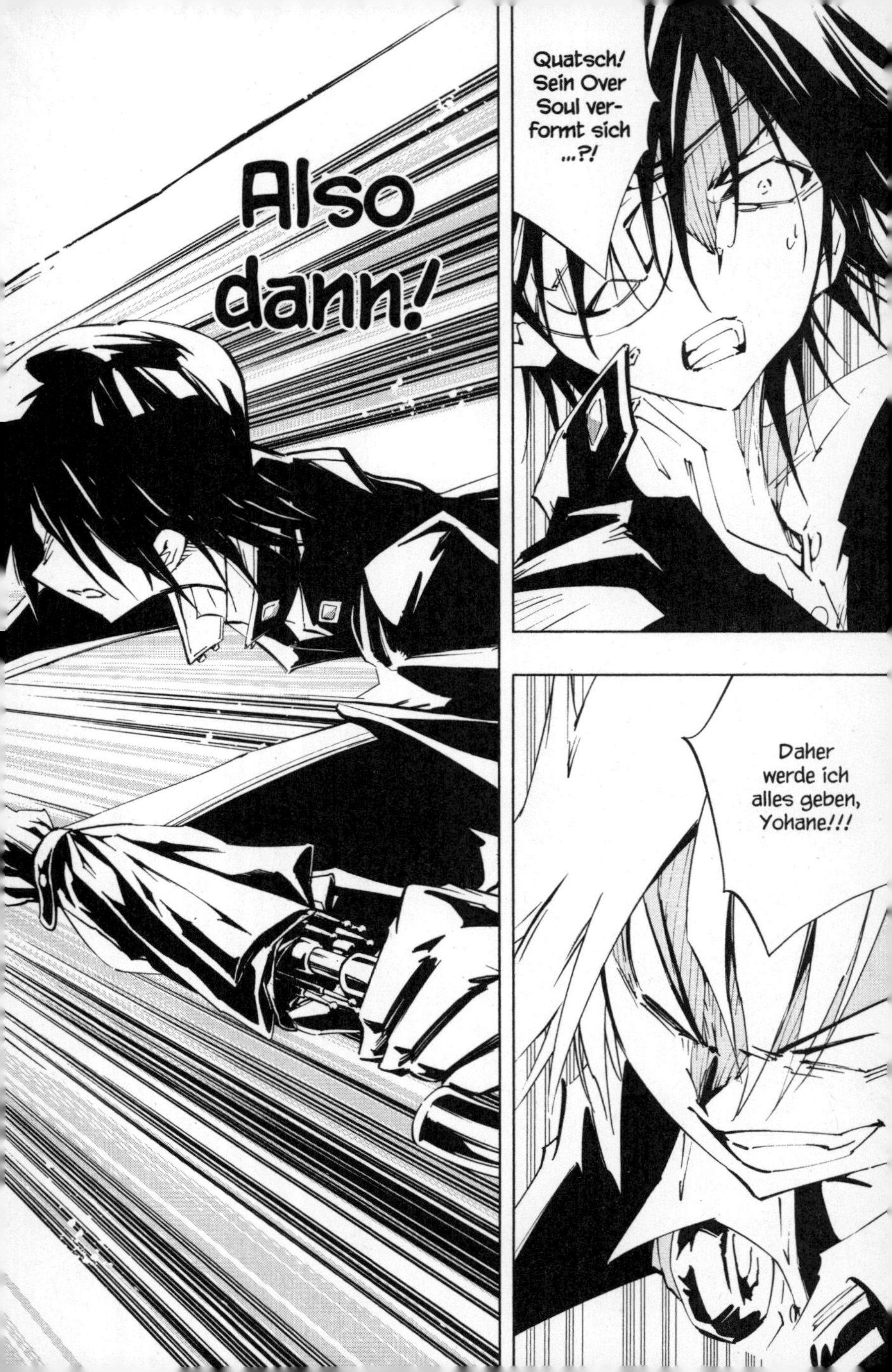

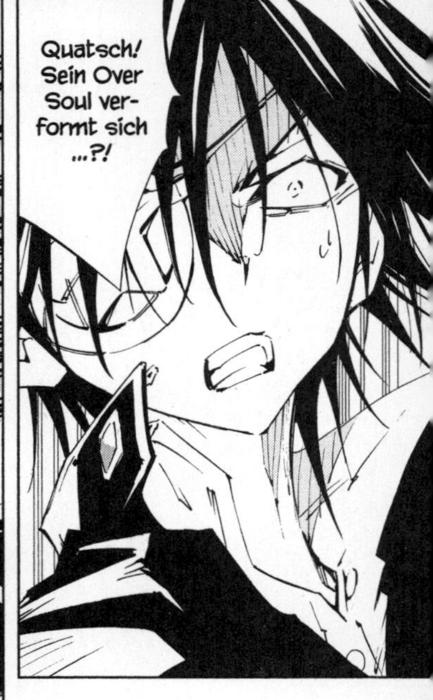
Quatsch! Sein Over Soul ver- formt sich ...?!

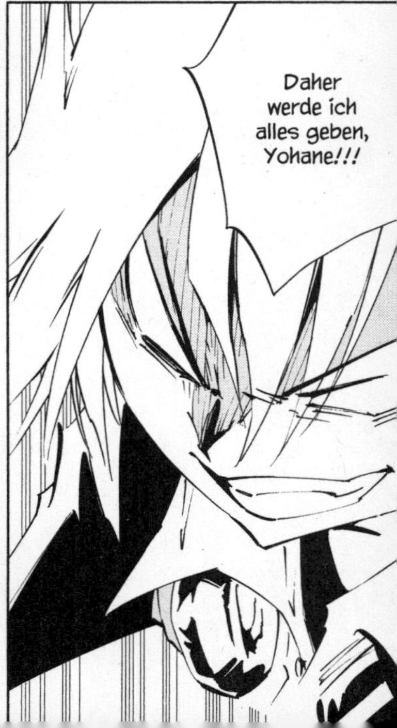
Daher werde ich alles geben, Yohane!!!

Also dann!

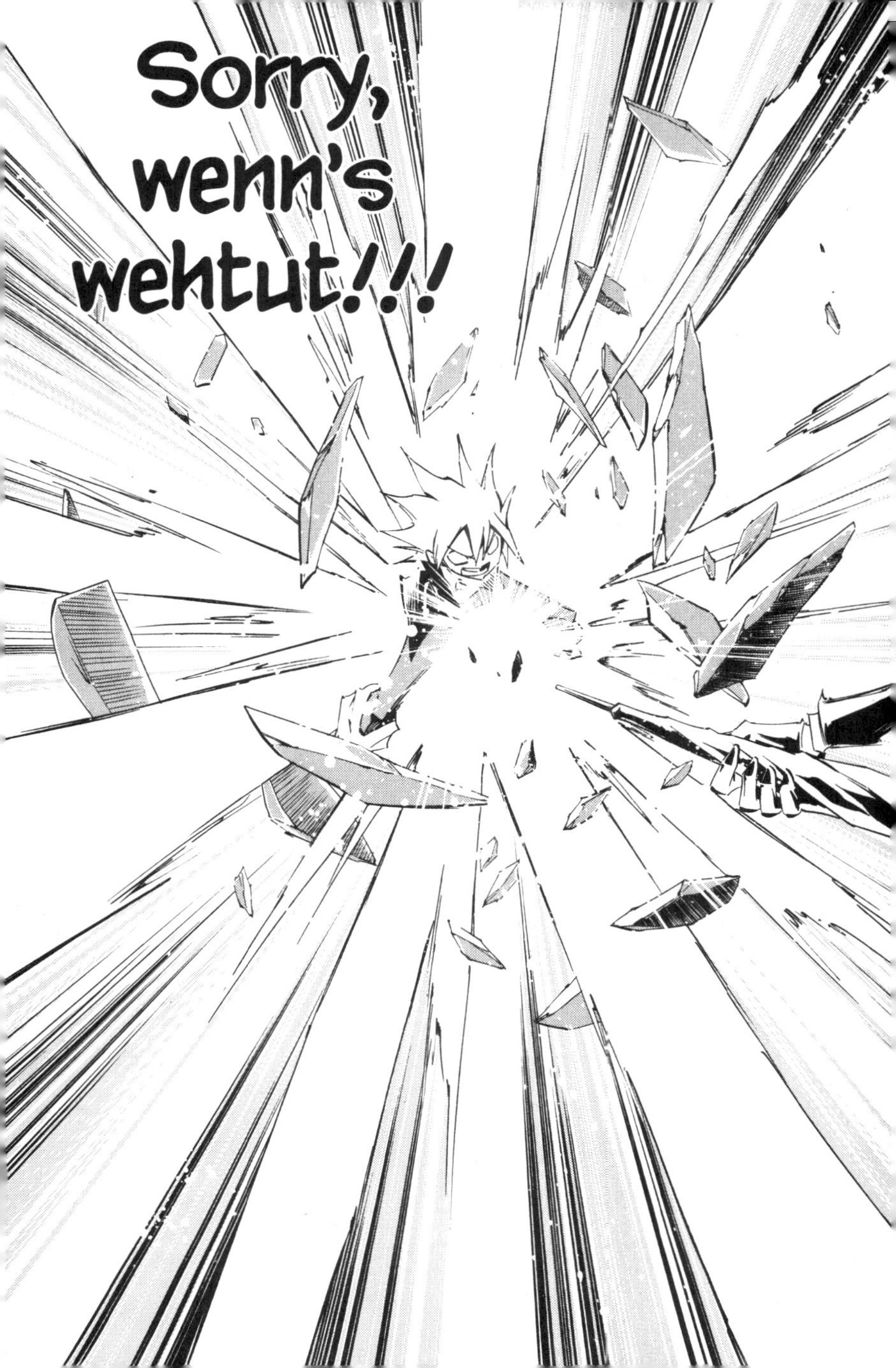
Sorry, wenn's wehtut!!!

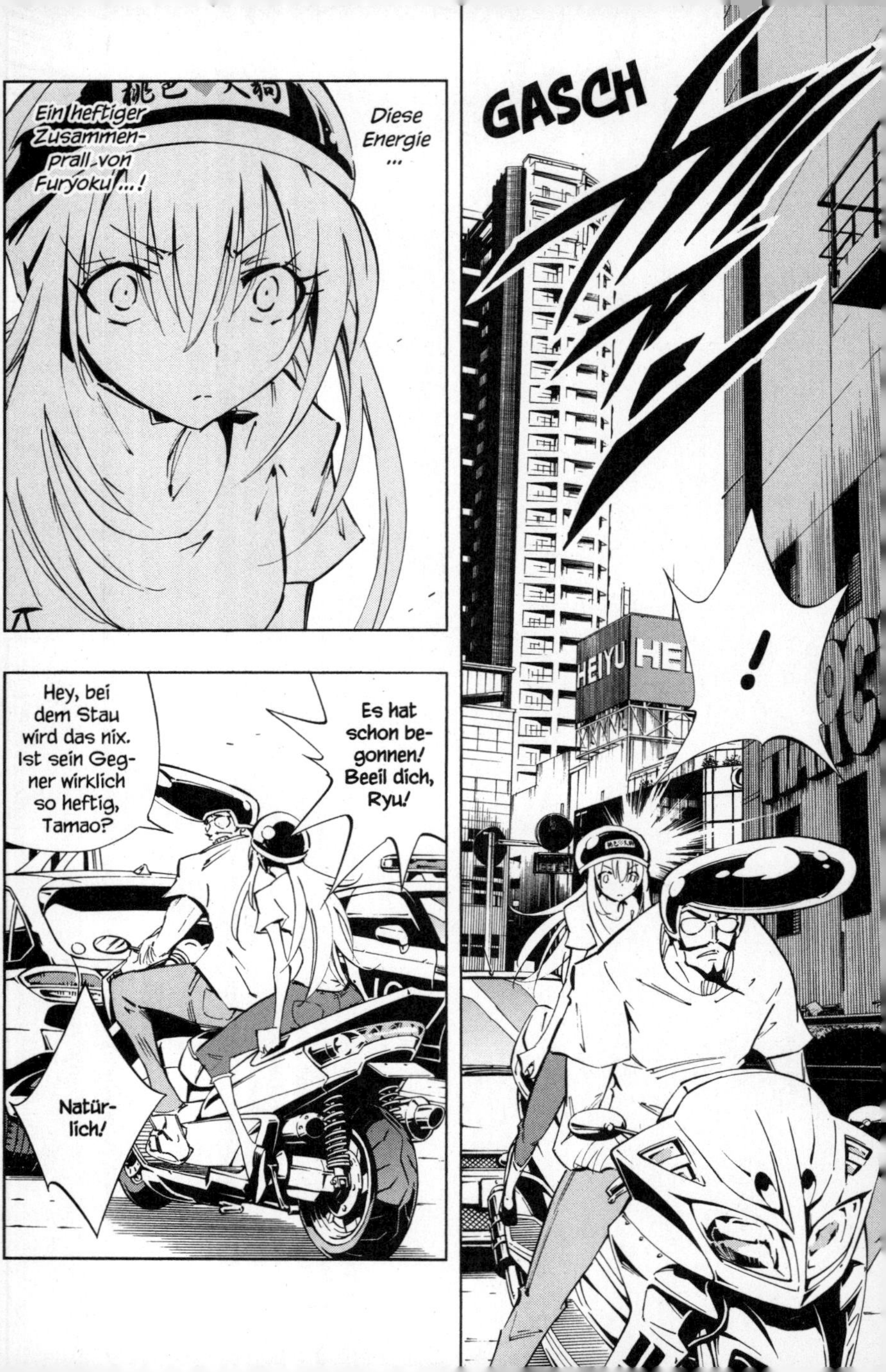

GASCH

HEIYU HE

!

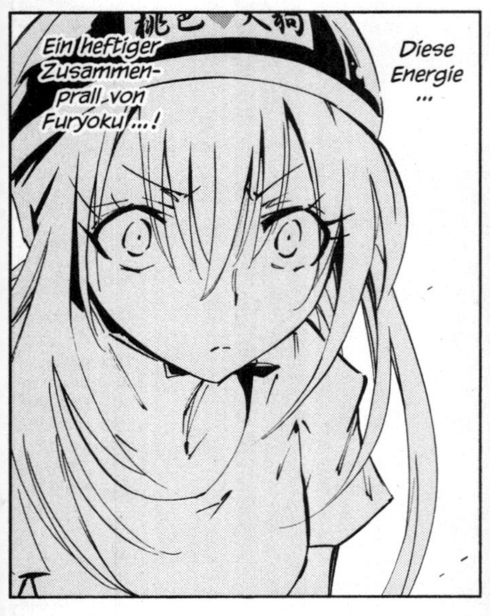

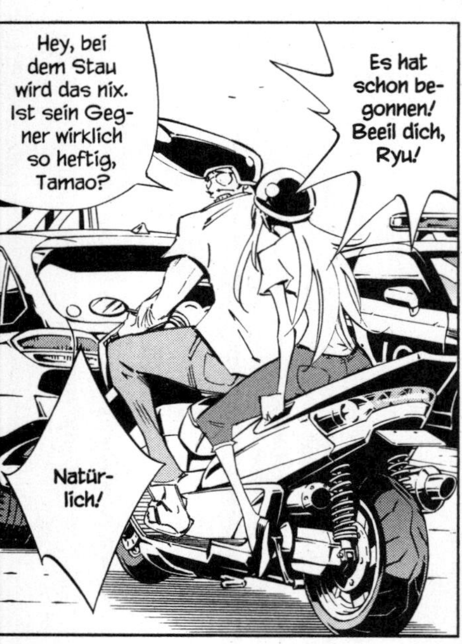

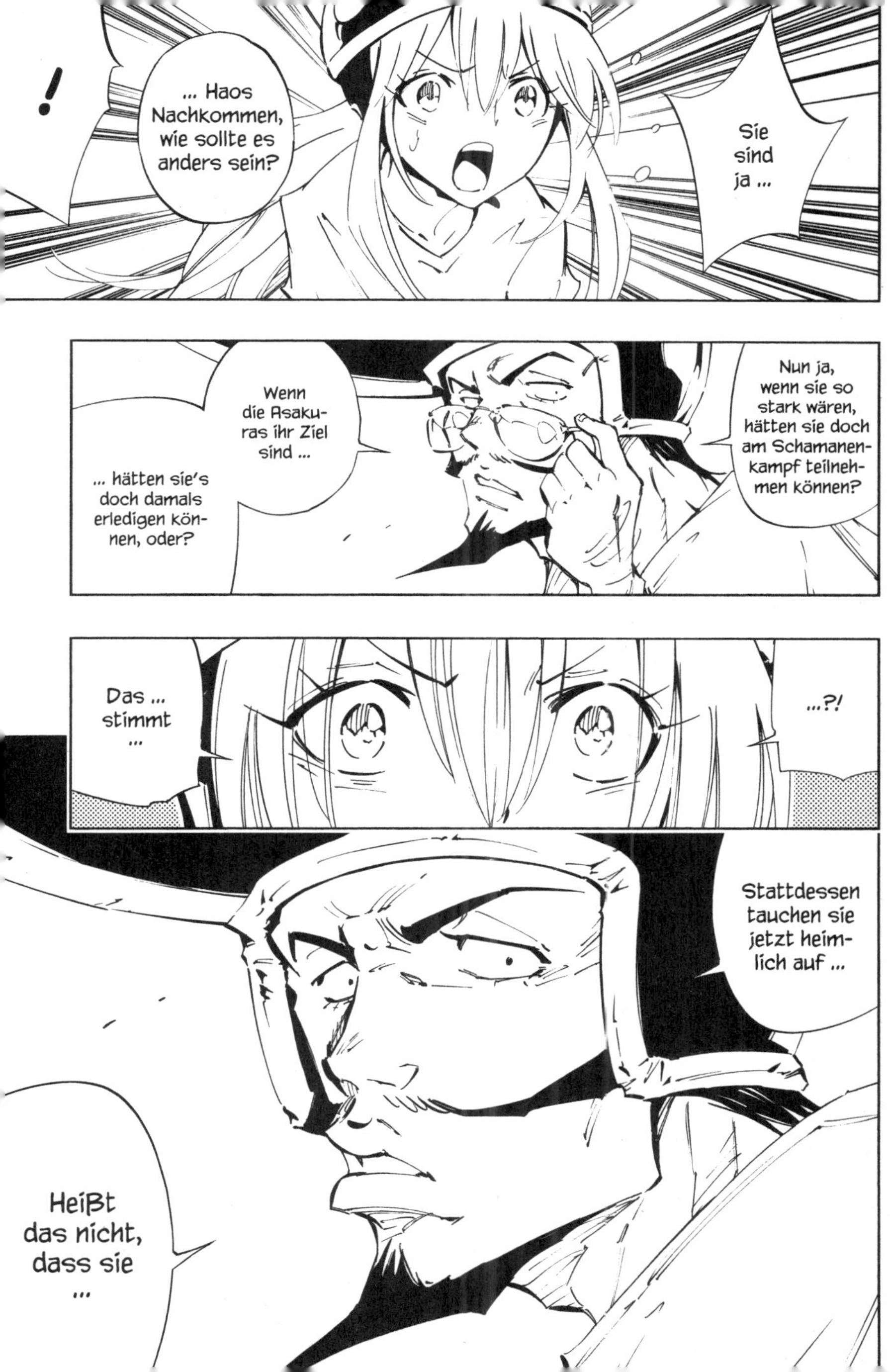
Sie sind ja ...
!
... Haos Nachkommen, wie sollte es anders sein?
Nun ja, wenn sie so stark wären, hätten sie doch am Schamanenkampf teilnehmen können?
Wenn die Asakuras ihr Ziel sind ...
... hätten sie's doch damals erledigen können, oder?
...?!
Das ... stimmt ...
Stattdessen tauchen sie jetzt heimlich auf ...
Heißt das nicht, dass sie ...

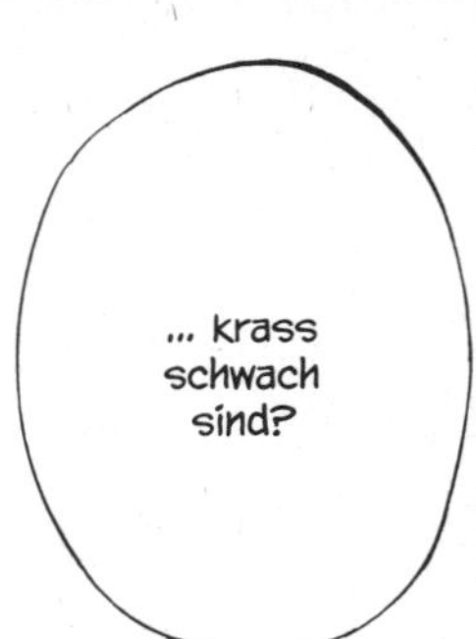
... krass schwach sind?

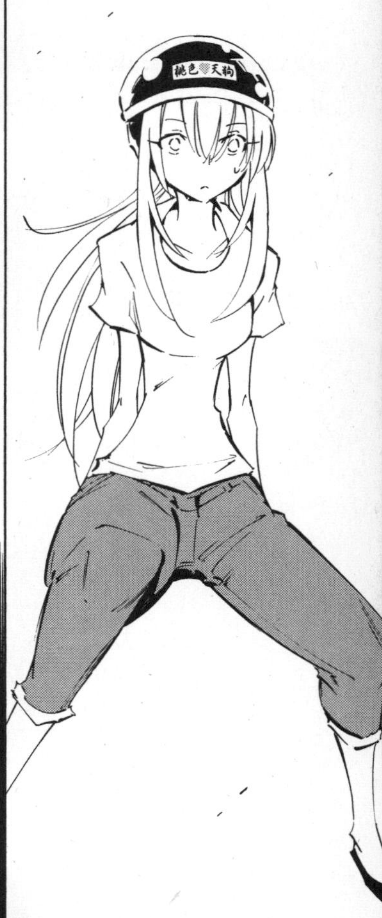

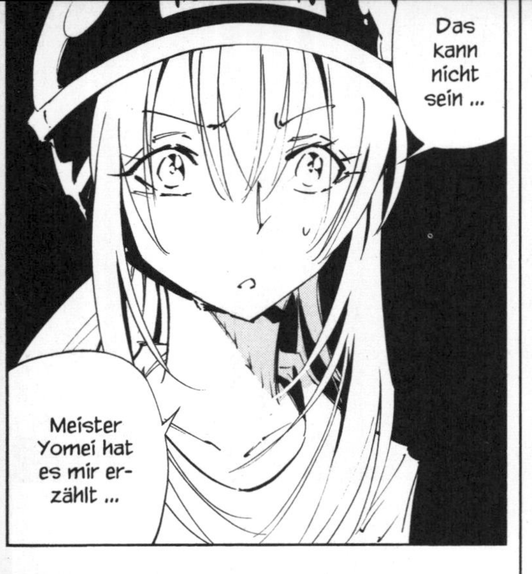
Das kann nicht sein ...
Meister Yomei hat es mir erzählt ...

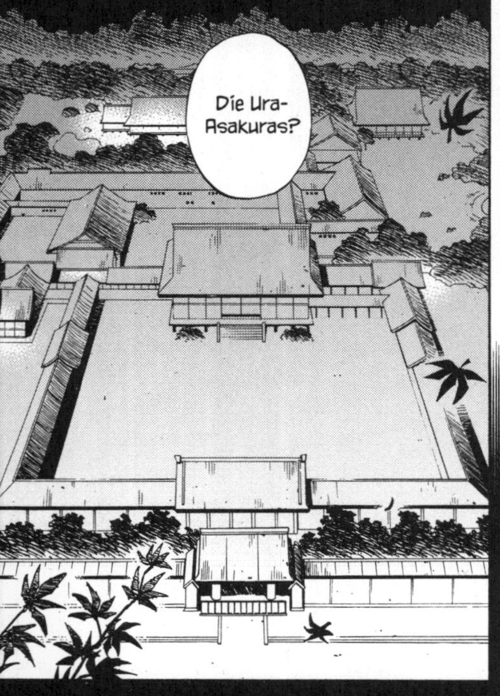
Die Ura-Asakuras?

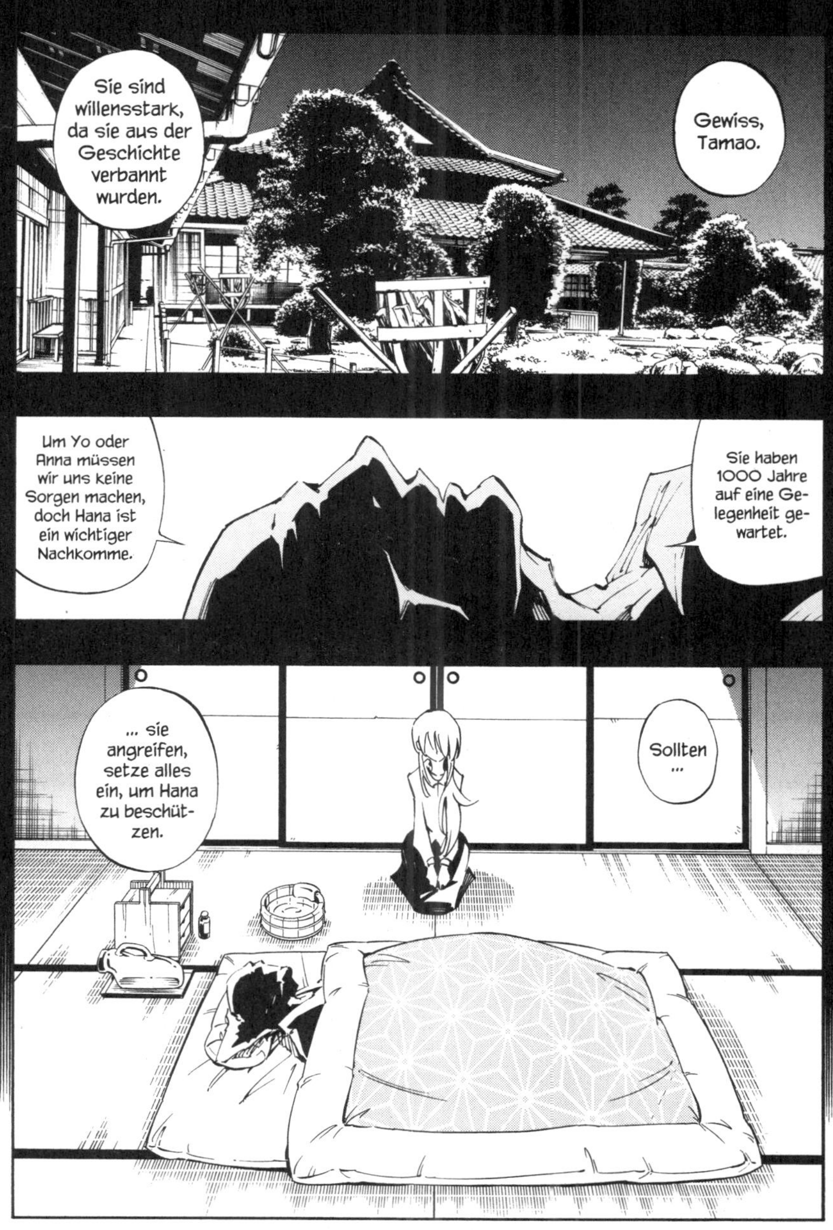
Gewiss, Tamao.
Sie sind willensstark, da sie aus der Geschichte verbannt wurden.
Sie haben 1000 Jahre auf eine Gelegenheit gewartet.
Um Yo oder Anna müssen wir uns keine Sorgen machen, doch Hana ist ein wichtiger Nachkomme.
Sollten ...
... sie angreifen, setze alles ein, um Hana zu beschützen.

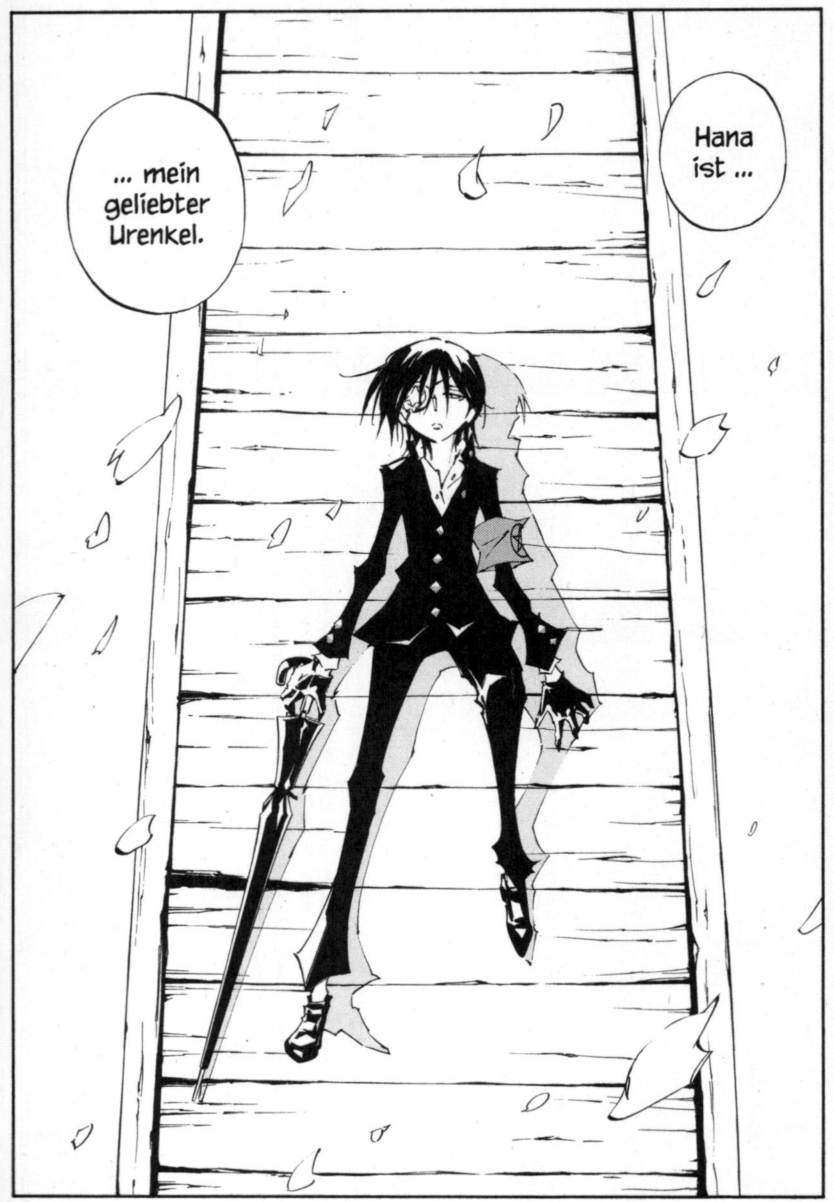
Hana ist ...
... mein geliebter Urenkel.

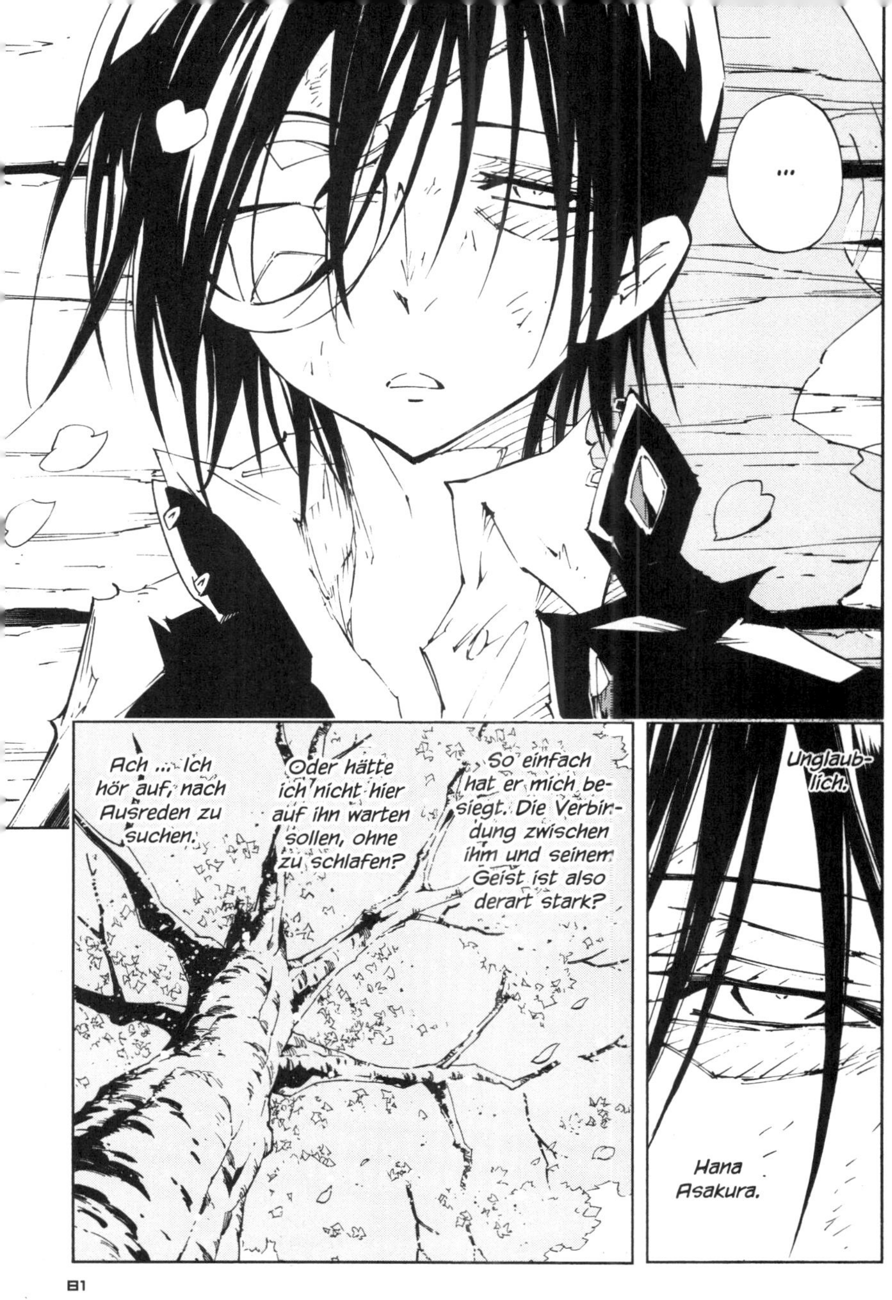
...
Unglaub-lich.
Hana Asakura.
So einfach hat er mich be-siegt. Die Verbin-dung zwischen ihm und seinem Geist ist also derart stark?
Oder hätte ich nicht hier auf ihn warten sollen, ohne zu schlafen?
Ach ... Ich hör auf, nach Ausreden zu suchen.

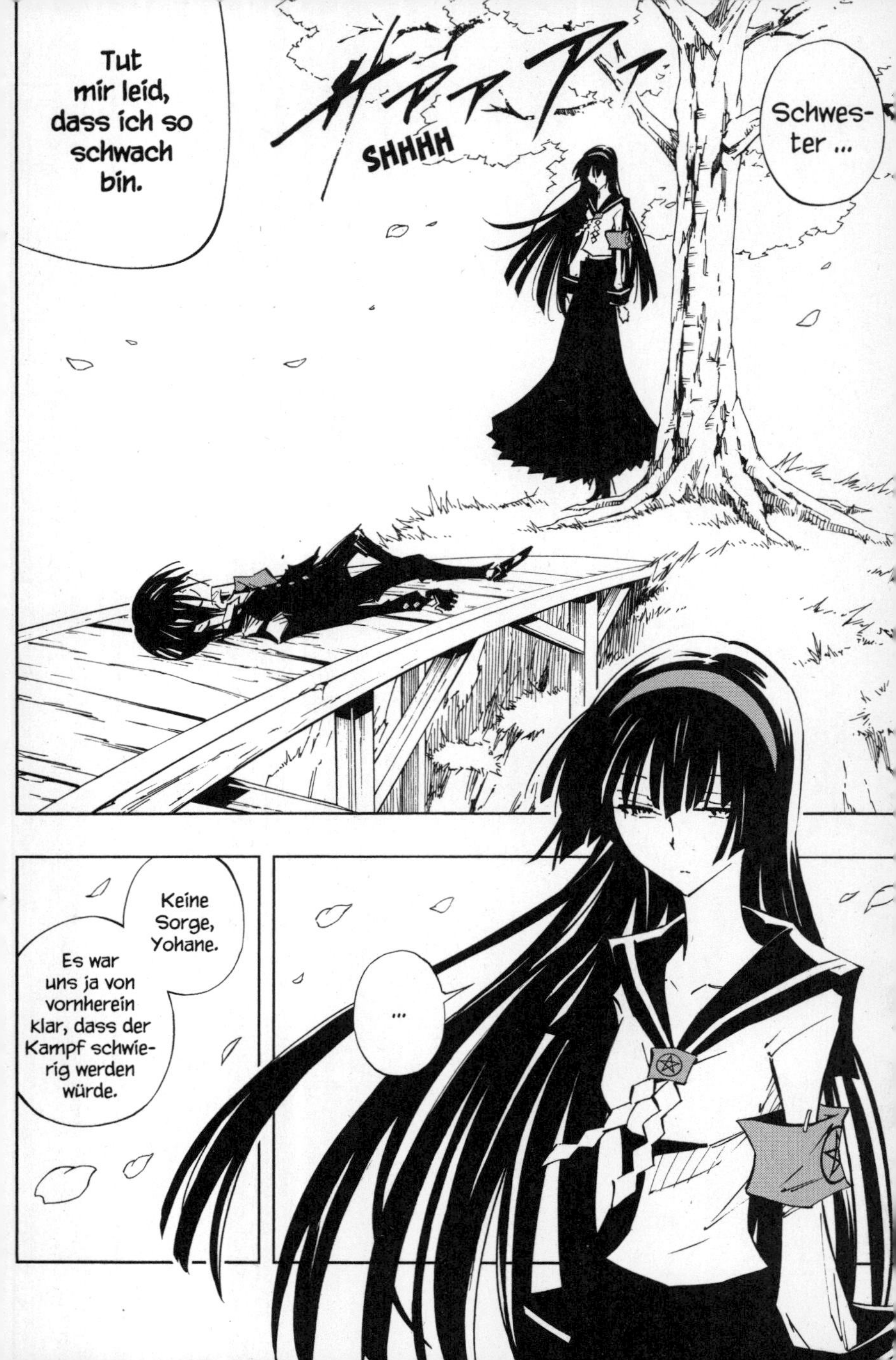
Schwester ...
SHHHH
Tut mir leid, dass ich so schwach bin.
...
Keine Sorge, Yohane.
Es war uns ja von vornherein klar, dass der Kampf schwierig werden würde.

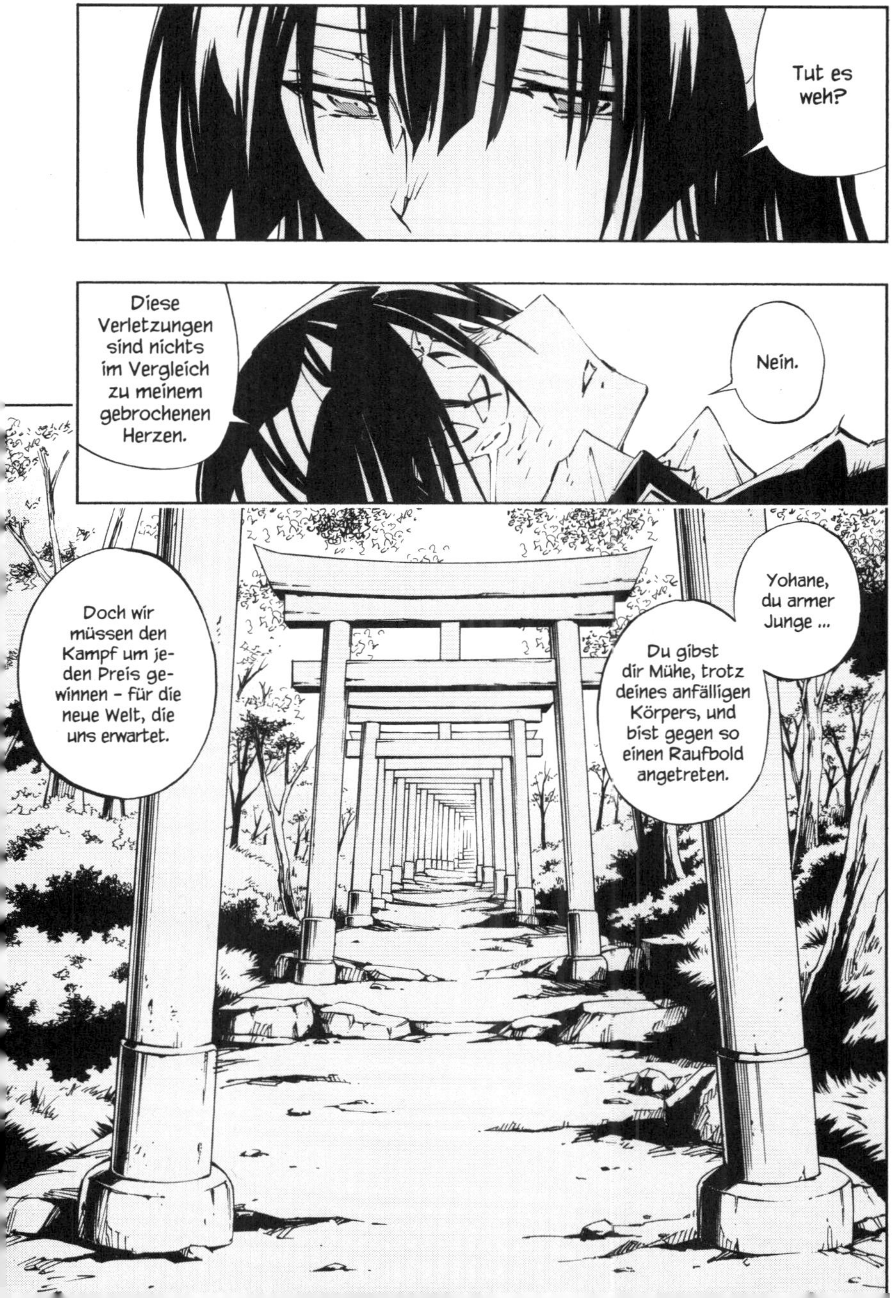

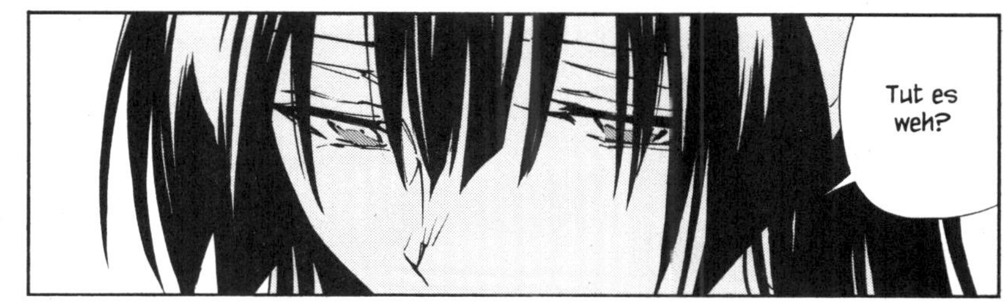
Tut es weh?

Nein.
Diese Verletzungen sind nichts im Vergleich zu meinem gebrochenen Herzen.
Yohane, du armer Junge ...
Du gibst dir Mühe, trotz deines anfälligen Körpers, und bist gegen so einen Raufbold angetreten.
Doch wir müssen den Kampf um jeden Preis gewinnen – für die neue Welt, die uns erwartet.

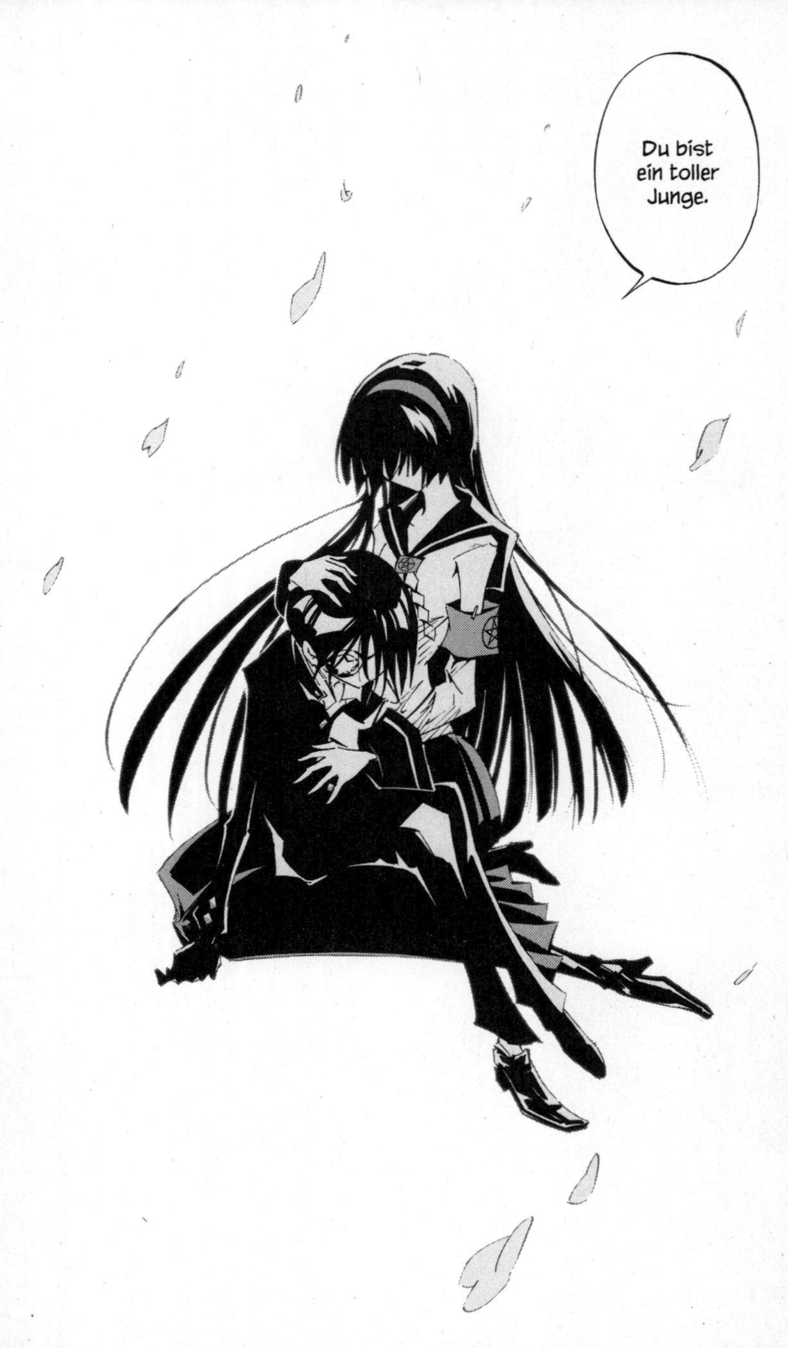
Du bist ein toller Junge.

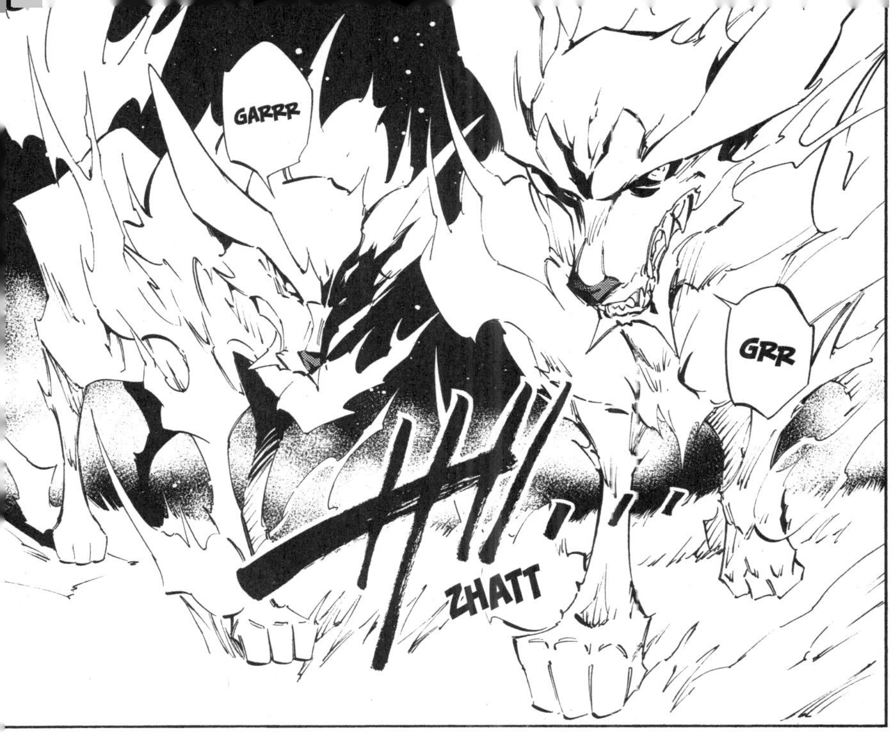

GRR

GARRR

ZHATT

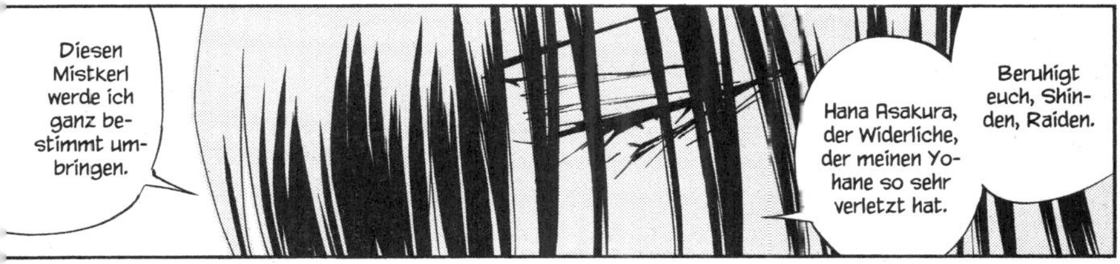

Beruhigt euch, Shinden, Raiden.

Hana Asakura, der Widerliche, der meinen Yohane so sehr verletzt hat.

Diesen Mistkerl werde ich ganz bestimmt umbringen.

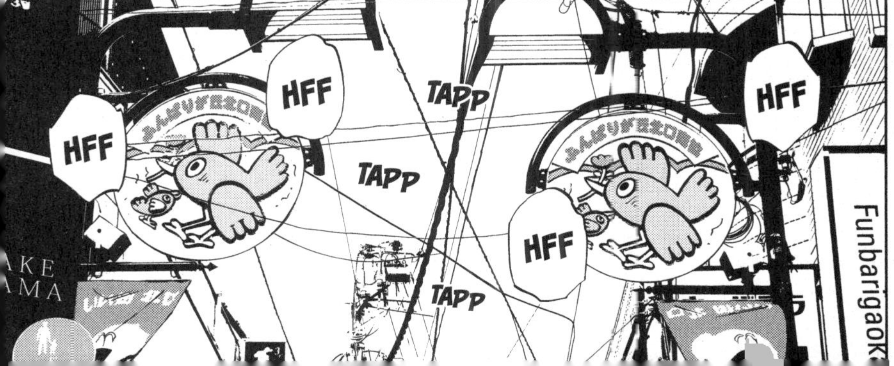

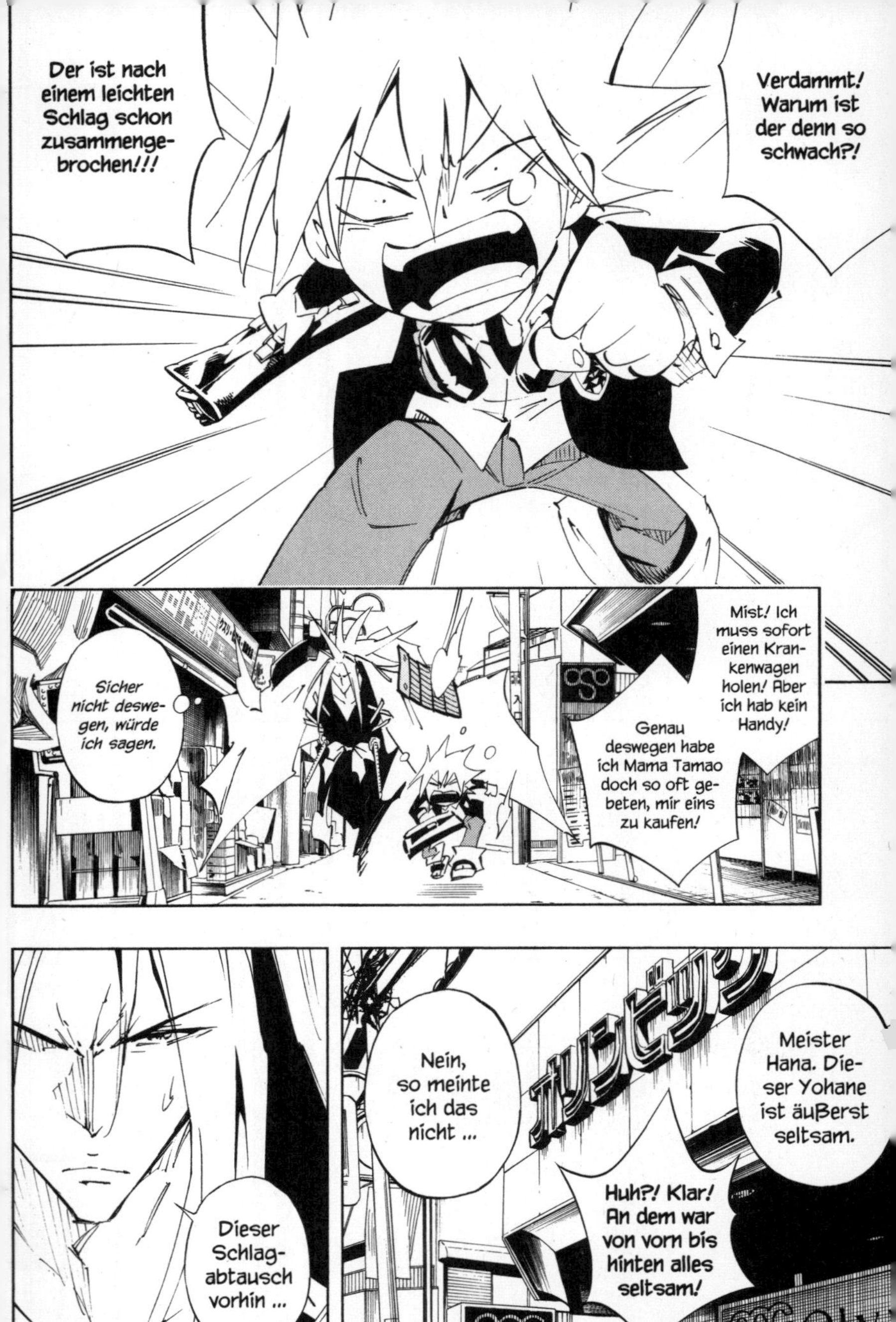
Verdammt! Warum ist der denn so schwach?!
Der ist nach einem leichten Schlag schon zusammengebrochen!!!
Mist! Ich muss sofort einen Krankenwagen holen! Aber ich hab kein Handy!
Genau deswegen habe ich Mama Tamao doch so oft gebeten, mir eins zu kaufen!
Sicher nicht deswegen, würde ich sagen.
Meister Hana. Dieser Yohane ist äußerst seltsam.
Huh?! Klar! An dem war von vorn bis hinten alles seltsam!
Nein, so meinte ich das nicht ...
Dieser Schlagabtausch vorhin ...
Oly

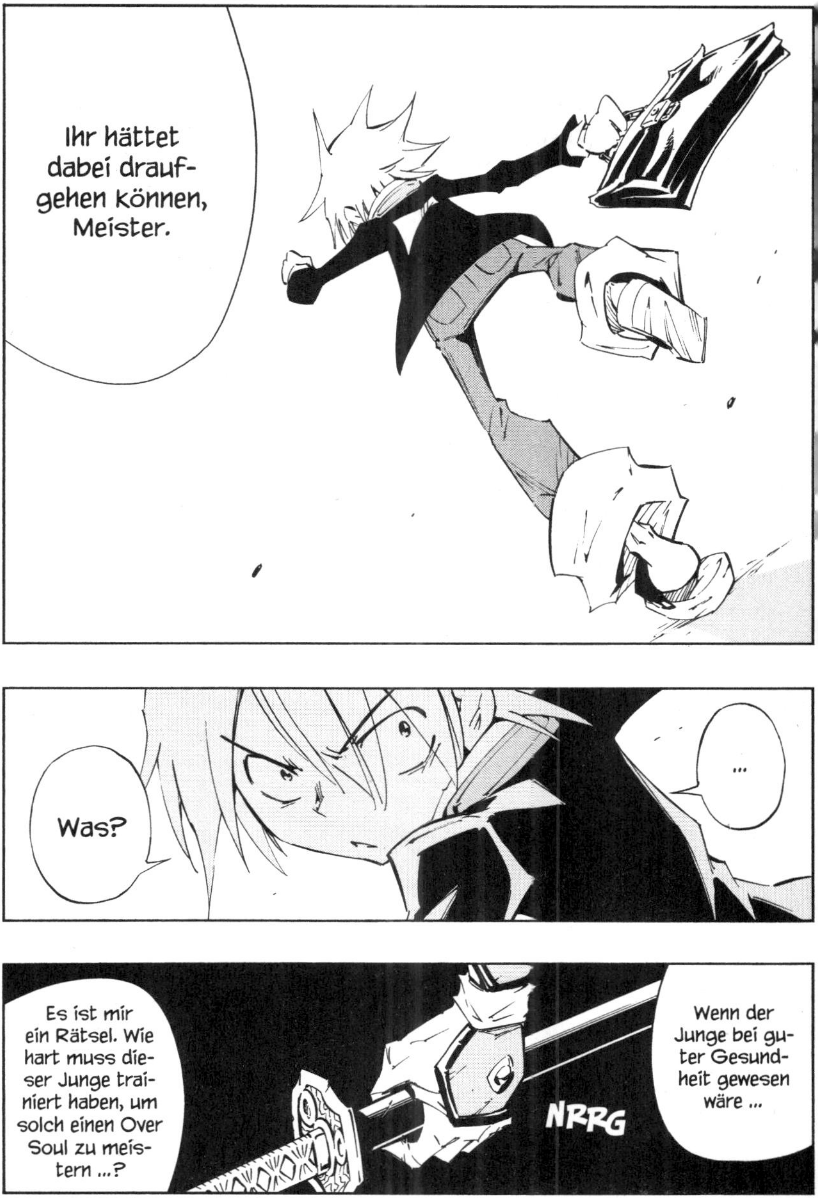

Ihr hättet
dabei drauf-
gehen können,
Meister.

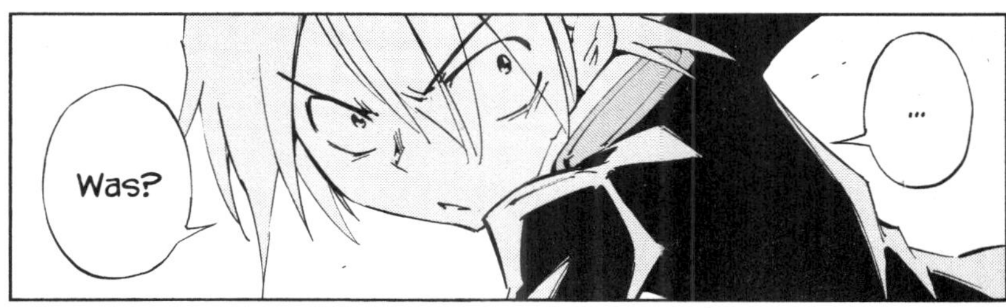

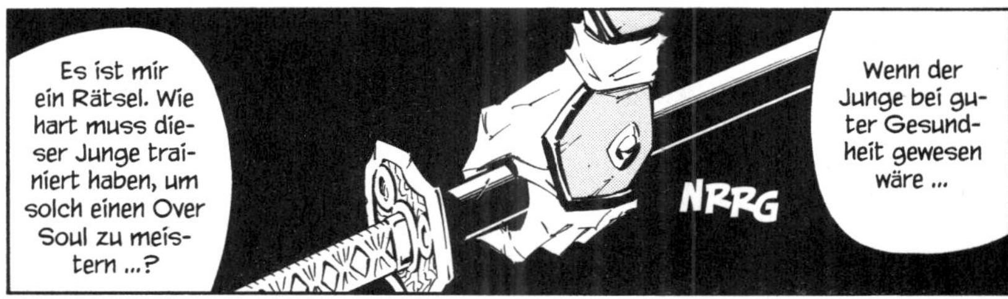

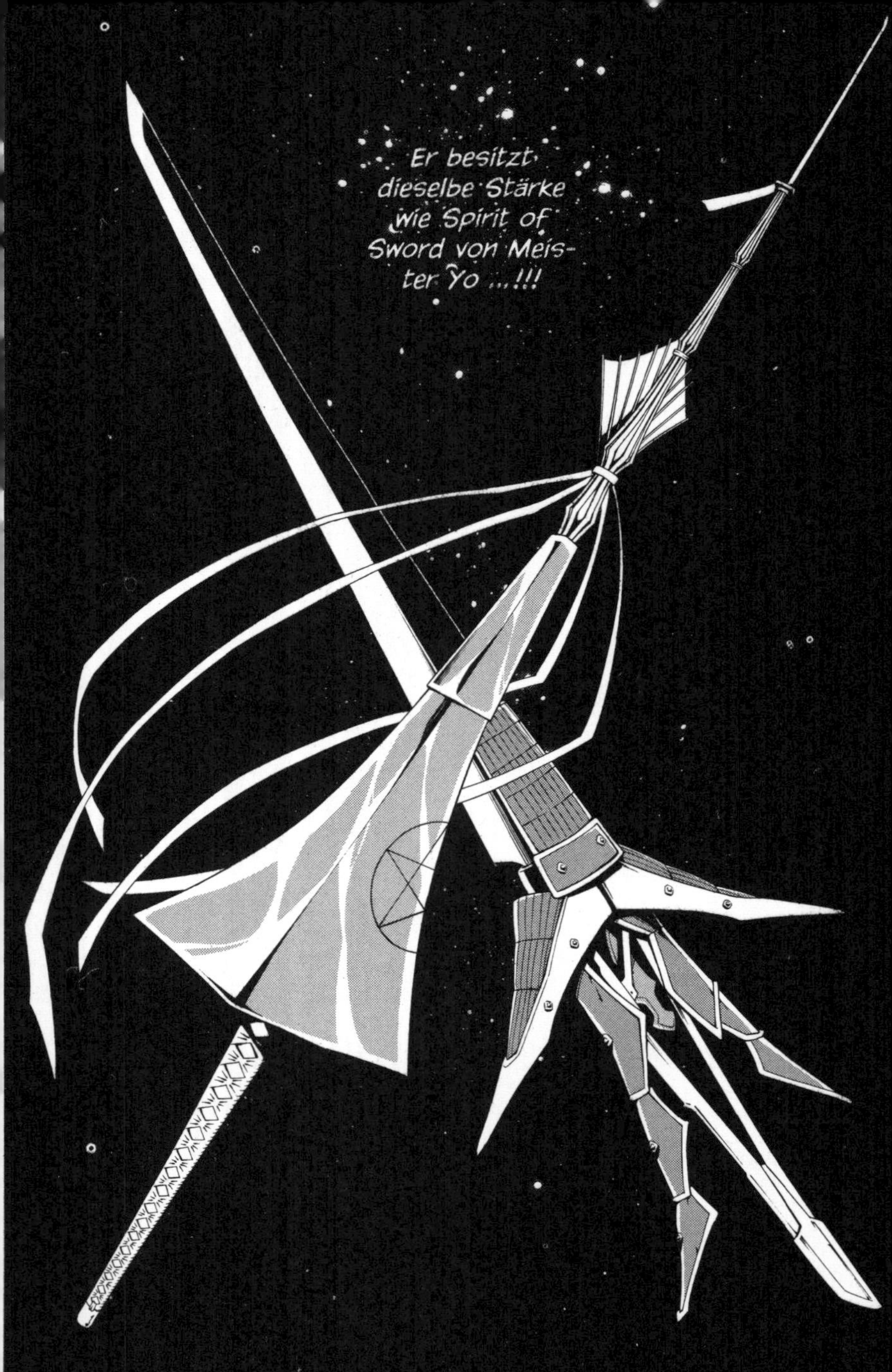
Er besitzt dieselbe Stärke wie Spirit of Sword von Meis-ter Yo ...!!!

KAPITEL 3 Verwelkt?

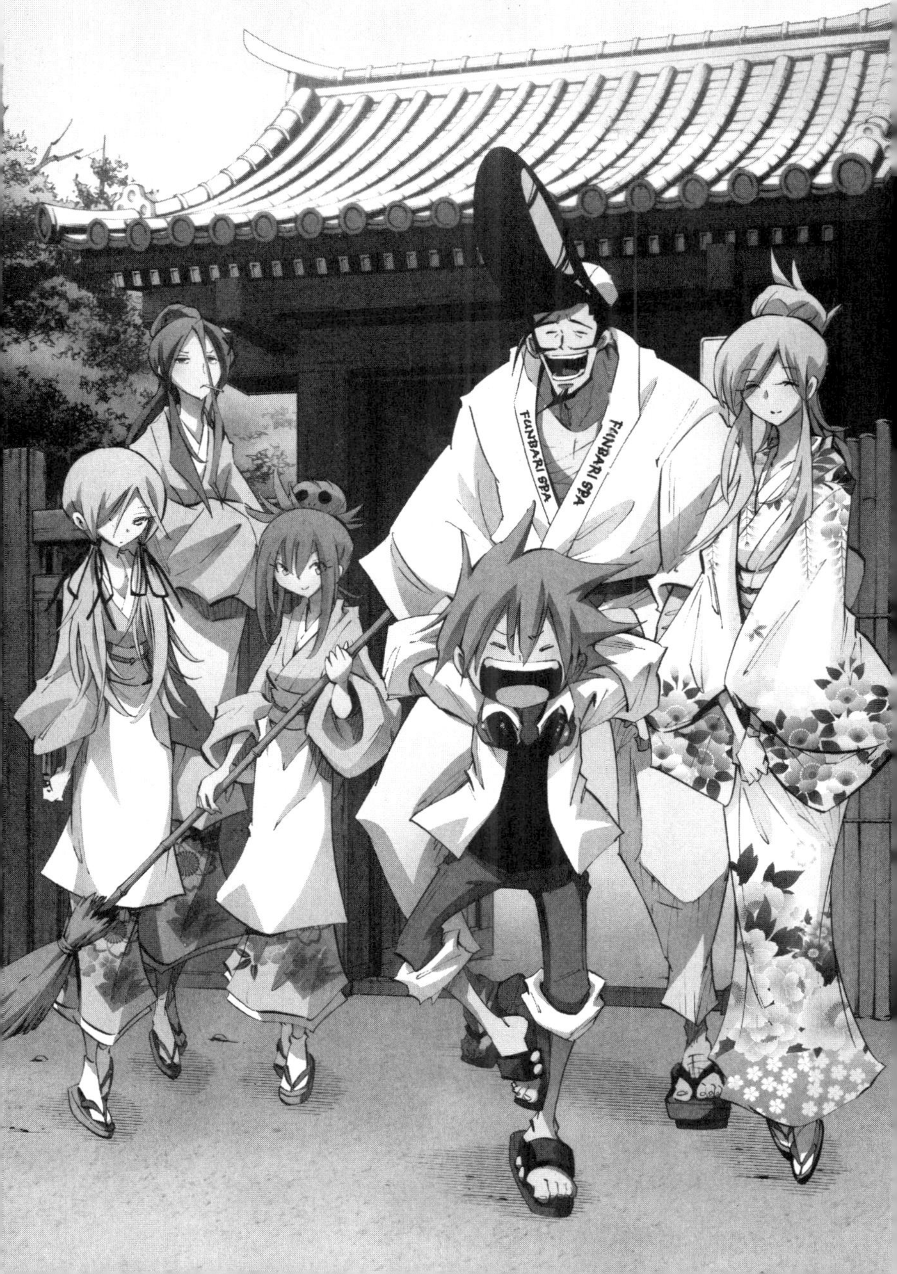

SHAMAN KING
FLOWERS

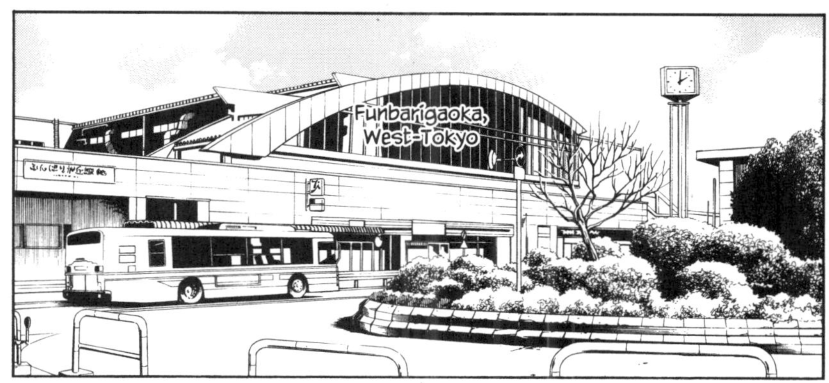

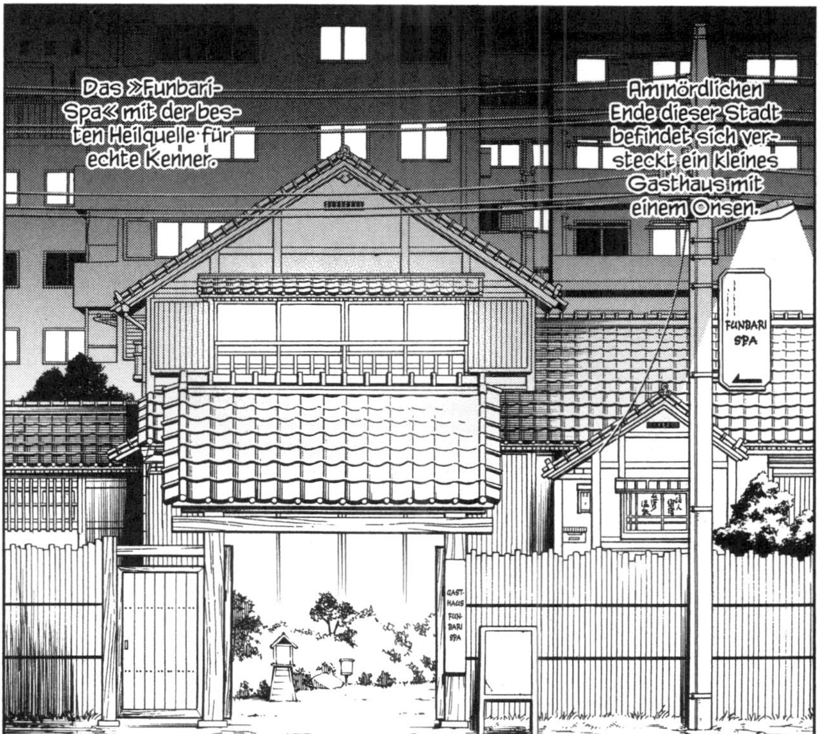

Am nördlichen Ende dieser Stadt befindet sich versteckt ein kleines Gasthaus mit einem Onsen.

Das »Funbari-Spa« mit der besten Heilquelle für echte Kenner.

FUNBARI SPA

GAST-HAUS FUN-BARI SPA

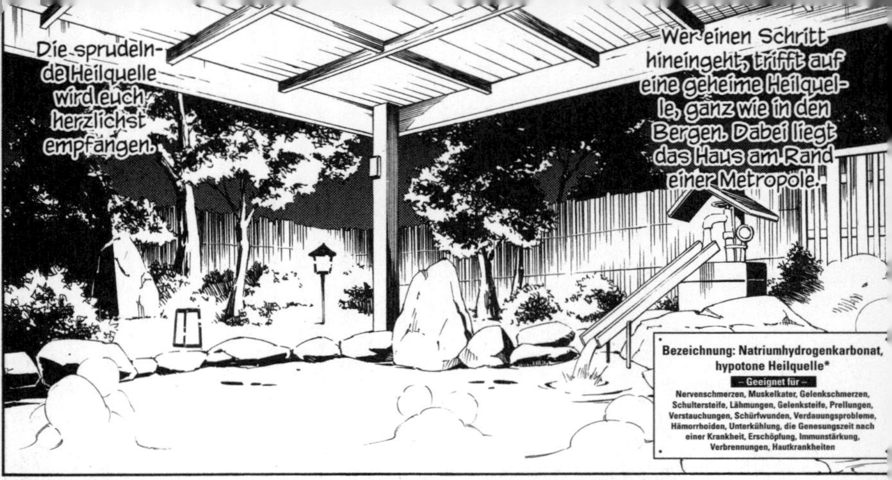

Wer einen Schritt hineingeht, trifft auf eine geheime Heilquelle, ganz wie in den Bergen. Dabei liegt das Haus am Rand einer Metropole.

Die sprudelnde Heilquelle wird euch herzlichst empfangen.

Bezeichnung: Natriumhydrogenkarbonat, hypotone Heilquelle*
– Geeignet für –
Nervenschmerzen, Muskelkater, Gelenkschmerzen, Schultersteife, Lähmungen, Gelenksteife, Prellungen, Verstauchungen, Schürfwunden, Verdauungsprobleme, Hämorrhoiden, Unterkühlung, die Genesungszeit nach einer Krankheit, Erschöpfung, Immunstärkung, Verbrennungen, Hautkrankheiten

* Eine Lösung ist hypoton, wenn sie einen geringeren osmotischen Druck als ihr Vergleichsmedium aufweist.

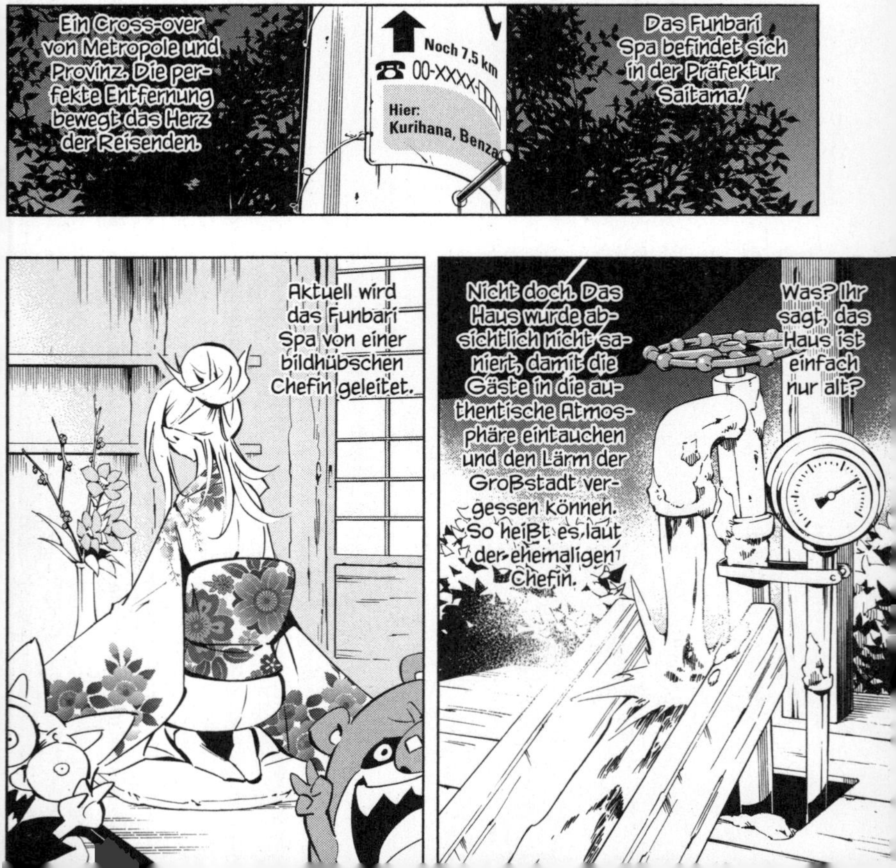

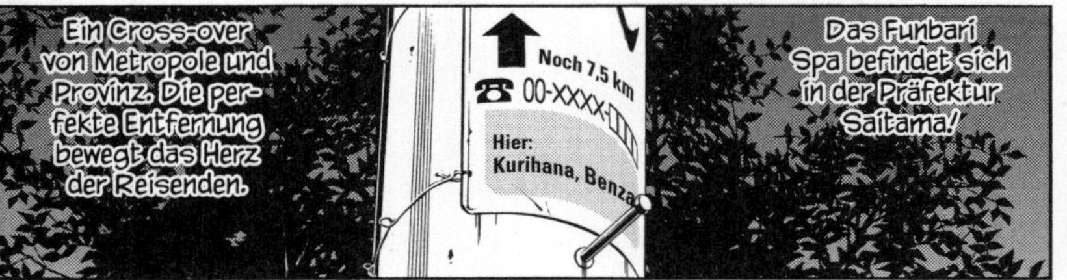

Was? Ihr sagt, das Haus ist einfach nur alt?

Nicht doch. Das Haus wurde absichtlich nicht saniert, damit die Gäste in die authentische Atmosphäre eintauchen und den Lärm der Großstadt vergessen können. So heißt es laut der ehemaligen Chefin.

Aktuell wird das Funbari Spa von einer bildhübschen Chefin geleitet.

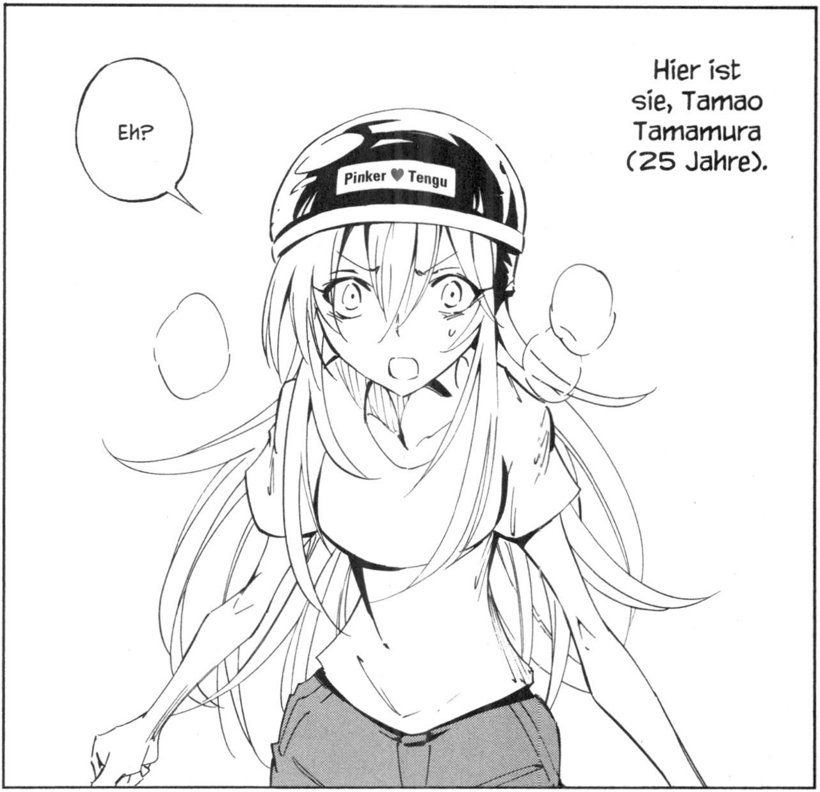

Hier ist sie, Tamao Tamamura (25 Jahre).

Eh?

Pinker ♥ Tengu

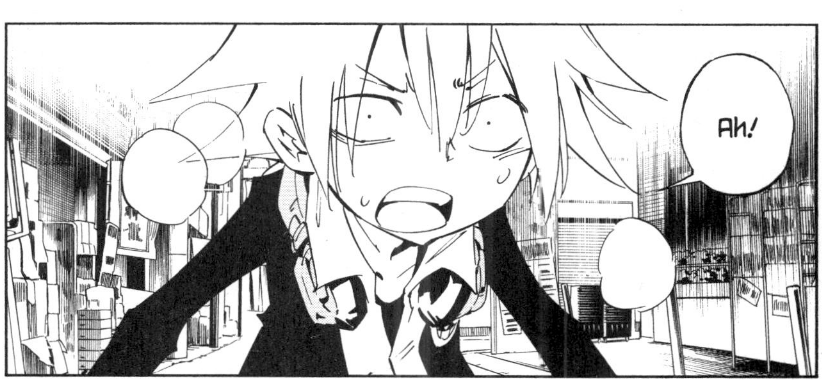

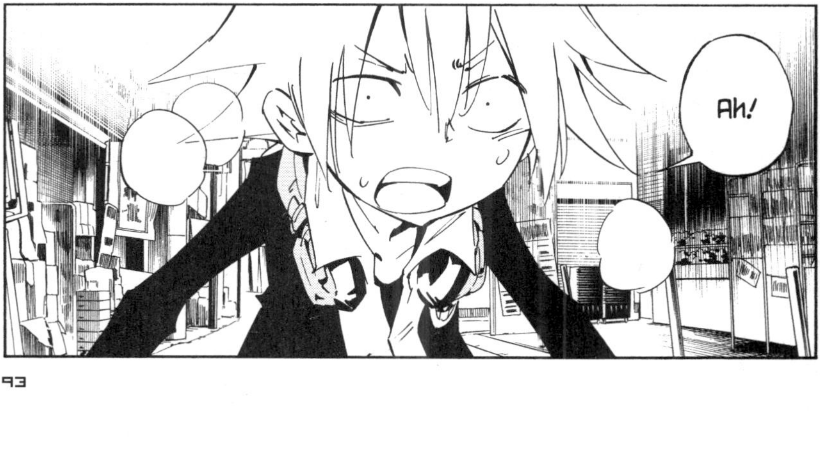

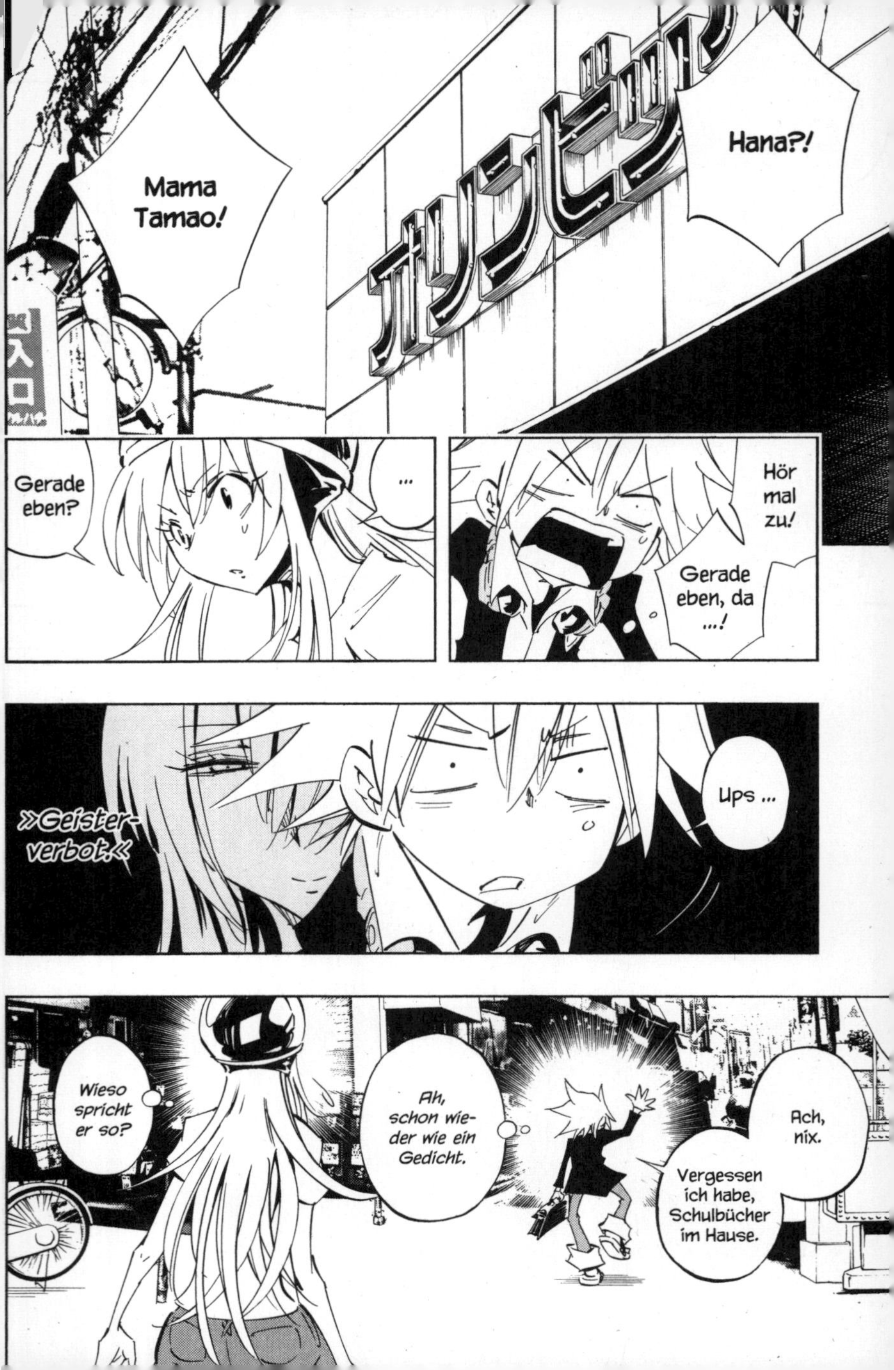

Hana?!
Mama Tamao!
Hör mal zu!
Gerade eben, da ...!
...
Gerade eben?
Ups ...
»Geister-verbot.«

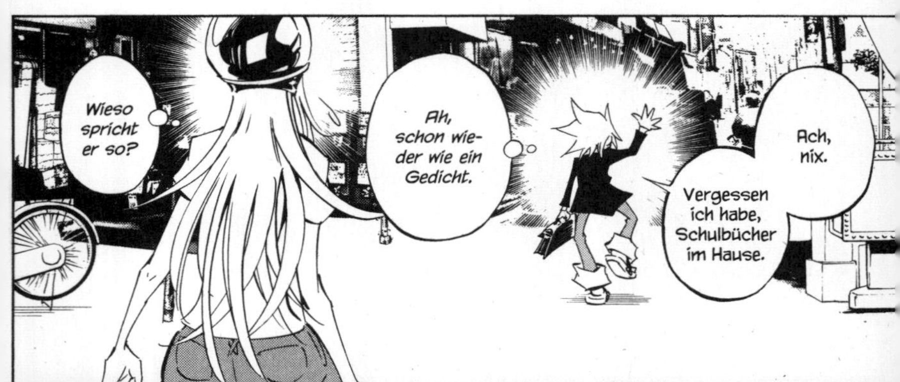

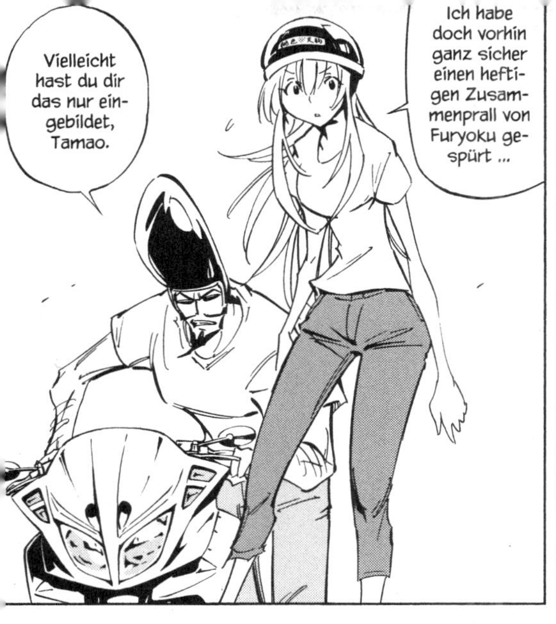
Ich habe doch vorhin ganz sicher einen heftigen Zusammenprall von Furyoku gespürt ...
Vielleicht hast du dir das nur eingebildet, Tamao.

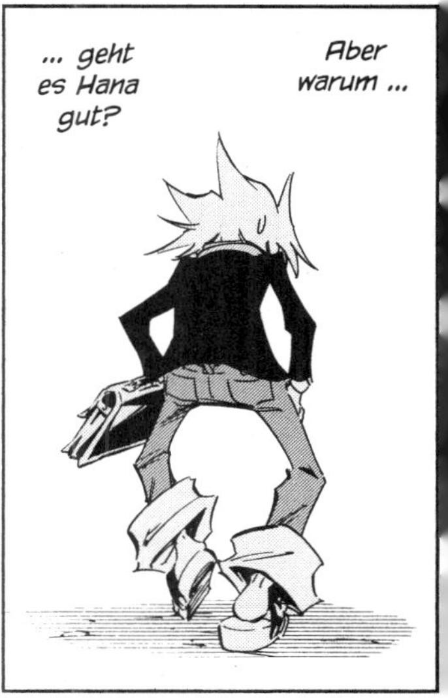
Aber warum ...
... geht es Hana gut?

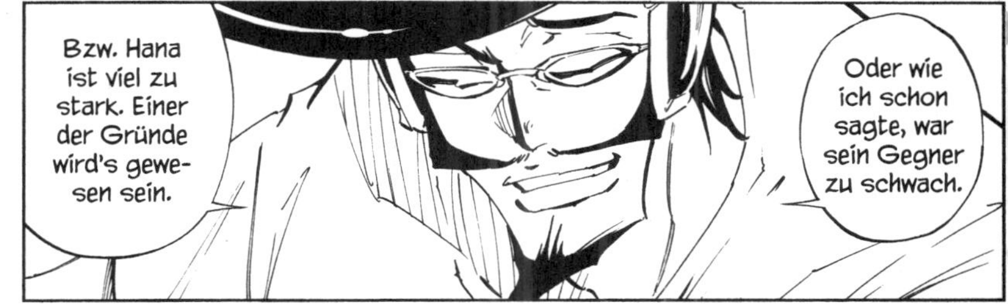
Oder wie ich schon sagte, war sein Gegner zu schwach.
Bzw. Hana ist viel zu stark. Einer der Gründe wird's gewesen sein.

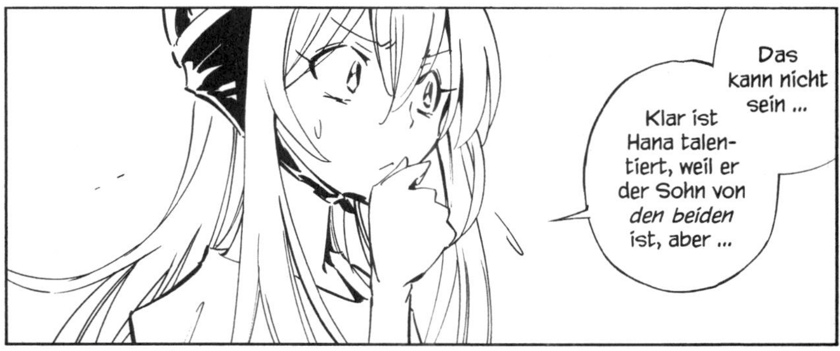
Das kann nicht sein ...
Klar ist Hana talentiert, weil er der Sohn von *den beiden* ist, aber ...

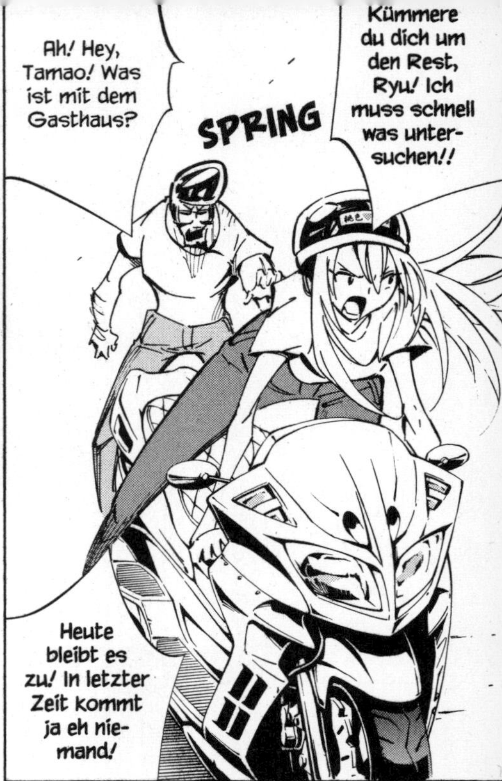
Kümmere du dich um den Rest, Ryu! Ich muss schnell was untersuchen!!
Ah! Hey, Tamao! Was ist mit dem Gasthaus?
SPRING
Heute bleibt es zu! In letzter Zeit kommt ja eh niemand!
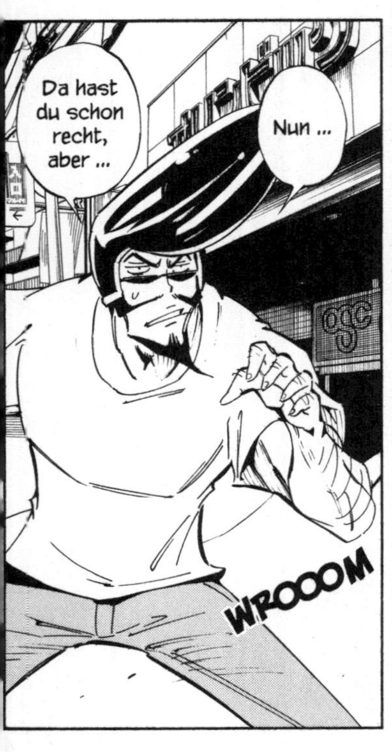
Nun ...
Da hast du schon recht, aber ...
WROOOM
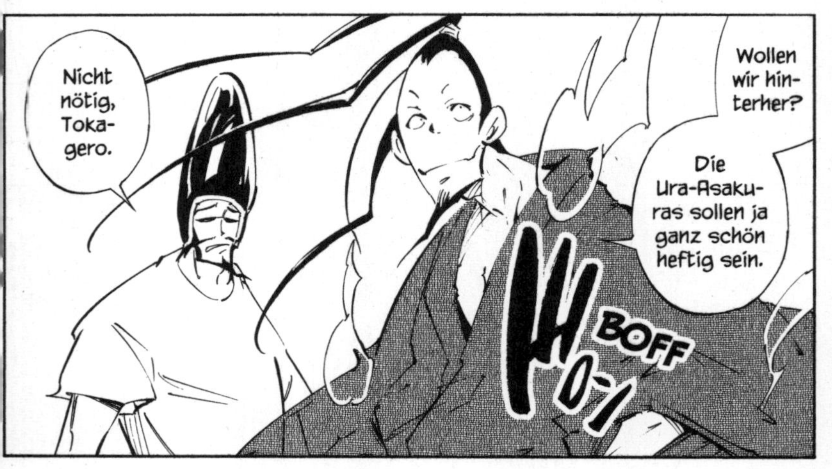
Wollen wir hinterher?
Die Ura-Asakuras sollen ja ganz schön heftig sein.
Nicht nötig, Tokagero.
BOFF

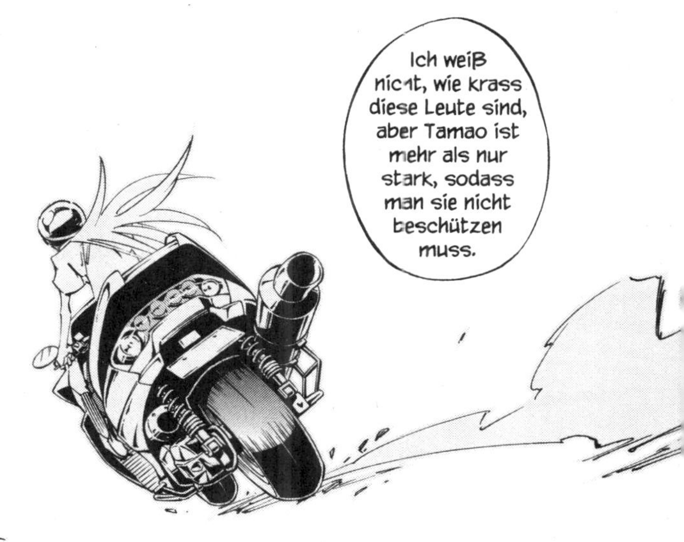
Ich weiß nicht, wie krass diese Leute sind, aber Tamao ist mehr als nur stark, sodass man sie nicht beschützen muss.

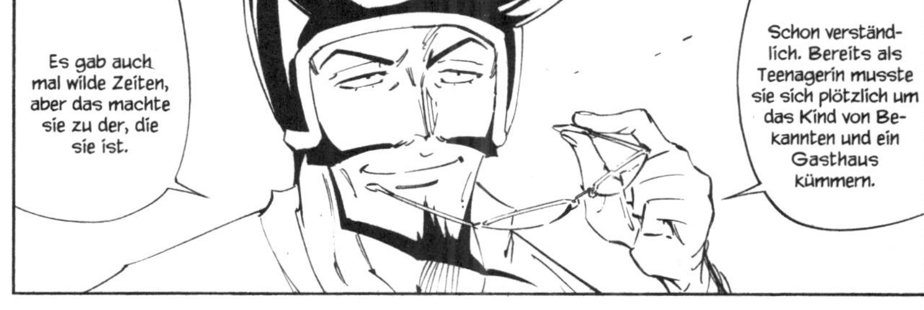
Schon verständlich. Bereits als Teenagerin musste sie sich plötzlich um das Kind von Bekannten und ein Gasthaus kümmern.
Es gab auch mal wilde Zeiten, aber das machte sie zu der, die sie ist.

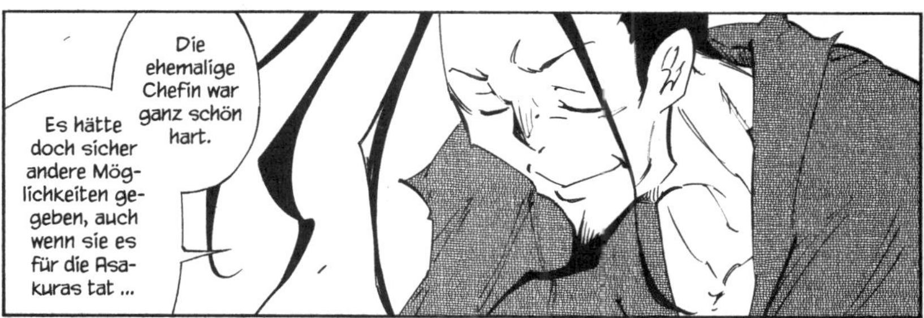
Die ehemalige Chefin war ganz schön hart.
Es hätte doch sicher andere Möglichkeiten gegeben, auch wenn sie es für die Asakuras tat ...

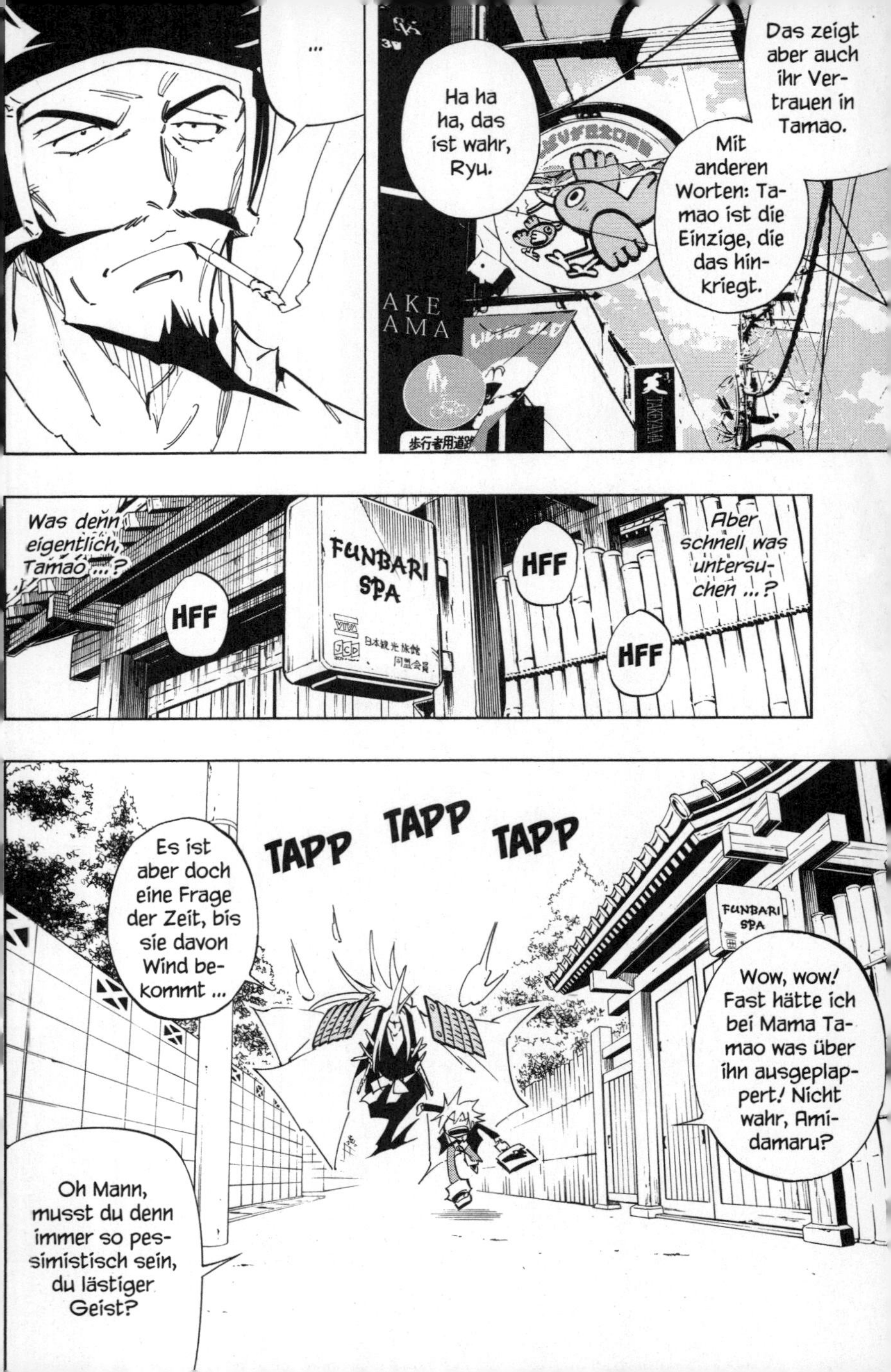

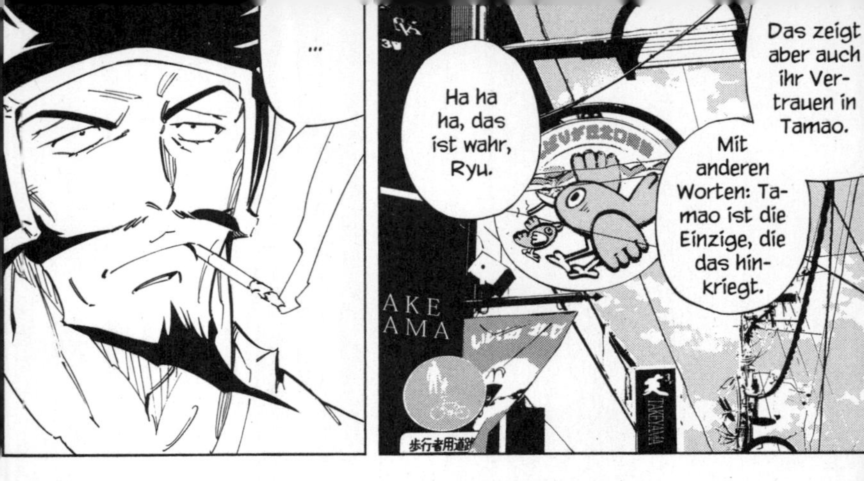

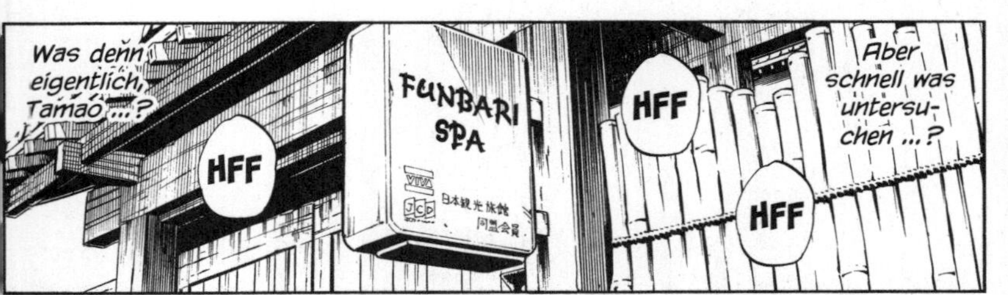

Wow, wow! Fast hätte ich bei Mama Tamao was über ihn ausgeplappert! Nicht wahr, Amidamaru?

TAPP TAPP TAPP

Es ist aber doch eine Frage der Zeit, bis sie davon Wind bekommt ...

Oh Mann, musst du denn immer so pessimistisch sein, du lästiger Geist?

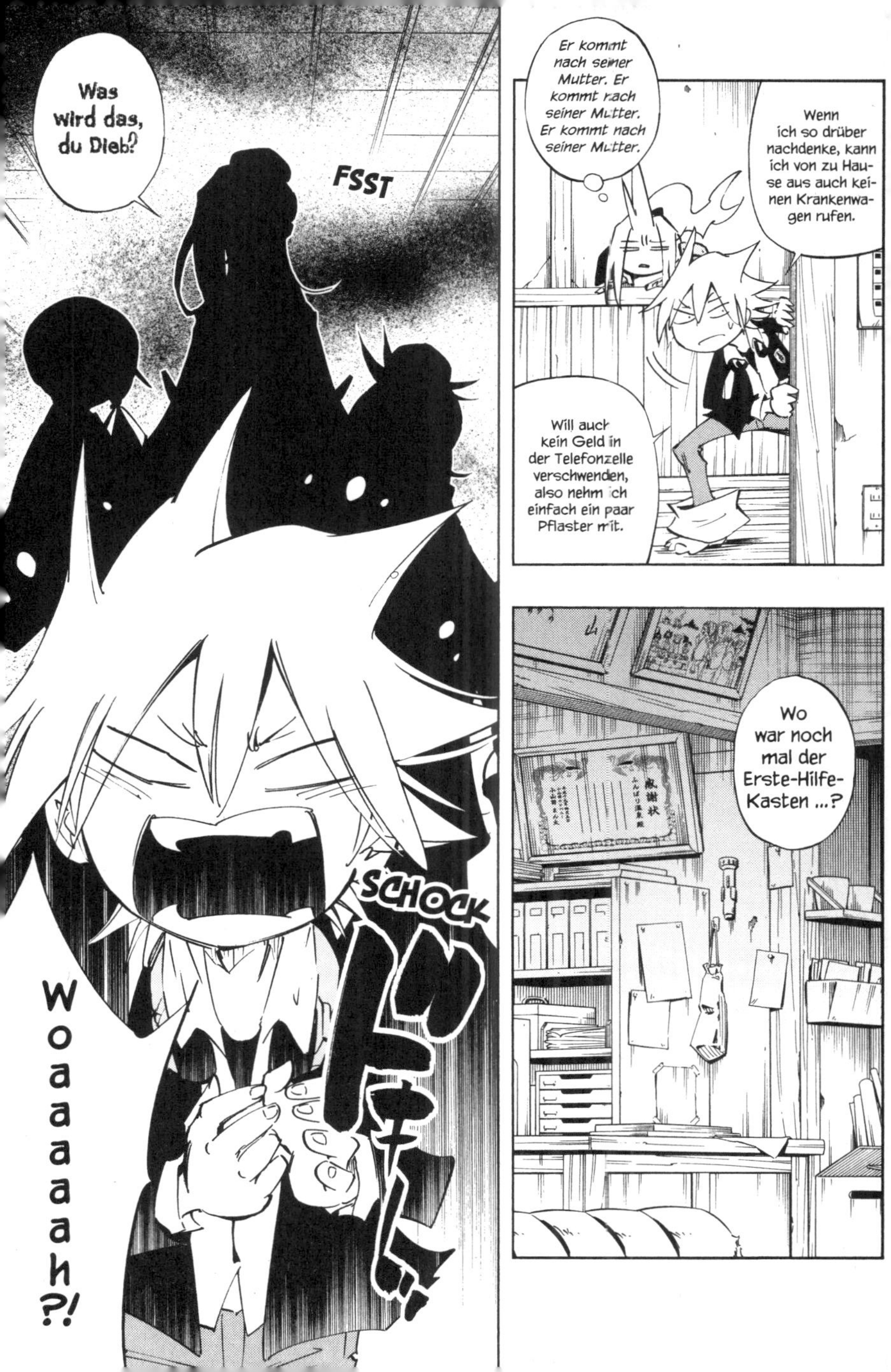

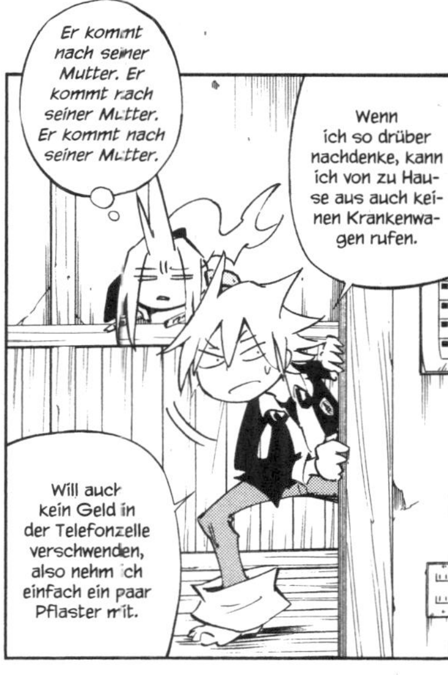
Wenn ich so drüber nachdenke, kann ich von zu Hause aus auch keinen Krankenwagen rufen.
Er kommt nach seiner Mutter. Er kommt nach seiner Mutter. Er kommt nach seiner Mutter.
Will auch kein Geld in der Telefonzelle verschwenden, also nehm ich einfach ein paar Pflaster mit.

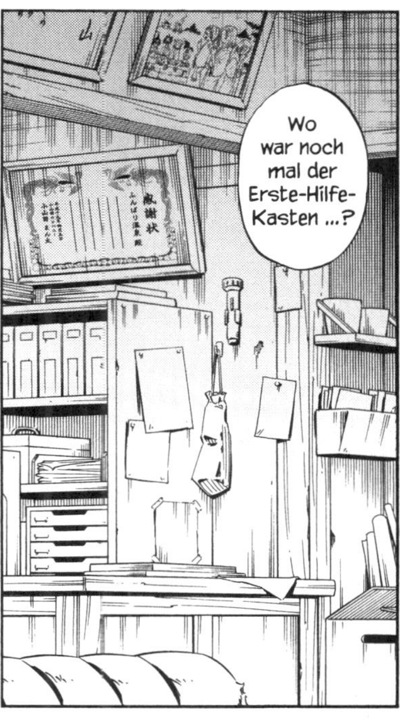
Wo war noch mal der Erste-Hilfe-Kasten ...?

Was wird das, du Dieb?
FSST
SCHOCK
Woaaaaaaah?!

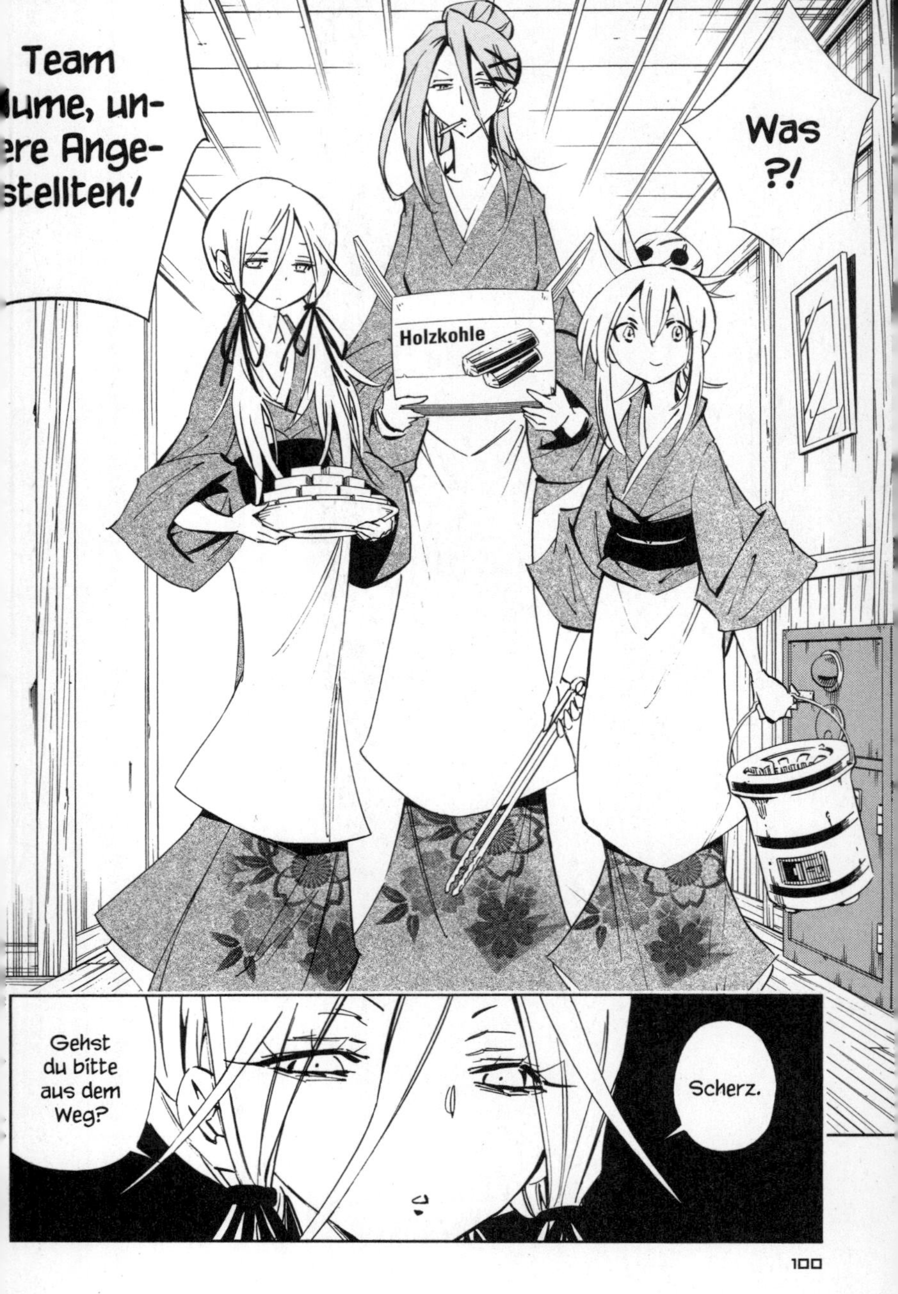

Team
ume, un-
ere Ange-
stellten!
Was
?!
Holzkohle
Gehst
du bitte
aus dem
Weg?
Scherz.

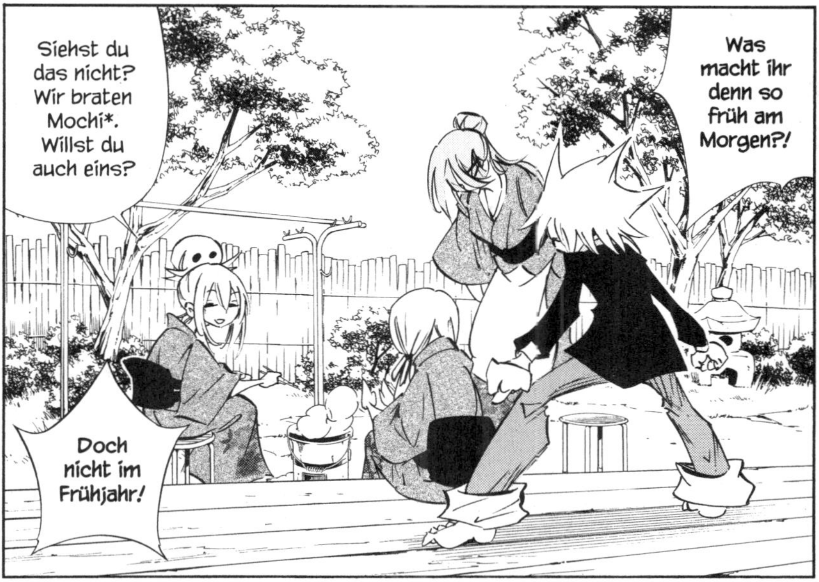

Was macht ihr denn so früh am Morgen?!
Siehst du das nicht? Wir braten Mochi*. Willst du auch eins?
Doch nicht im Frühjahr!

* Reiskuchen, trad. Neujahrsspeise

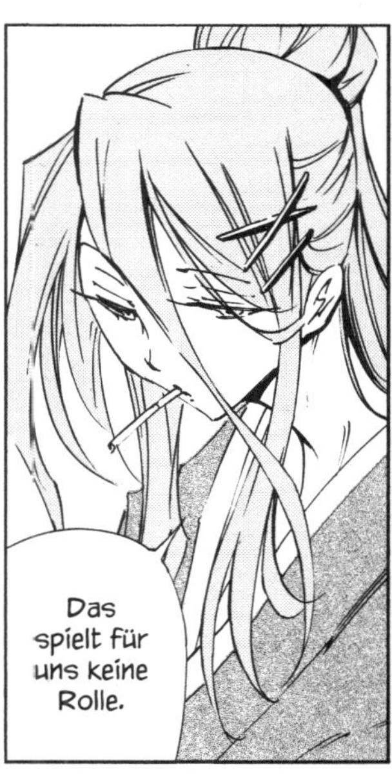

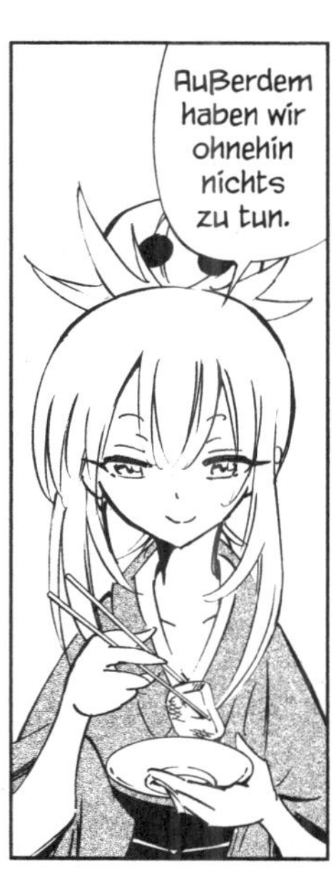

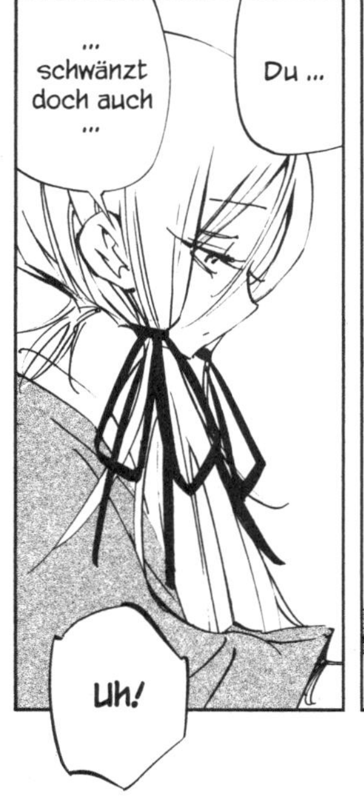

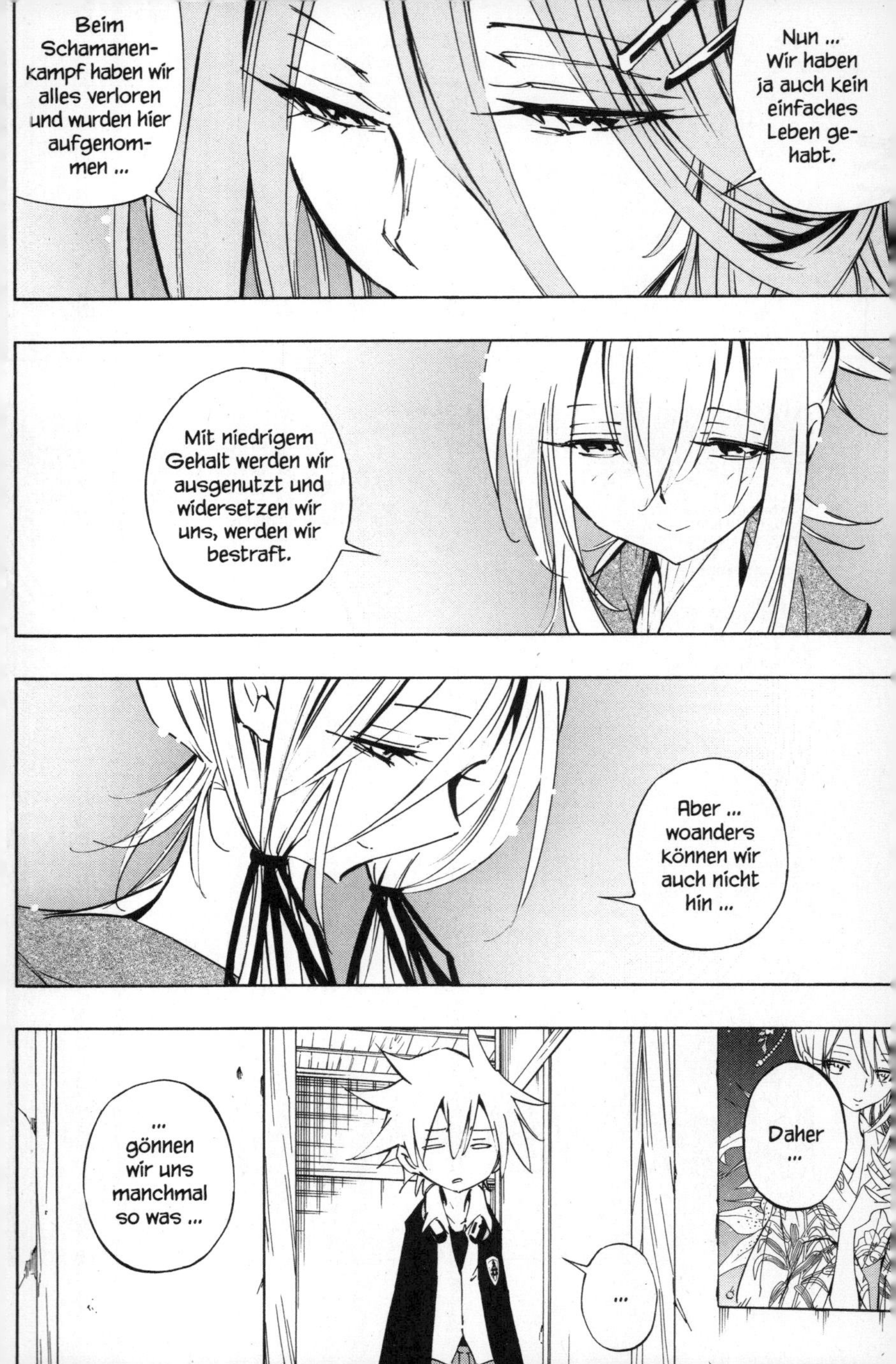
Nun ... Wir haben ja auch kein einfaches Leben gehabt.
Beim Schamanenkampf haben wir alles verloren und wurden hier aufgenommen ...
Mit niedrigem Gehalt werden wir ausgenutzt und widersetzen wir uns, werden wir bestraft.
Aber ... woanders können wir auch nicht hin ...
Daher ...
...
... gönnen wir uns manchmal so was ...

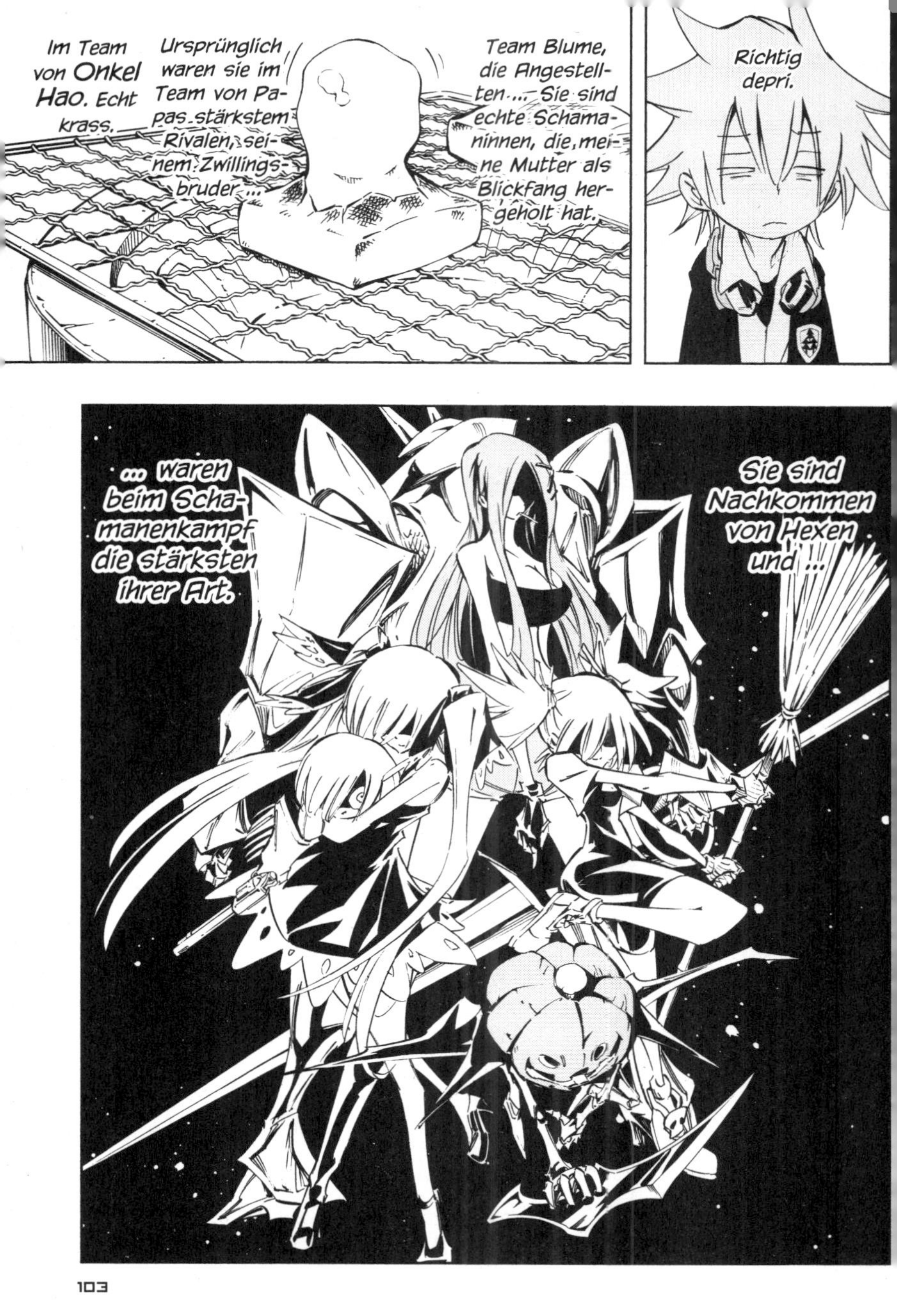

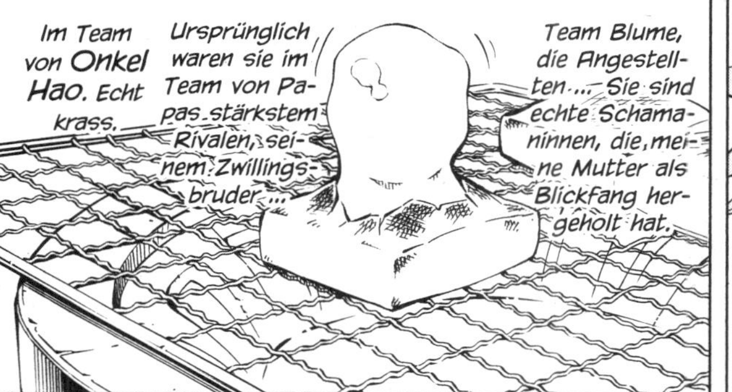

Sie sind Nachkommen von Hexen und ...

... waren beim Schamanenkampf die stärksten ihrer Art.

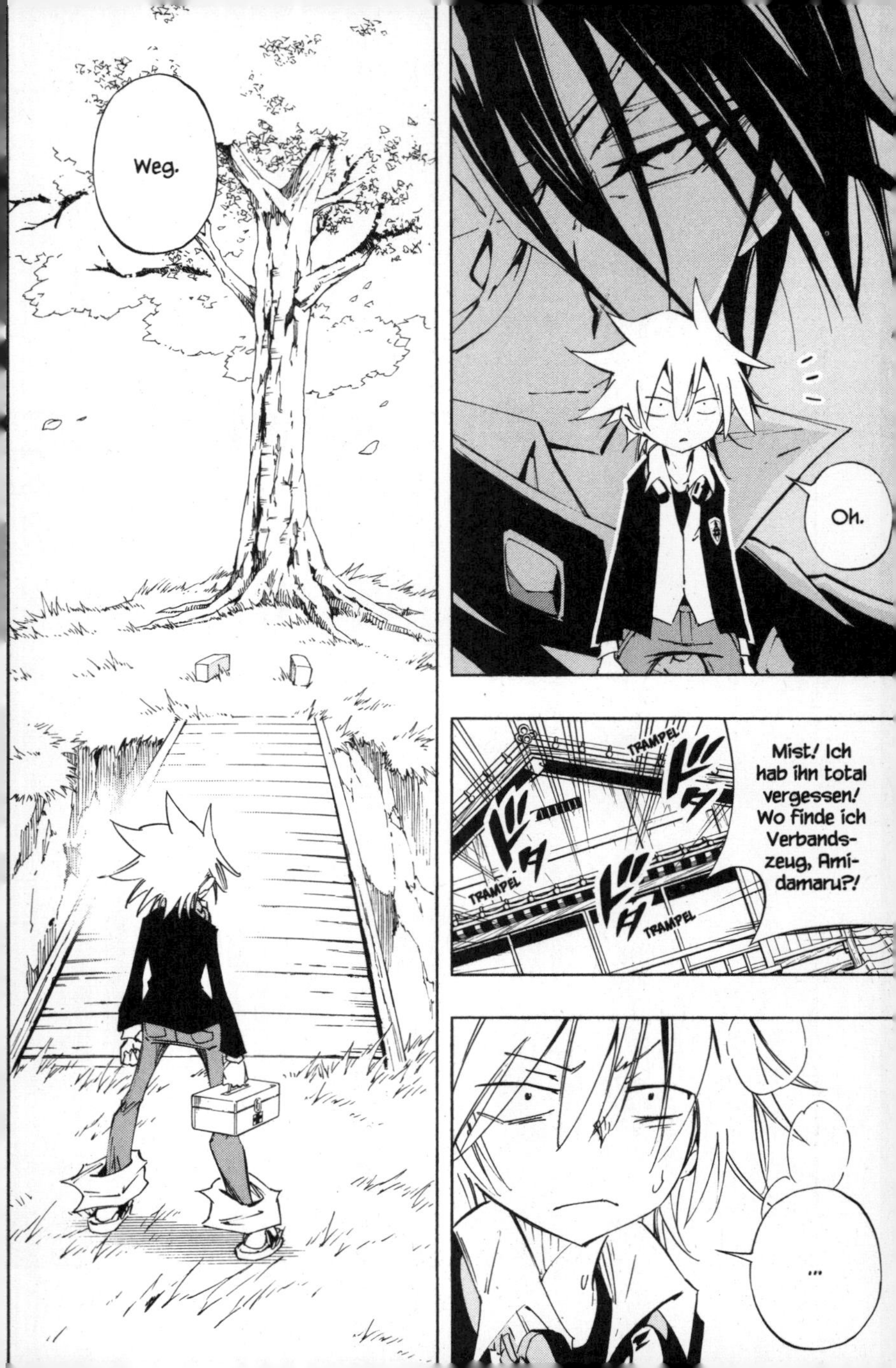
Oh.
Mist! Ich hab ihn total vergessen! Wo finde ich Verbands-zeug, Ami-damaru?!
TRAMPEL
TRAMPEL
TRAMPEL
...
Weg.

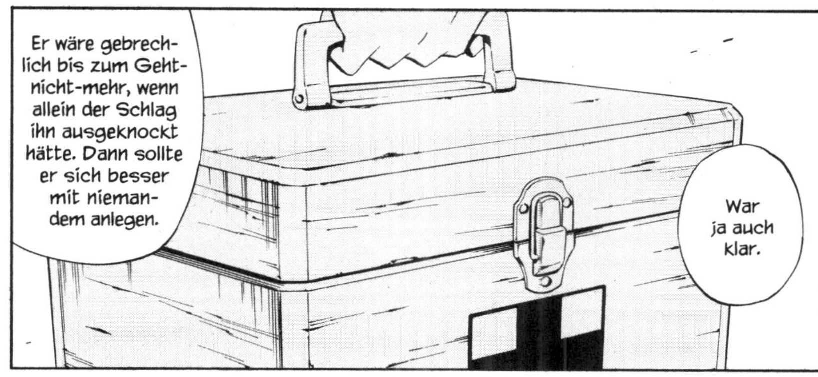
War ja auch klar.
Er wäre gebrechlich bis zum Gehtnicht-mehr, wenn allein der Schlag ihn ausgeknockt hätte. Dann sollte er sich besser mit niemandem anlegen.

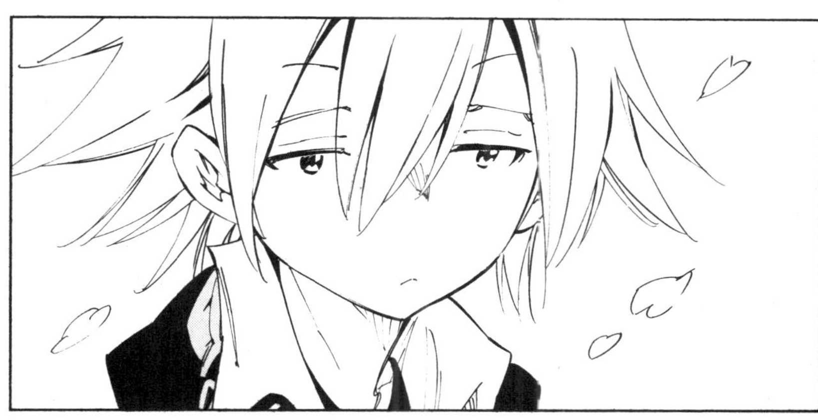

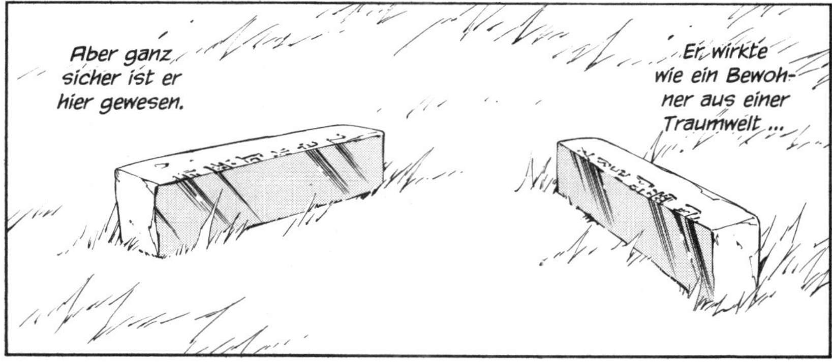
Er wirkte wie ein Bewohner aus einer Traumwelt ...
Aber ganz sicher ist er hier gewesen.

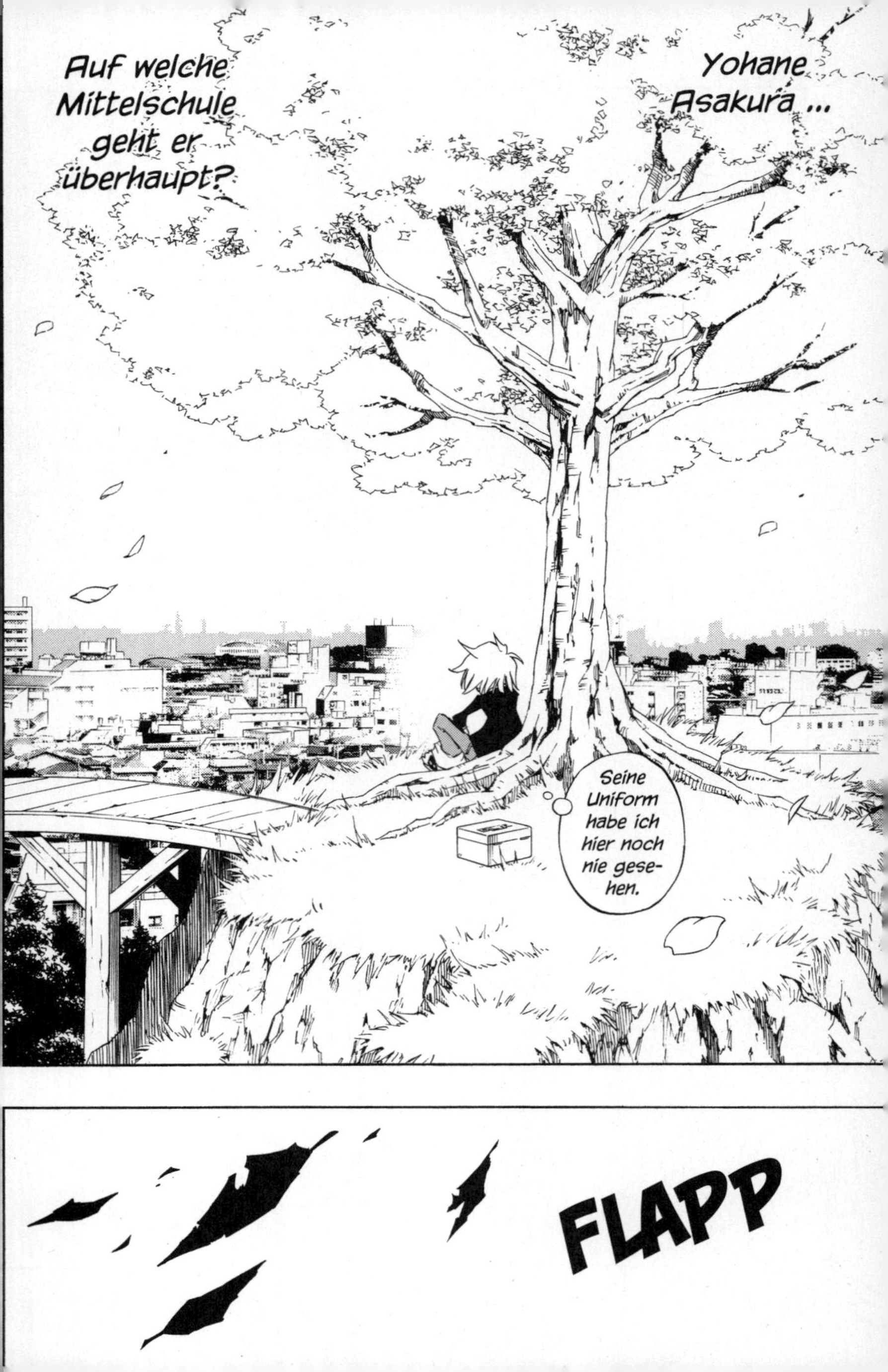

Yohane Asakura ...

Auf welche Mittelschule geht er überhaupt?

Seine Uniform habe ich hier noch nie gesehen.

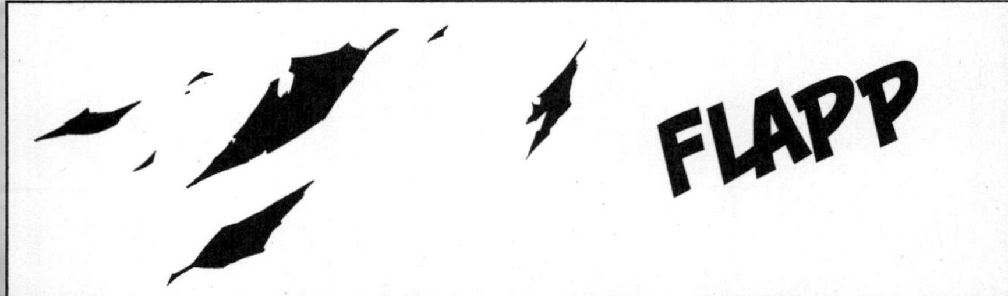

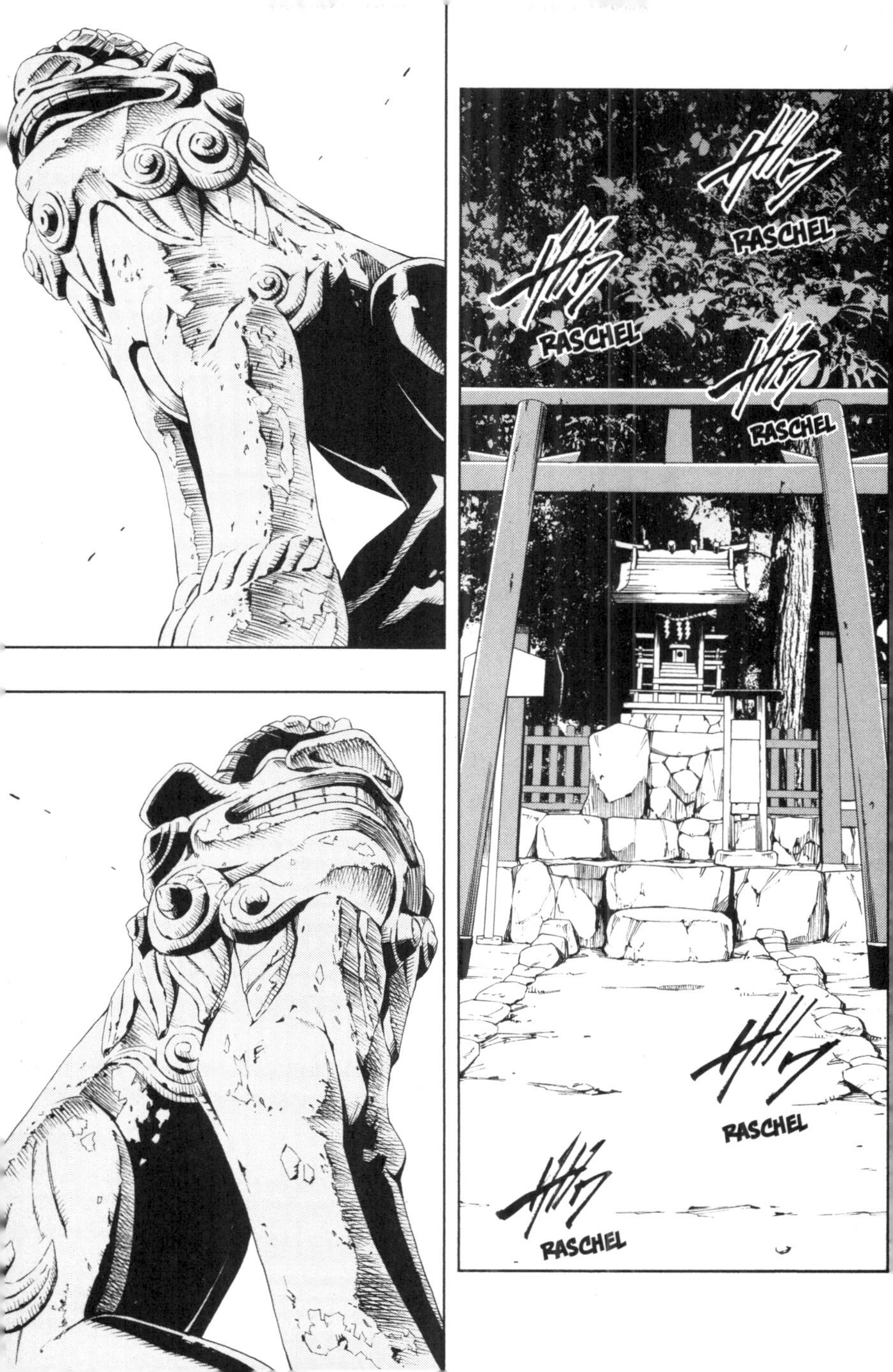

RASCHEL
RASCHEL
RASCHEL
RASCHEL
RASCHEL

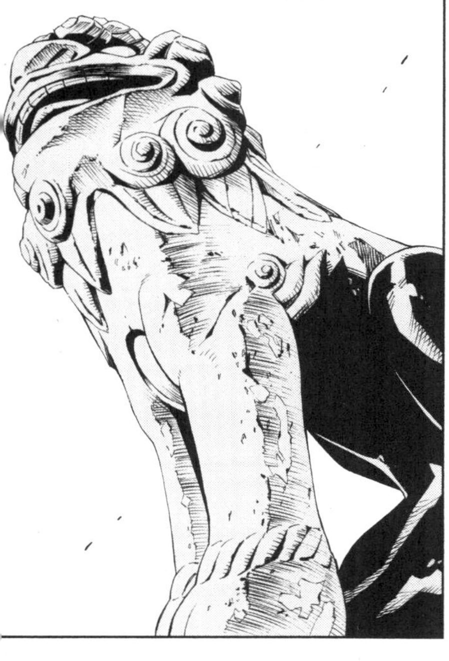

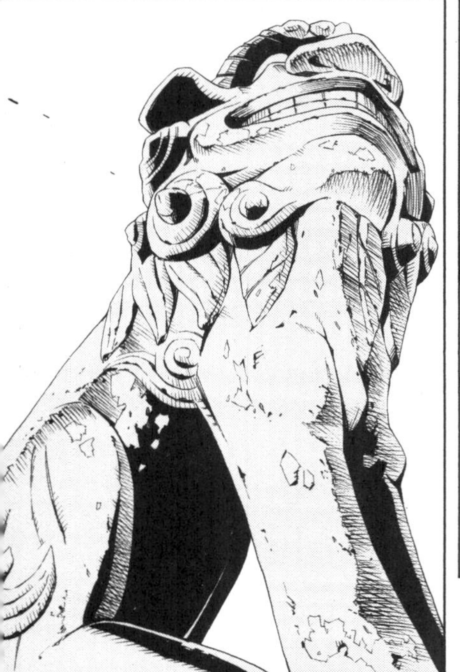

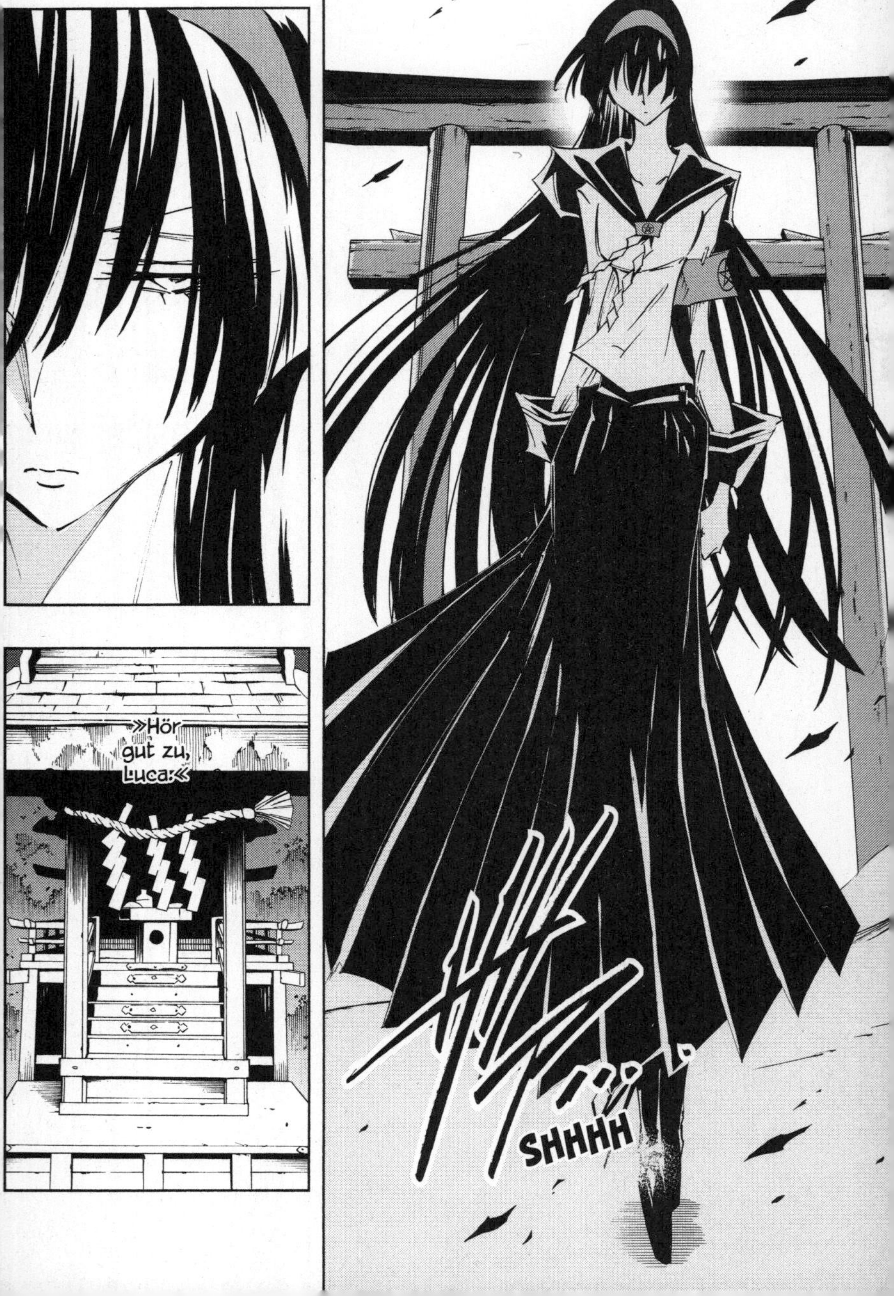

SHHHH

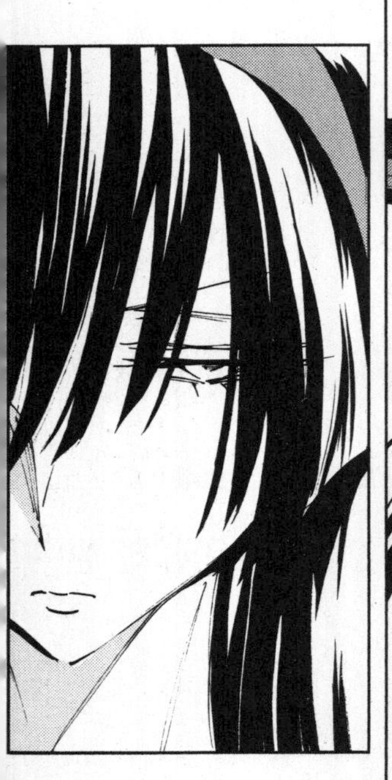

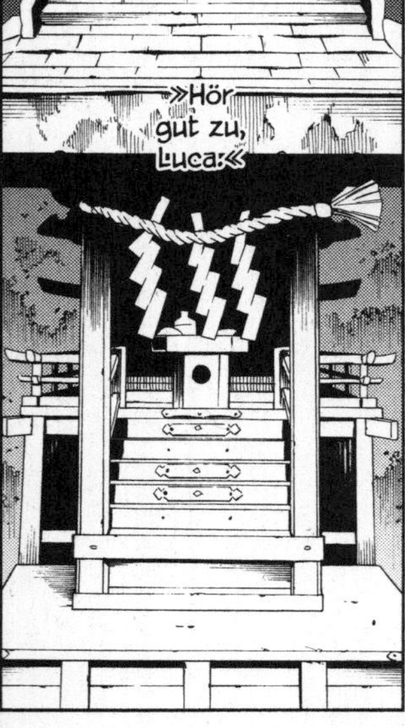

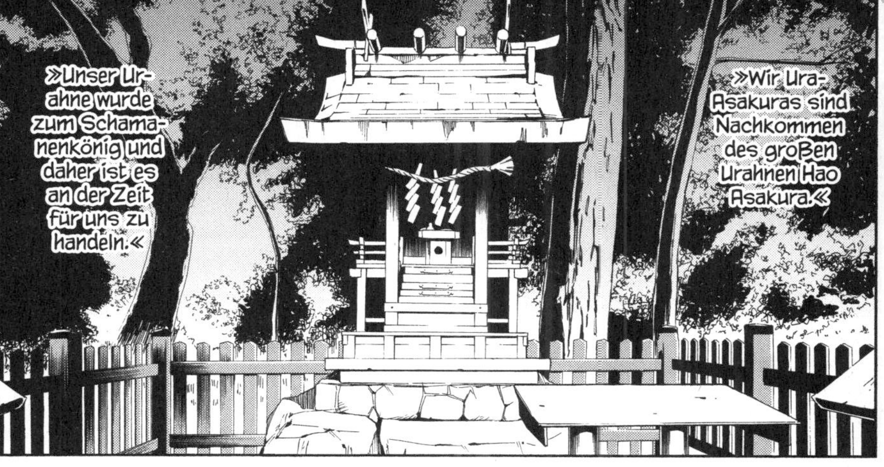

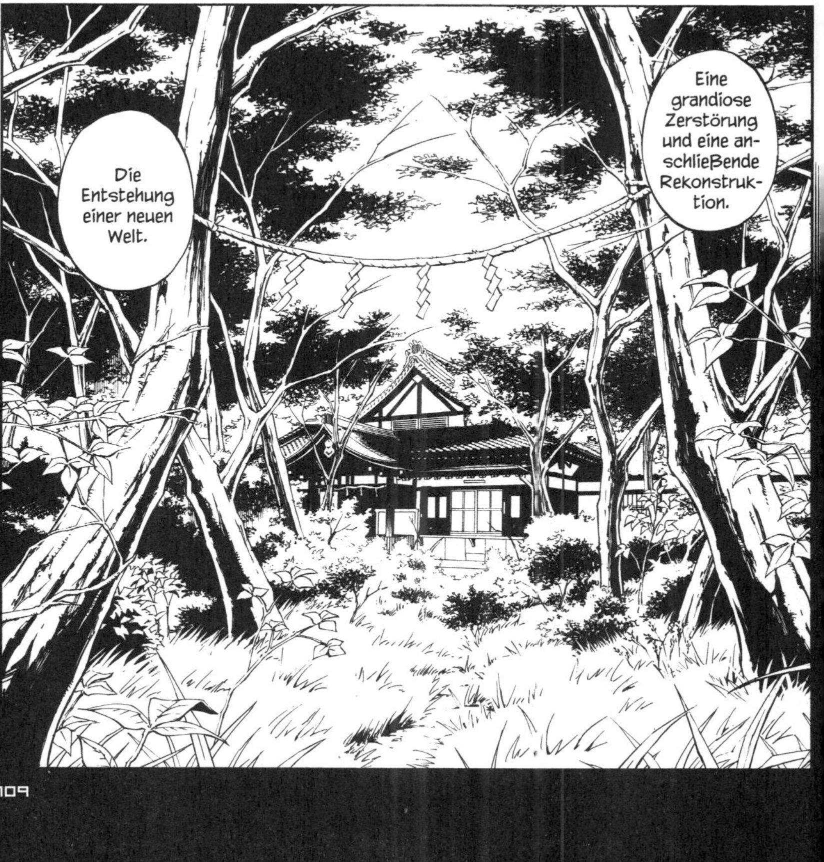

Eine grandiose Zerstörung und eine anschließende Rekonstruktion.

Die Entstehung einer neuen Welt.

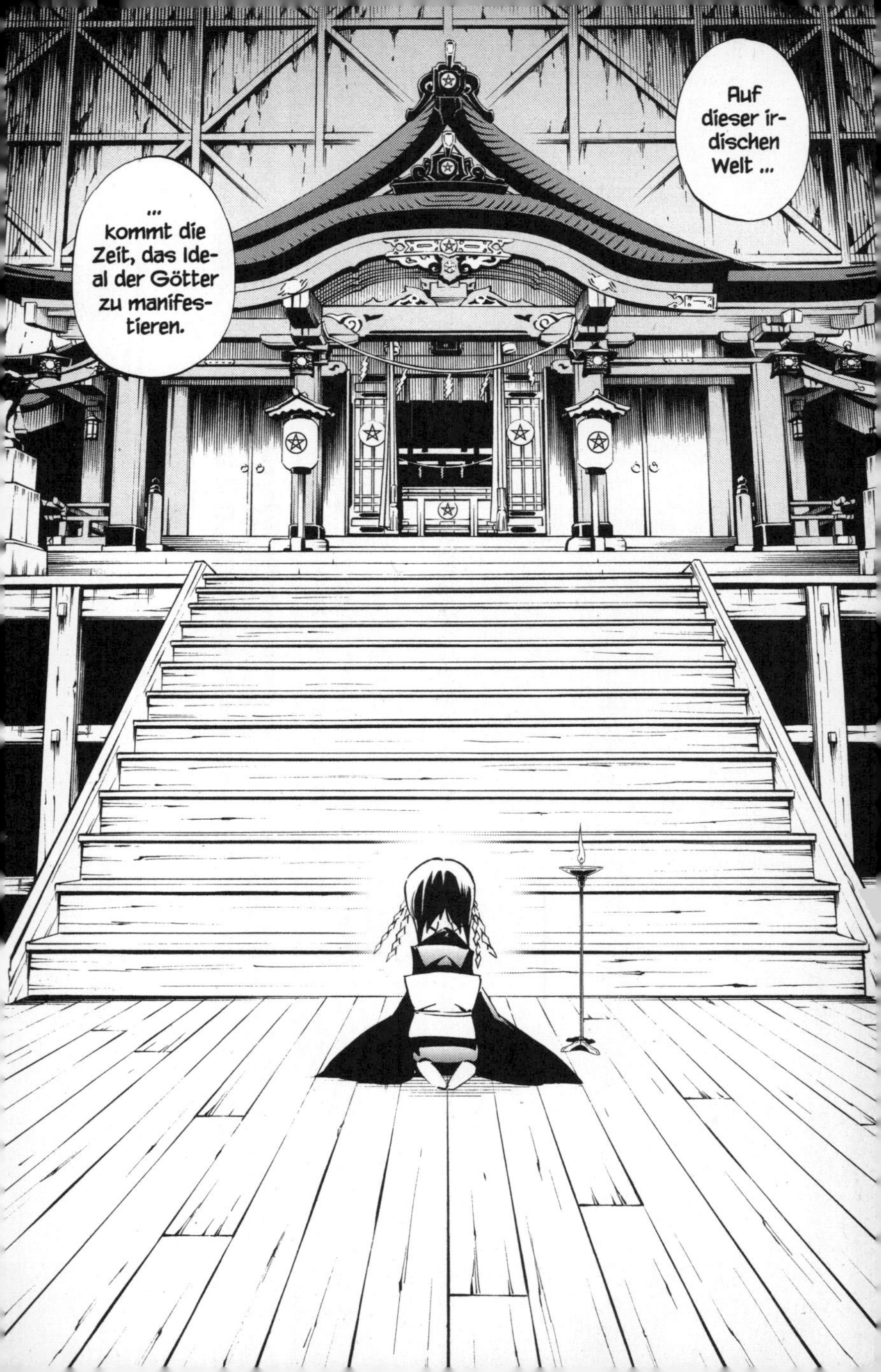
Auf dieser irdischen Welt ...
... kommt die Zeit, das Ideal der Götter zu manifestieren.

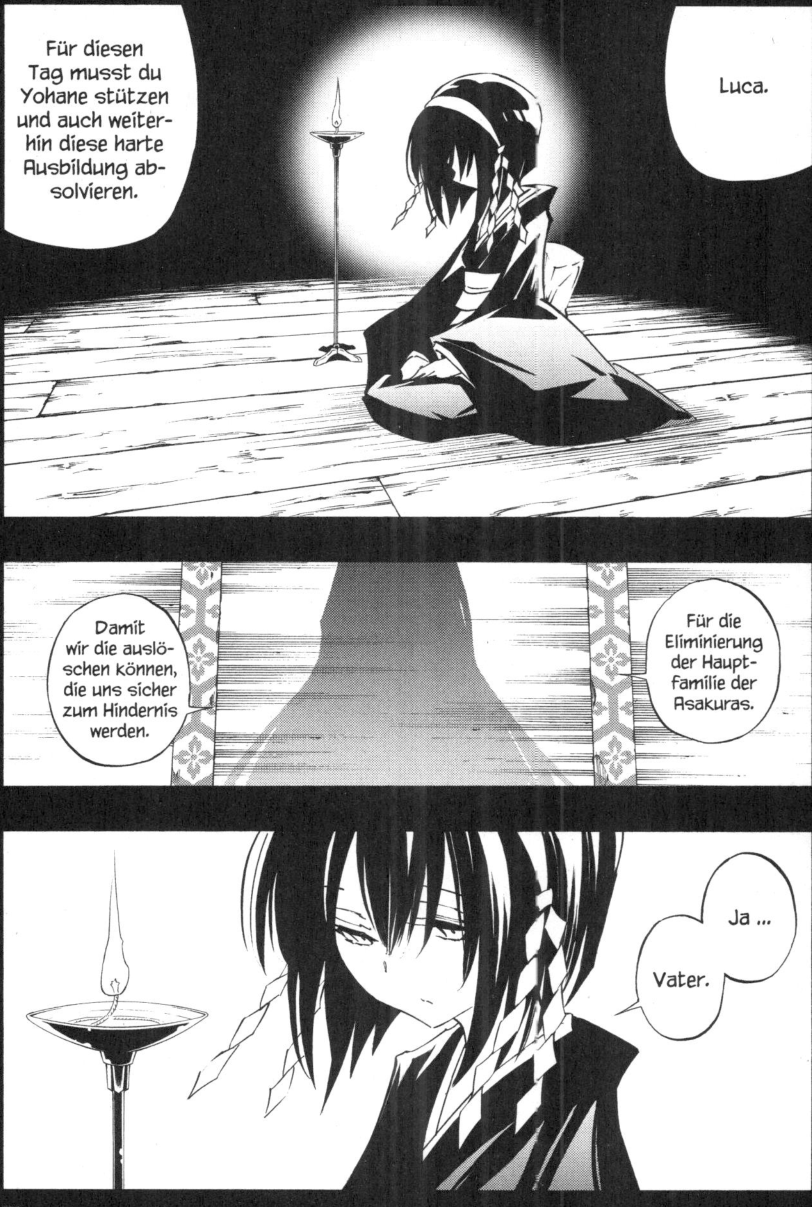

Luca.

Für diesen Tag musst du Yohane stützen und auch weiterhin diese harte Ausbildung absolvieren.

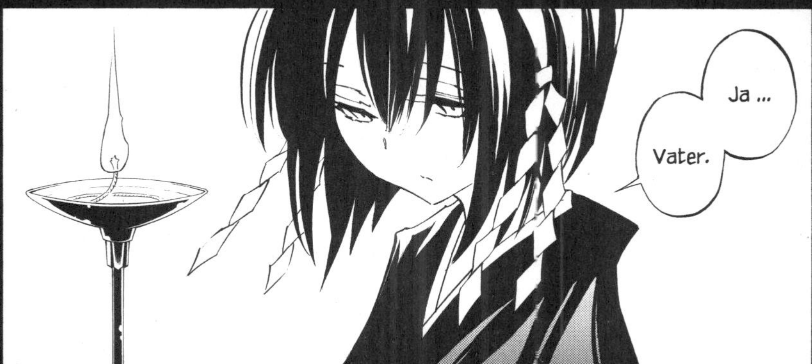

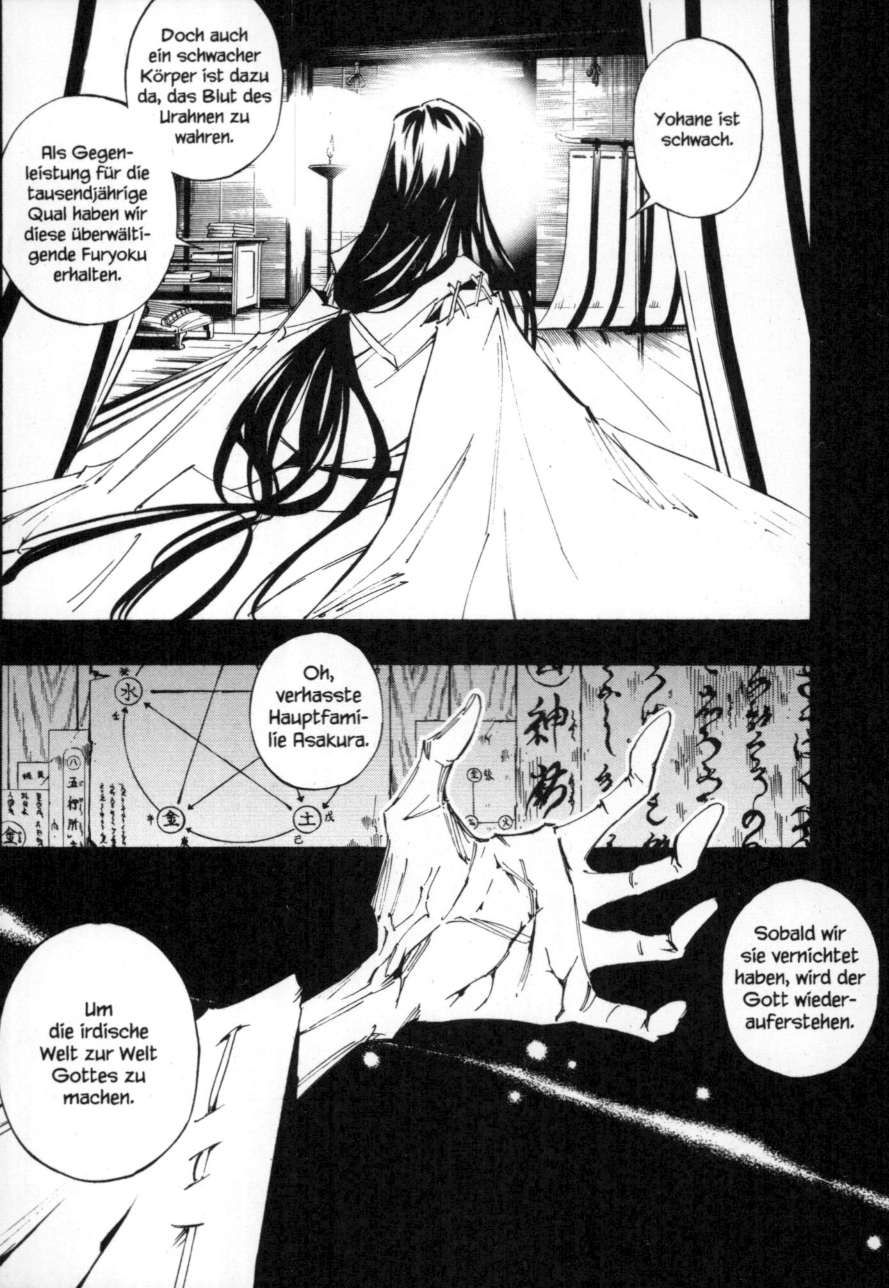
Yohane ist schwach.
Doch auch ein schwacher Körper ist dazu da, das Blut des Urahnen zu wahren.
Als Gegenleistung für die tausendjährige Qual haben wir diese überwältigende Furyoku erhalten.
Oh, verhasste Hauptfamilie Asakura.
Sobald wir sie vernichtet haben, wird der Gott wiederauferstehen.
Um die irdische Welt zur Welt Gottes zu machen.

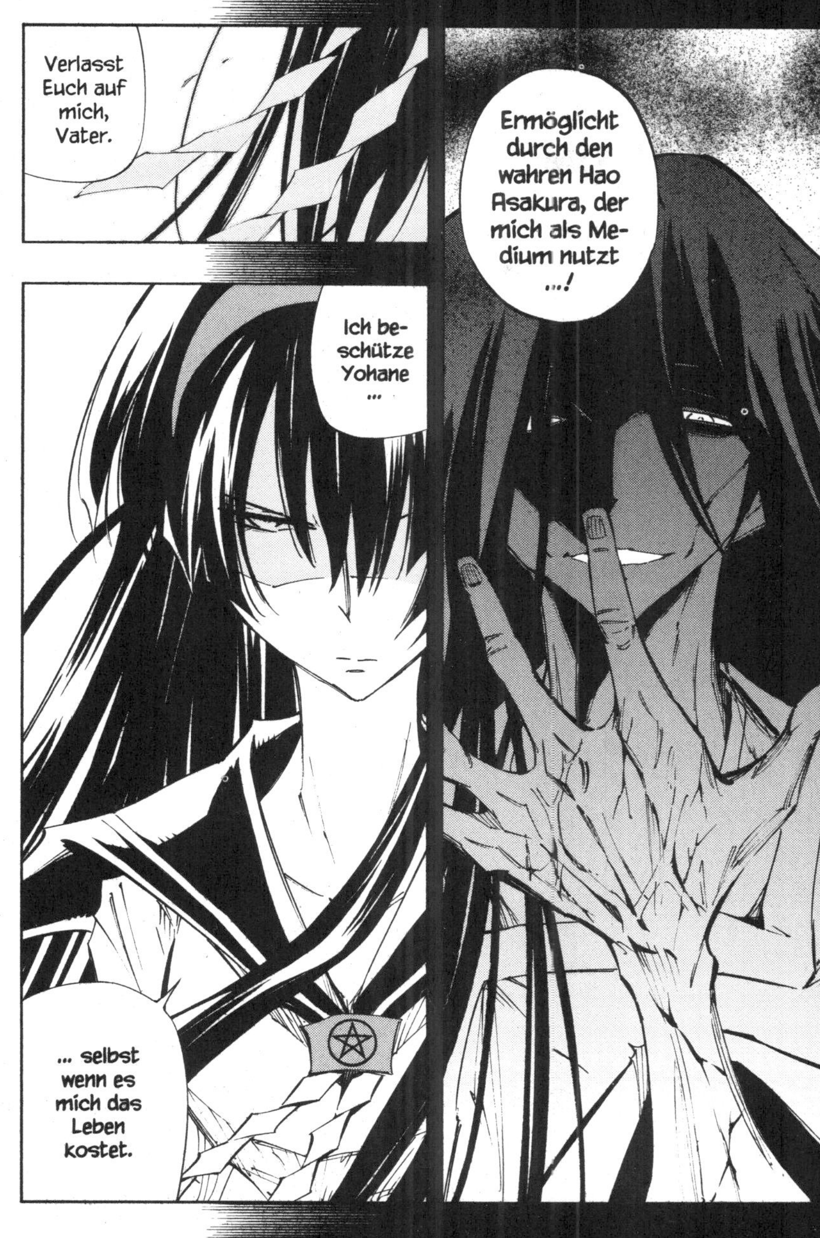
Ermöglicht durch den wahren Hao Asakura, der mich als Medium nutzt ...!
Verlasst Euch auf mich, Vater.
Ich beschütze Yohane ...
... selbst wenn es mich das Leben kostet.

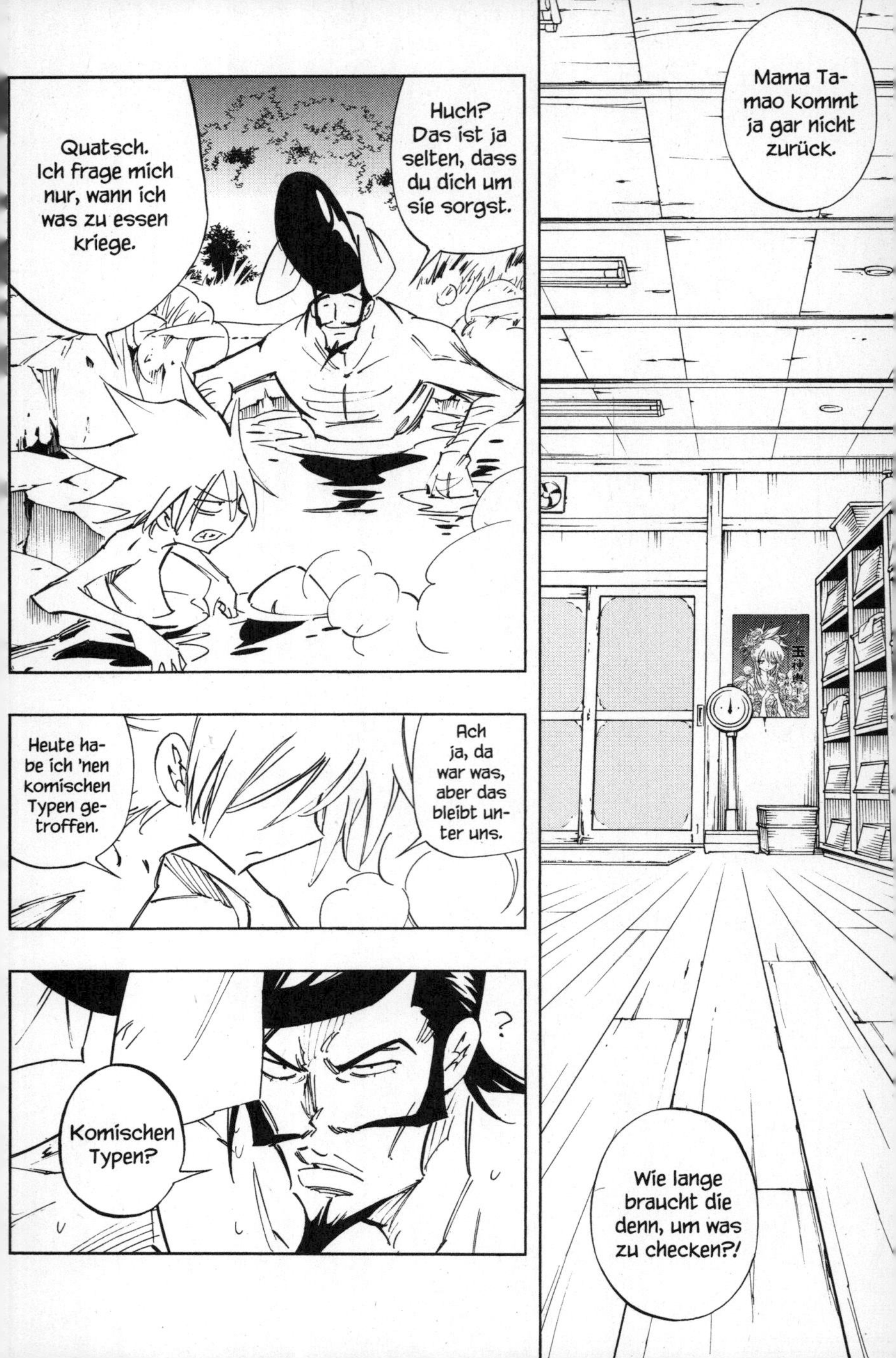
Mama Tamao kommt ja gar nicht zurück.
Wie lange braucht die denn, um was zu checken?!
Huch? Das ist ja selten, dass du dich um sie sorgst.
Quatsch. Ich frage mich nur, wann ich was zu essen kriege.
Ach ja, da war was, aber das bleibt unter uns.
Heute habe ich 'nen komischen Typen getroffen.
?
Komischen Typen?

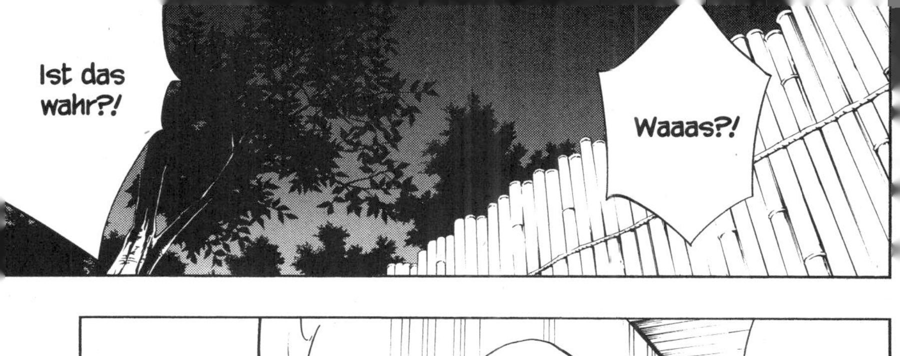

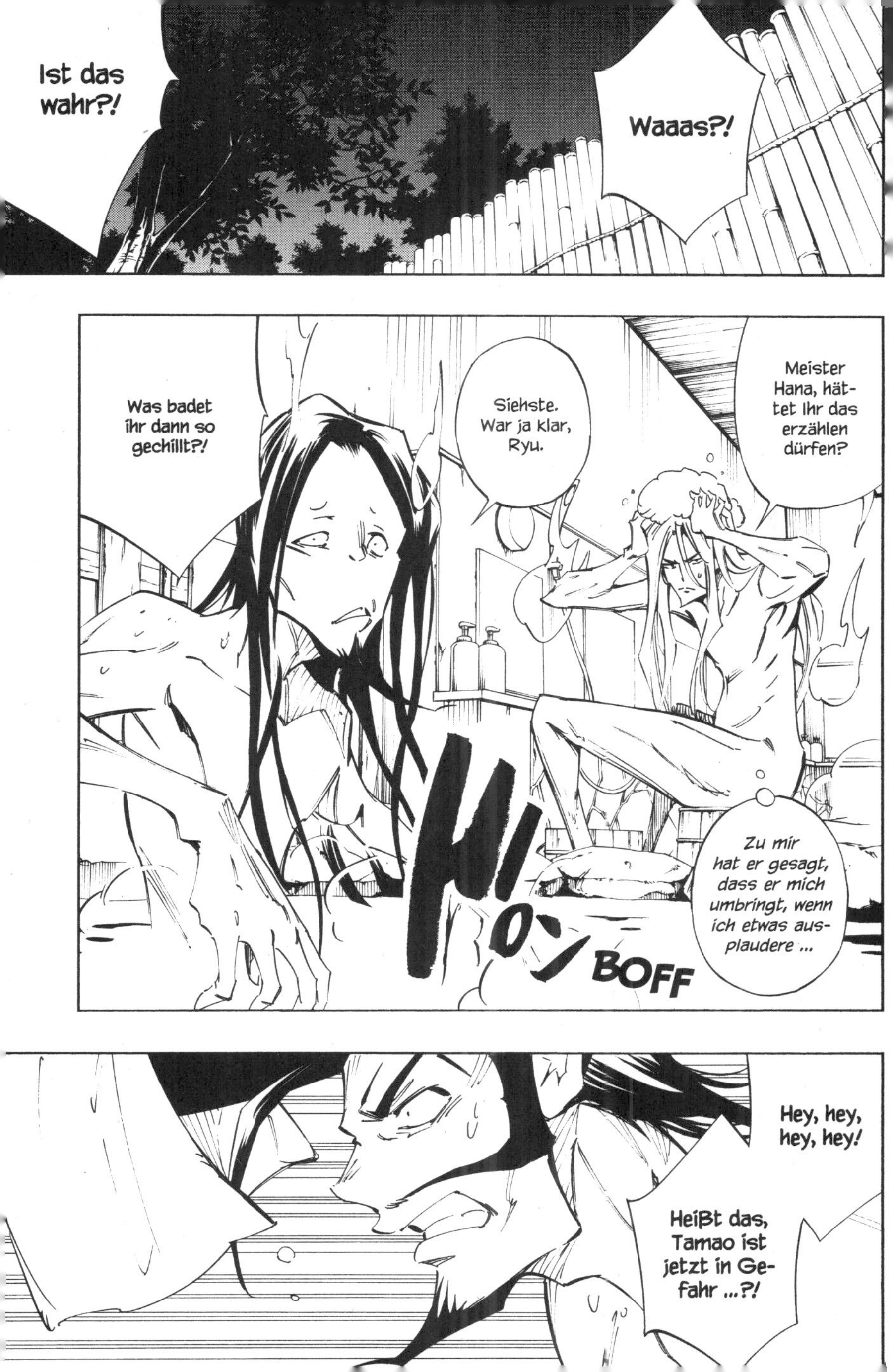

Meister Hana, hättet Ihr das erzählen dürfen?

Siehste. War ja klar, Ryu.

Was badet ihr dann so gechillt?!

Zu mir hat er gesagt, dass er mich umbringt, wenn ich etwas ausplaudere ...

BOFF

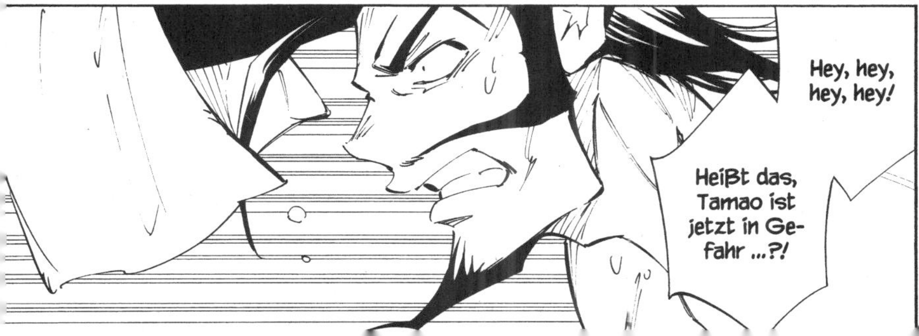

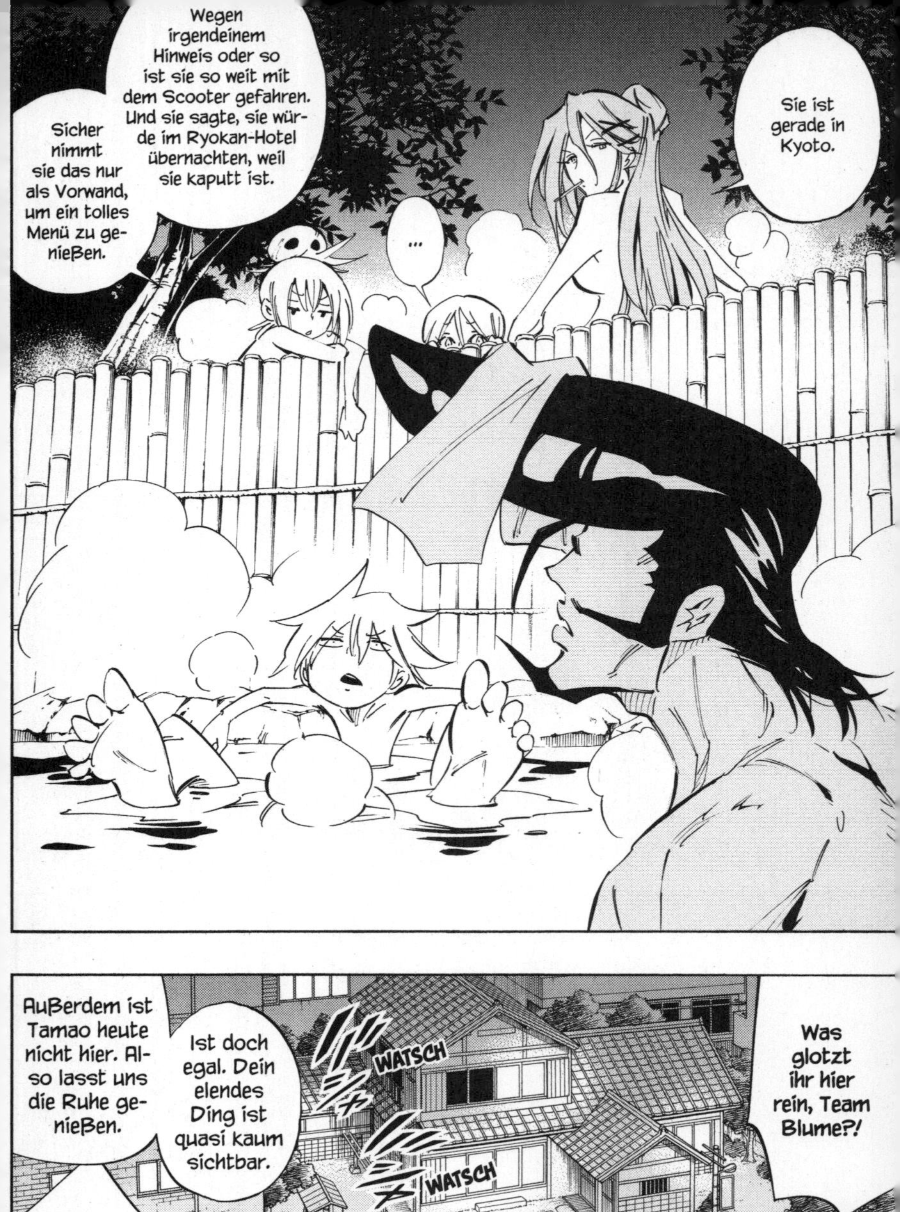
Sie ist gerade in Kyoto.
Wegen irgendeinem Hinweis oder so ist sie so weit mit dem Scooter gefahren. Und sie sagte, sie würde im Ryokan-Hotel übernachten, weil sie kaputt ist.
Sicher nimmt sie das nur als Vorwand, um ein tolles Menü zu genießen.
...
Was glotzt ihr hier rein, Team Blume?!
WATSCH
WATSCH
Ist doch egal. Dein elendes Ding ist quasi kaum sichtbar.
Außerdem ist Tamao heute nicht hier. Also lasst uns die Ruhe genießen.
Mein Ding ist nicht elend!!!

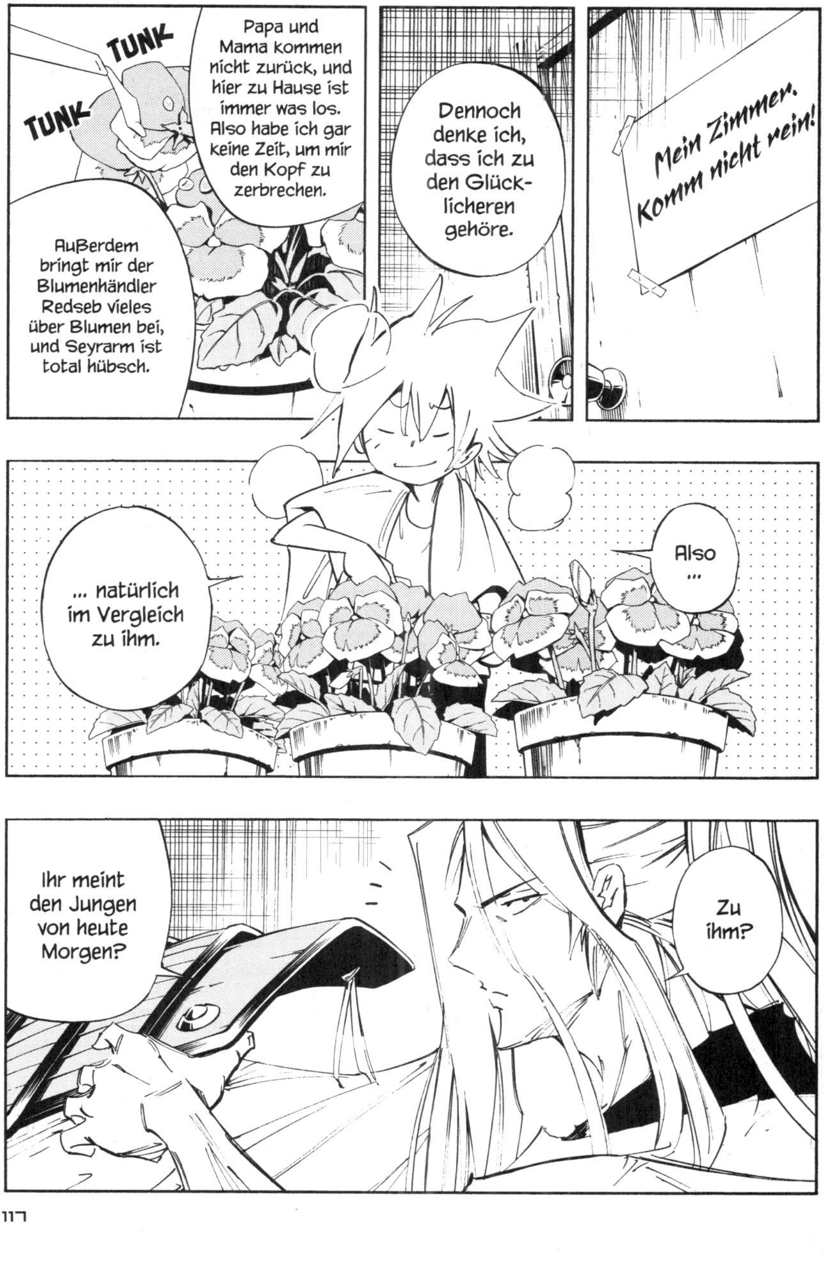

Mein Zimmer. Komm nicht rein!

Dennoch denke ich, dass ich zu den Glücklicheren gehöre.

TUNK TUNK

Papa und Mama kommen nicht zurück, und hier zu Hause ist immer was los. Also habe ich gar keine Zeit, um mir den Kopf zu zerbrechen.

Außerdem bringt mir der Blumenhändler Redseb vieles über Blumen bei, und Seyrarm ist total hübsch.

Also ...

... natürlich im Vergleich zu ihm.

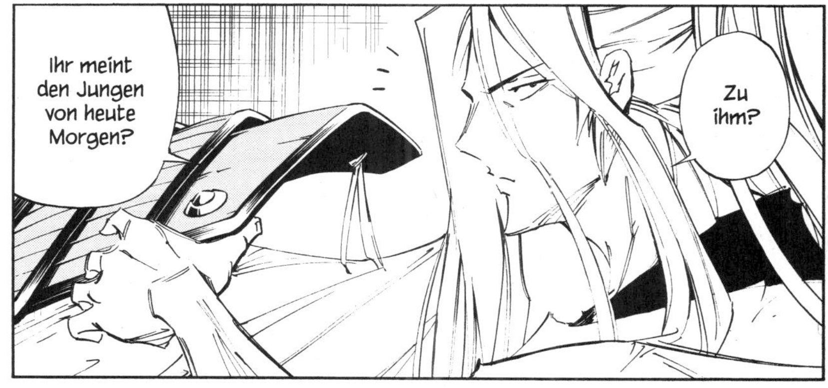

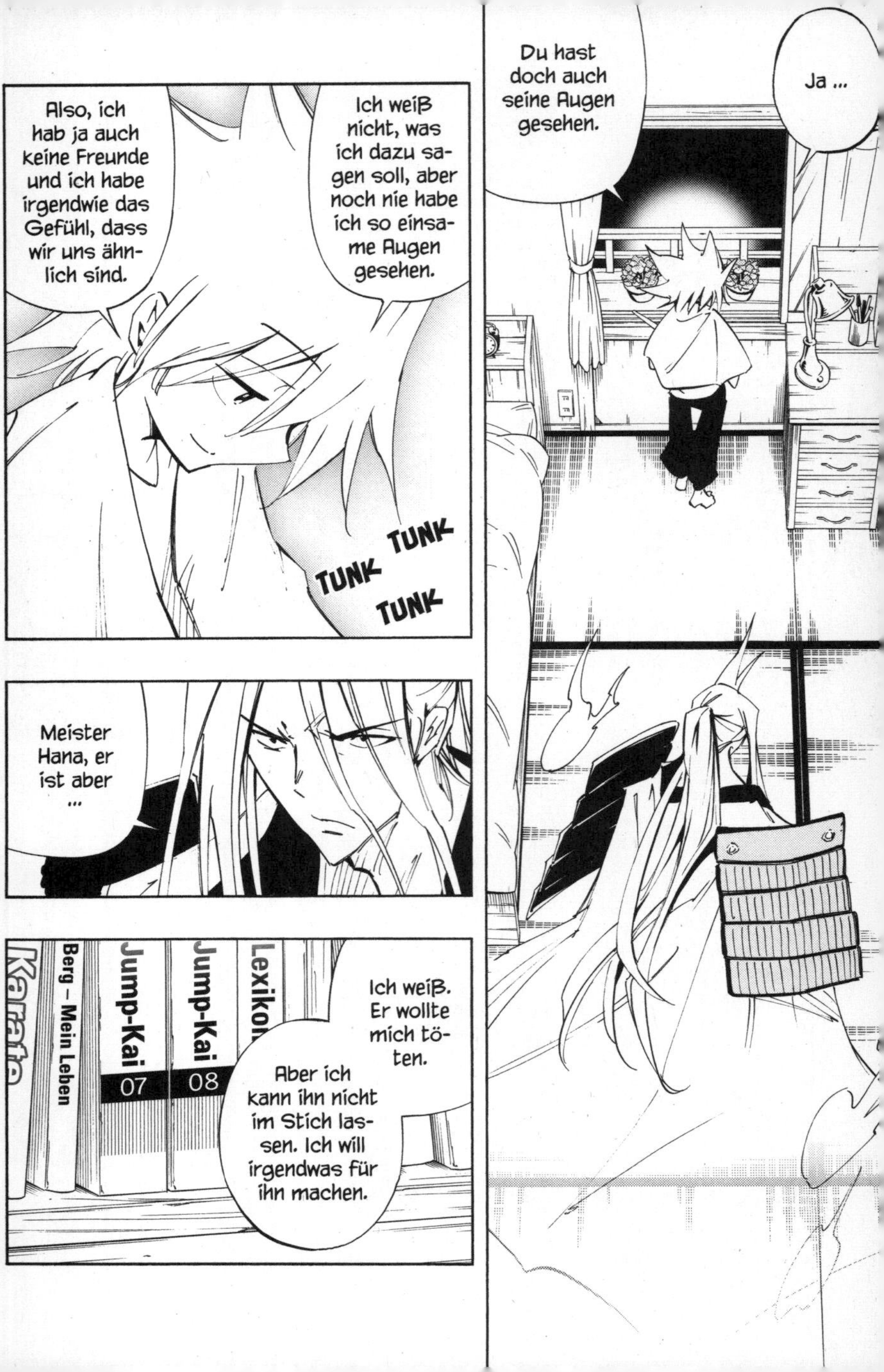

Ja ...

Du hast doch auch seine Augen gesehen.

Ich weiß nicht, was ich dazu sagen soll, aber noch nie habe ich so einsame Augen gesehen.

Also, ich hab ja auch keine Freunde und ich habe irgendwie das Gefühl, dass wir uns ähnlich sind.

TUNK TUNK TUNK

Meister Hana, er ist aber ...

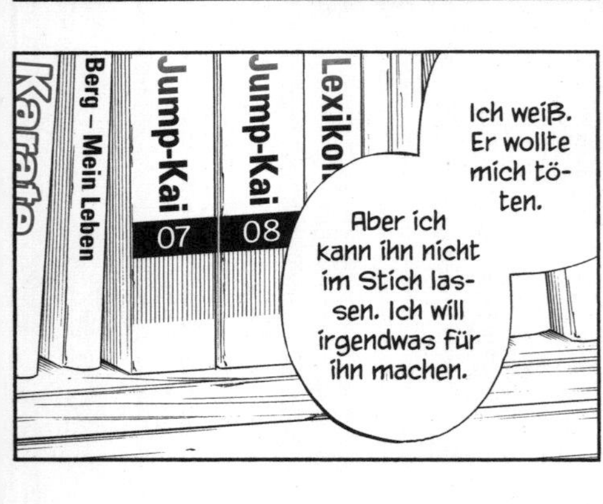

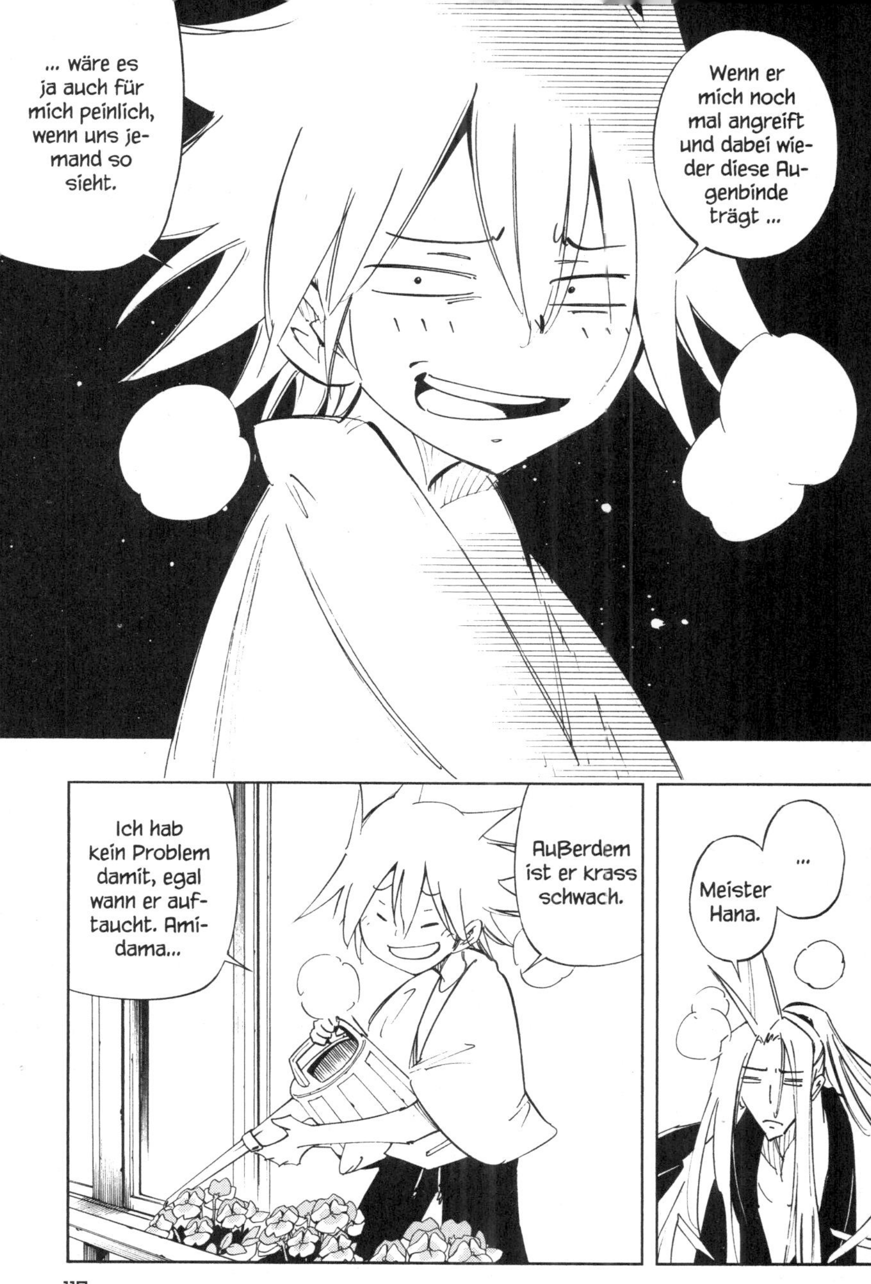
Wenn er mich noch mal angreift und dabei wieder diese Augenbinde trägt ...
... wäre es ja auch für mich peinlich, wenn uns jemand so sieht.
... Meister Hana.
Außerdem ist er krass schwach.
Ich hab kein Problem damit, egal wann er auftaucht. Amidama...

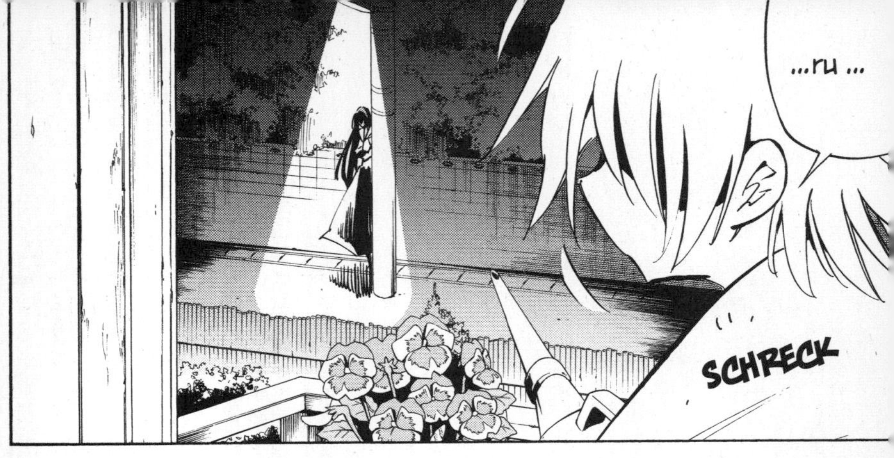
...ru ...
SCHRECK
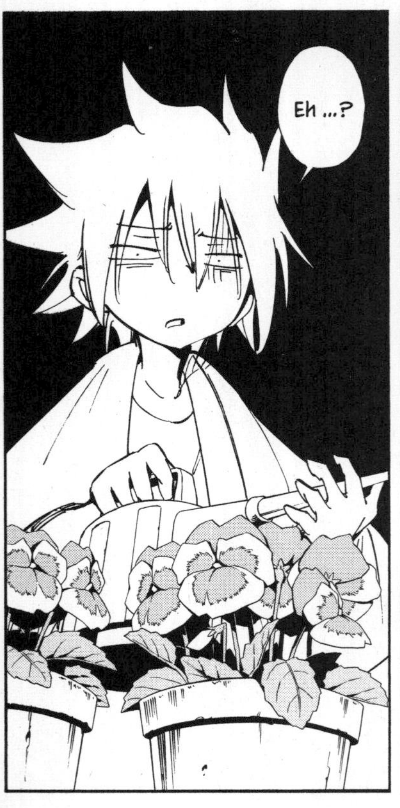
Eh ...?
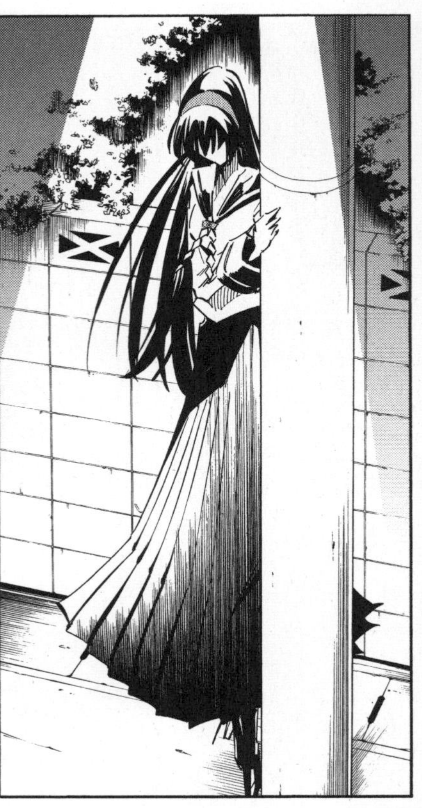

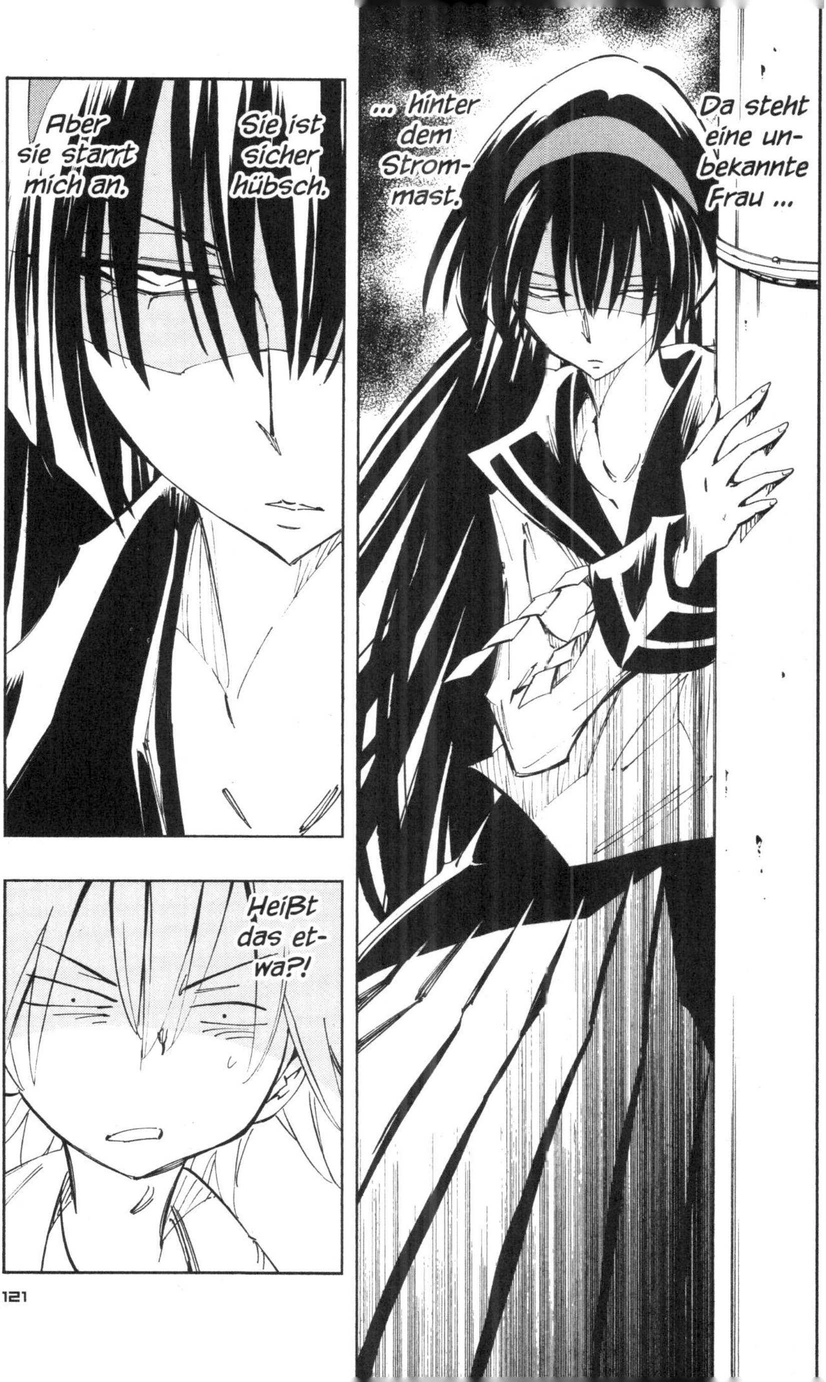

Da steht eine unbekannte Frau ...

... hinter dem Strommast.

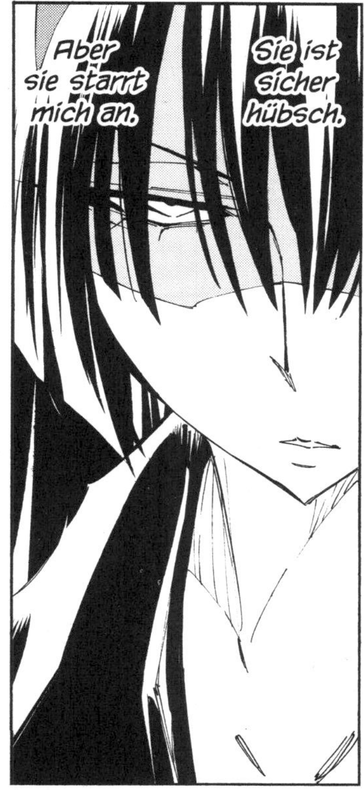

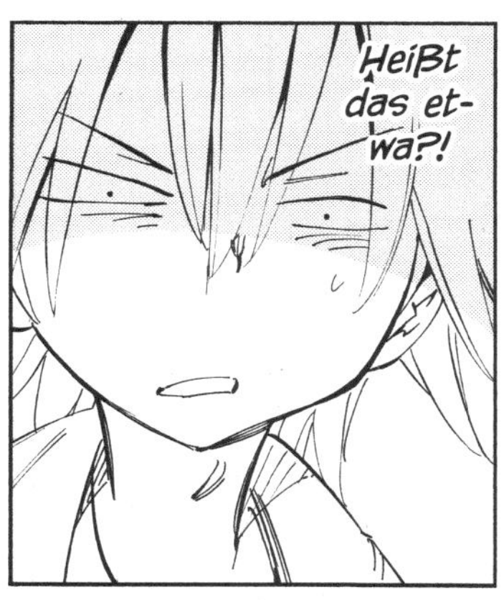

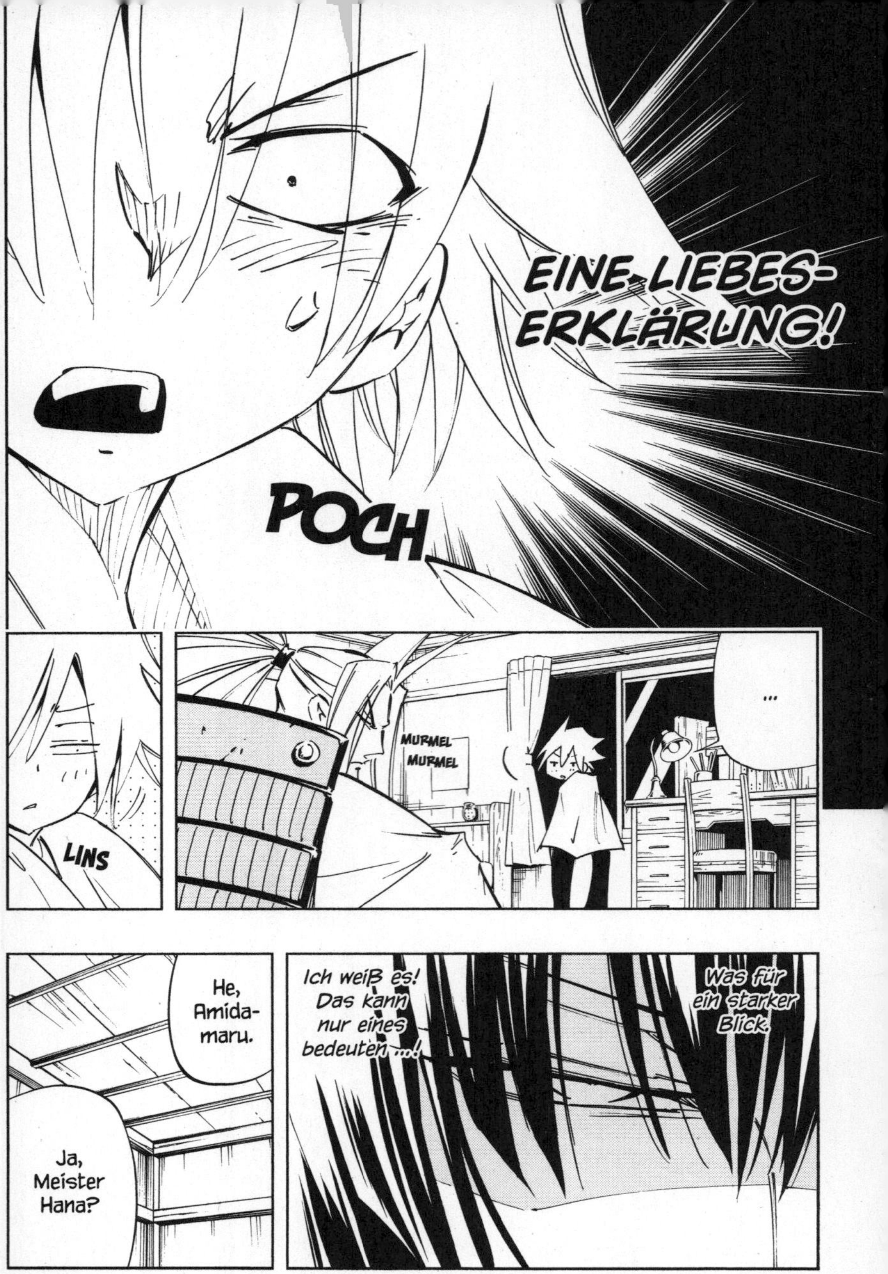

EINE LIEBES-ERKLÄRUNG!

POCH

...

MURMEL MURMEL

LINS

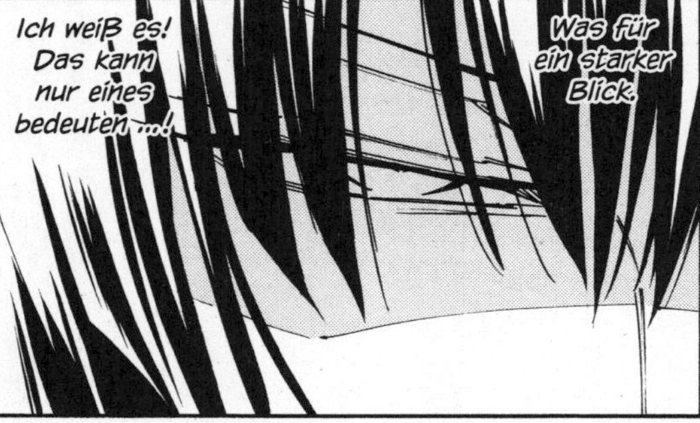

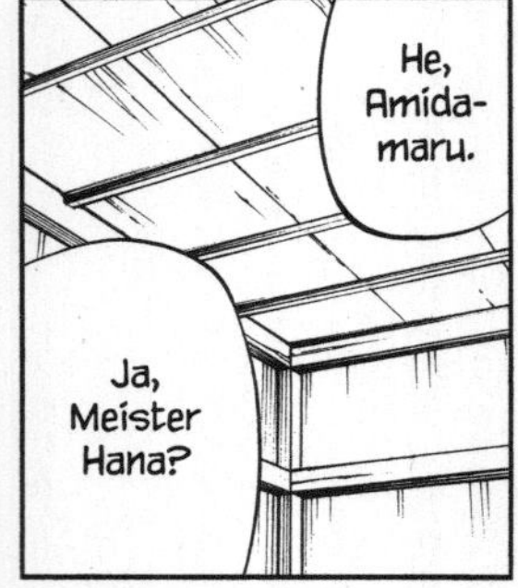

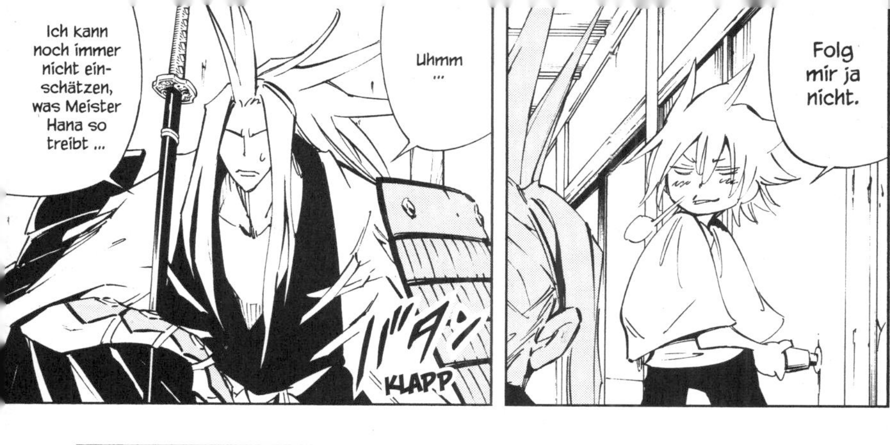
Folg mir ja nicht.
Uhmm ...
KLAPP
Ich kann noch immer nicht einschätzen, was Meister Hana so treibt ...

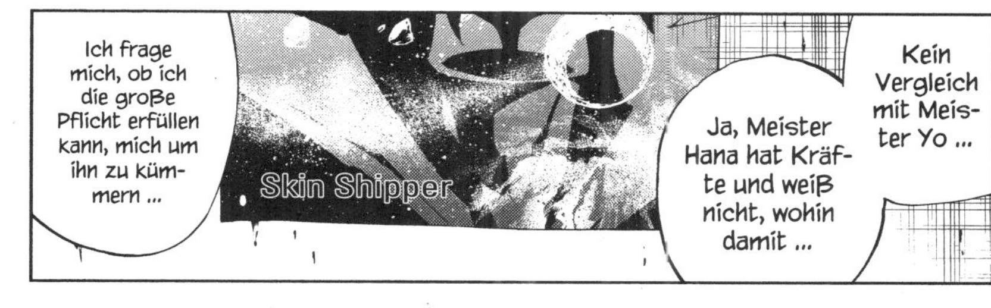
Kein Vergleich mit Meister Yo ...
Ja, Meister Hana hat Kräfte und weiß nicht, wohin damit ...
Ich frage mich, ob ich die große Pflicht erfüllen kann, mich um ihn zu kümmern ...

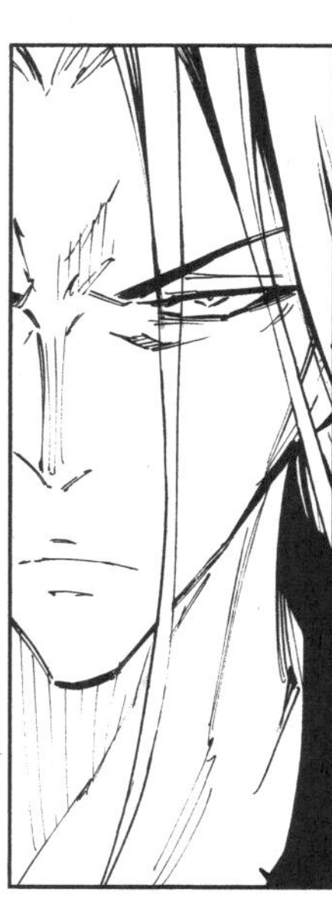

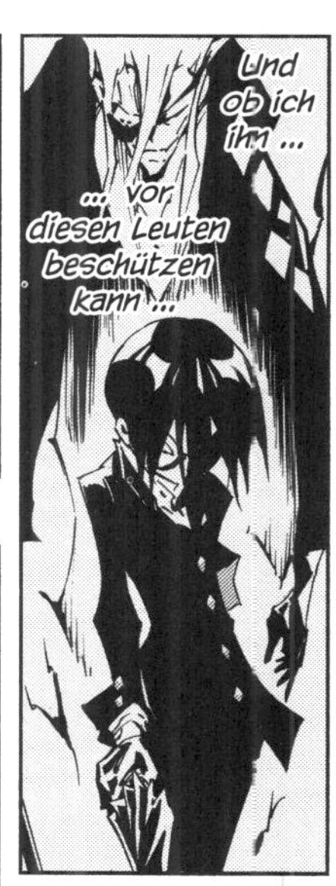
Und ob ich ihm ...
... vor diesen Leuten beschützen kann ...

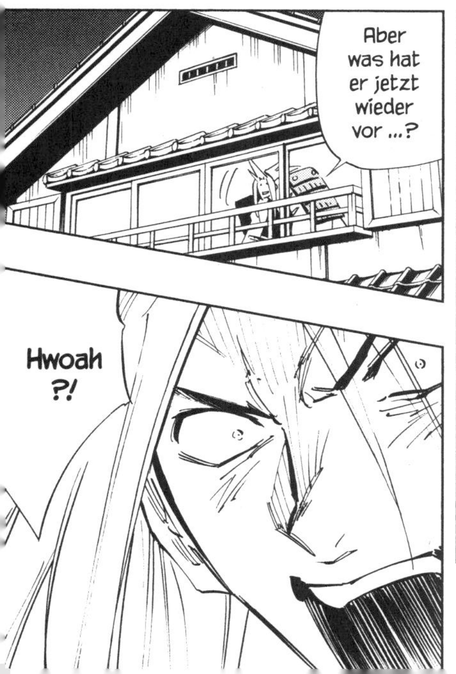
Aber was hat er jetzt wieder vor ...?
Hwoah ?!

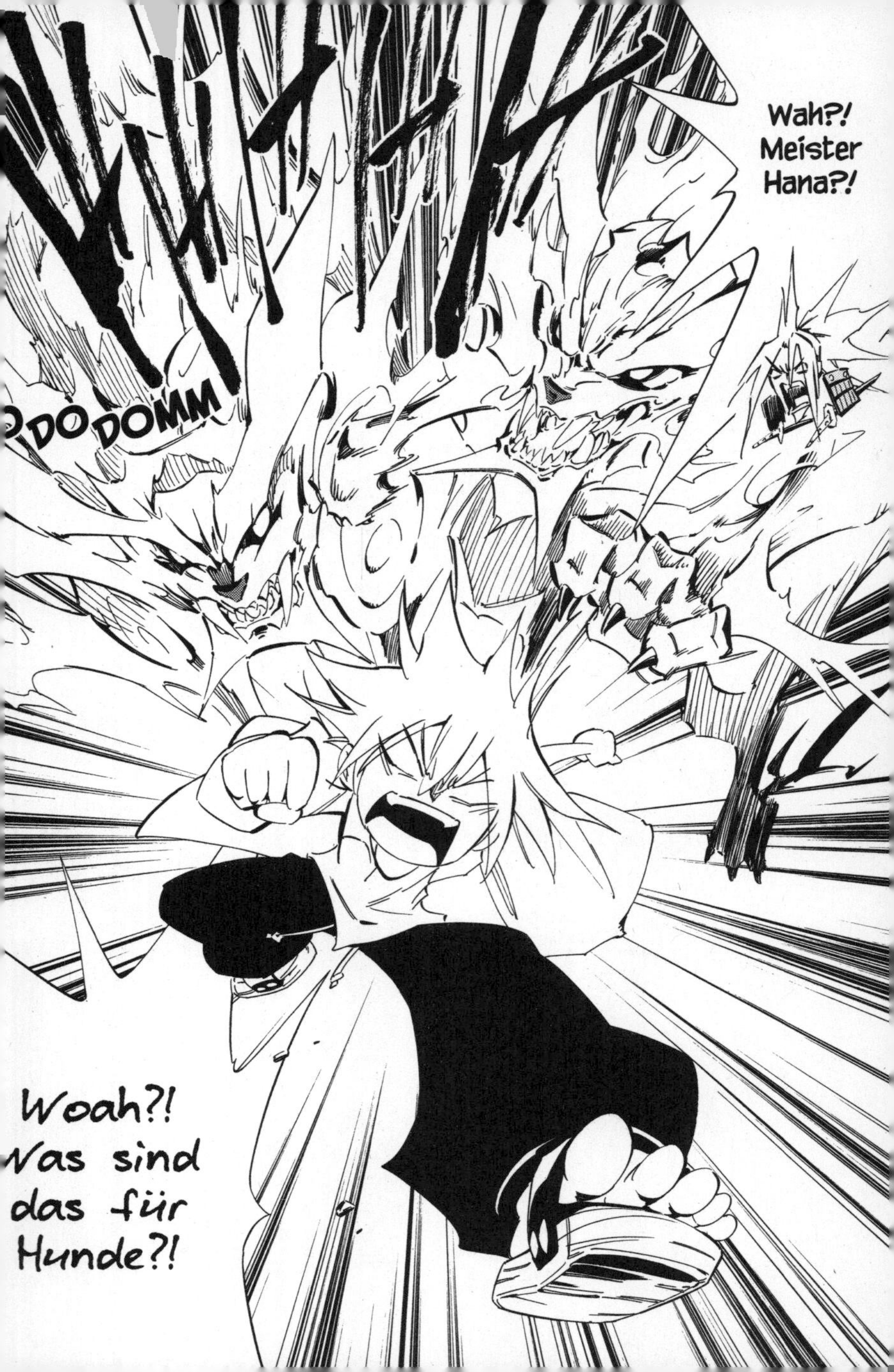
Wah?! Meister Hana?!
DO DOMM
Woah?! Was sind das für Hunde?!

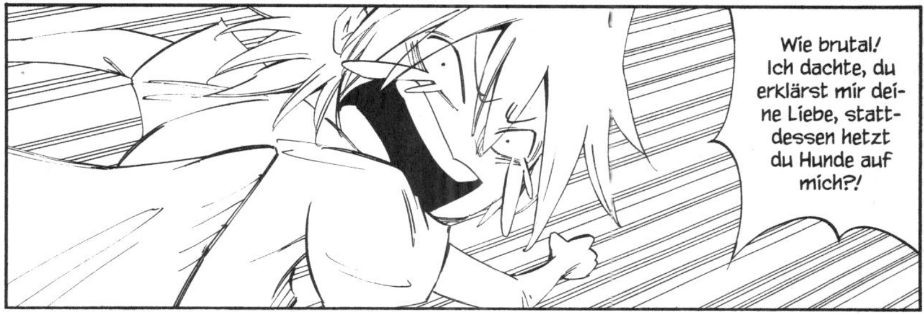
Wie brutal! Ich dachte, du erklärst mir deine Liebe, stattdessen hetzt du Hunde auf mich?!

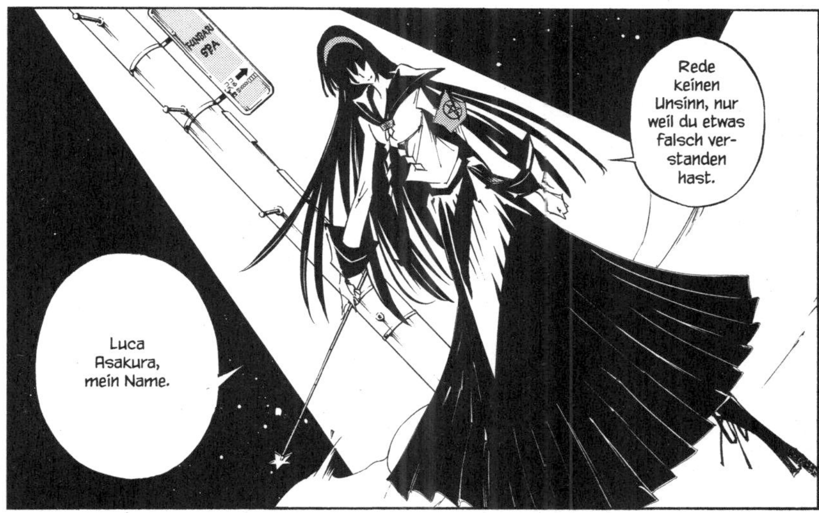
Rede keinen Unsinn, nur weil du etwas falsch verstanden hast.
Luca Asakura, mein Name.

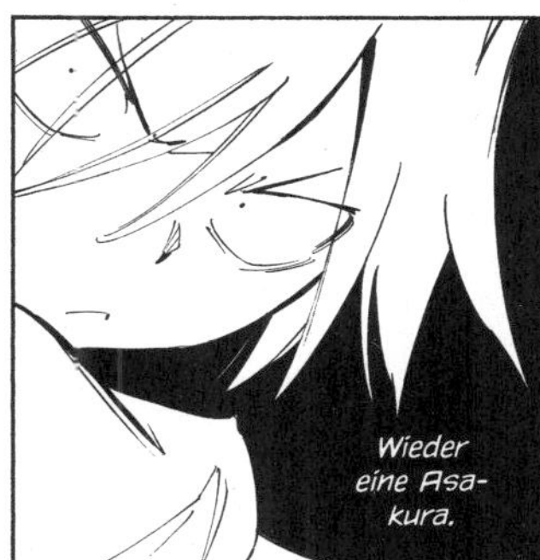
Wieder eine Asakura.

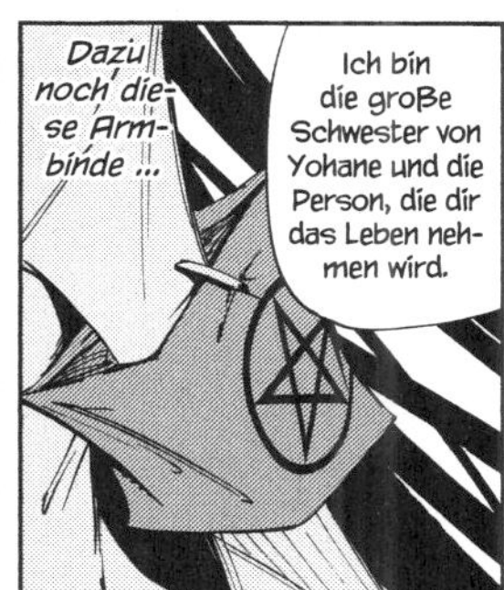
Ich bin die große Schwester von Yohane und die Person, die dir das Leben nehmen wird.
Dazu noch diese Armbinde ...

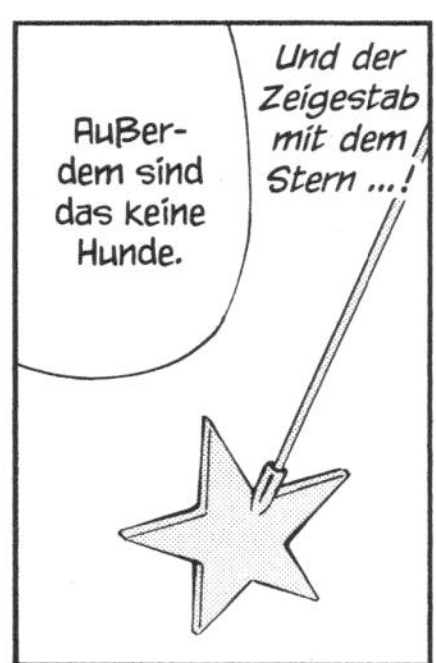
Und der Zeigestab mit dem Stern ...!
Außerdem sind das keine Hunde.

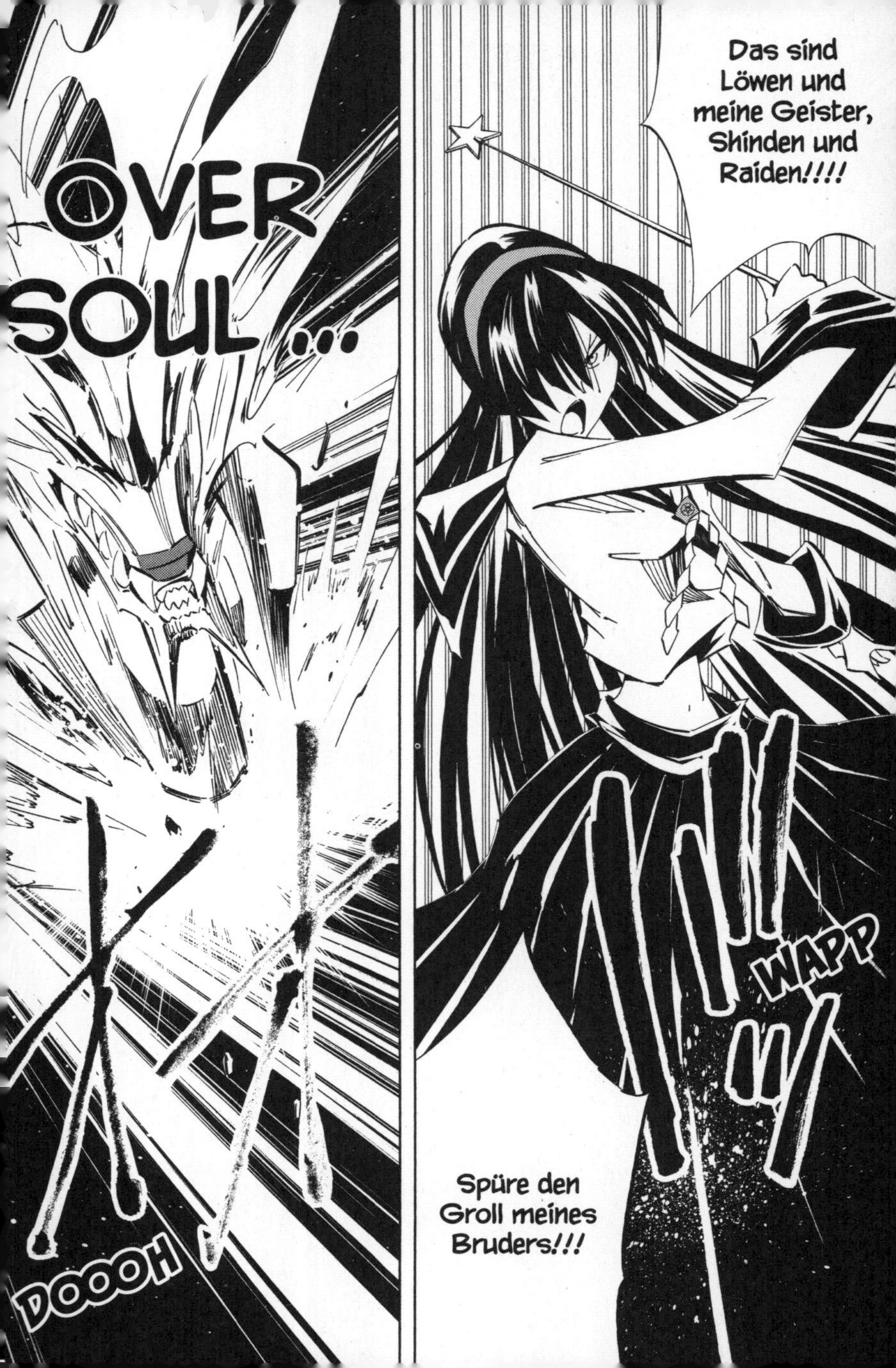
Das sind Löwen und meine Geister, Shinden und Raiden!!!!
WAPP
Spüre den Groll meines Bruders!!!
OVER SOUL...
DOOOH

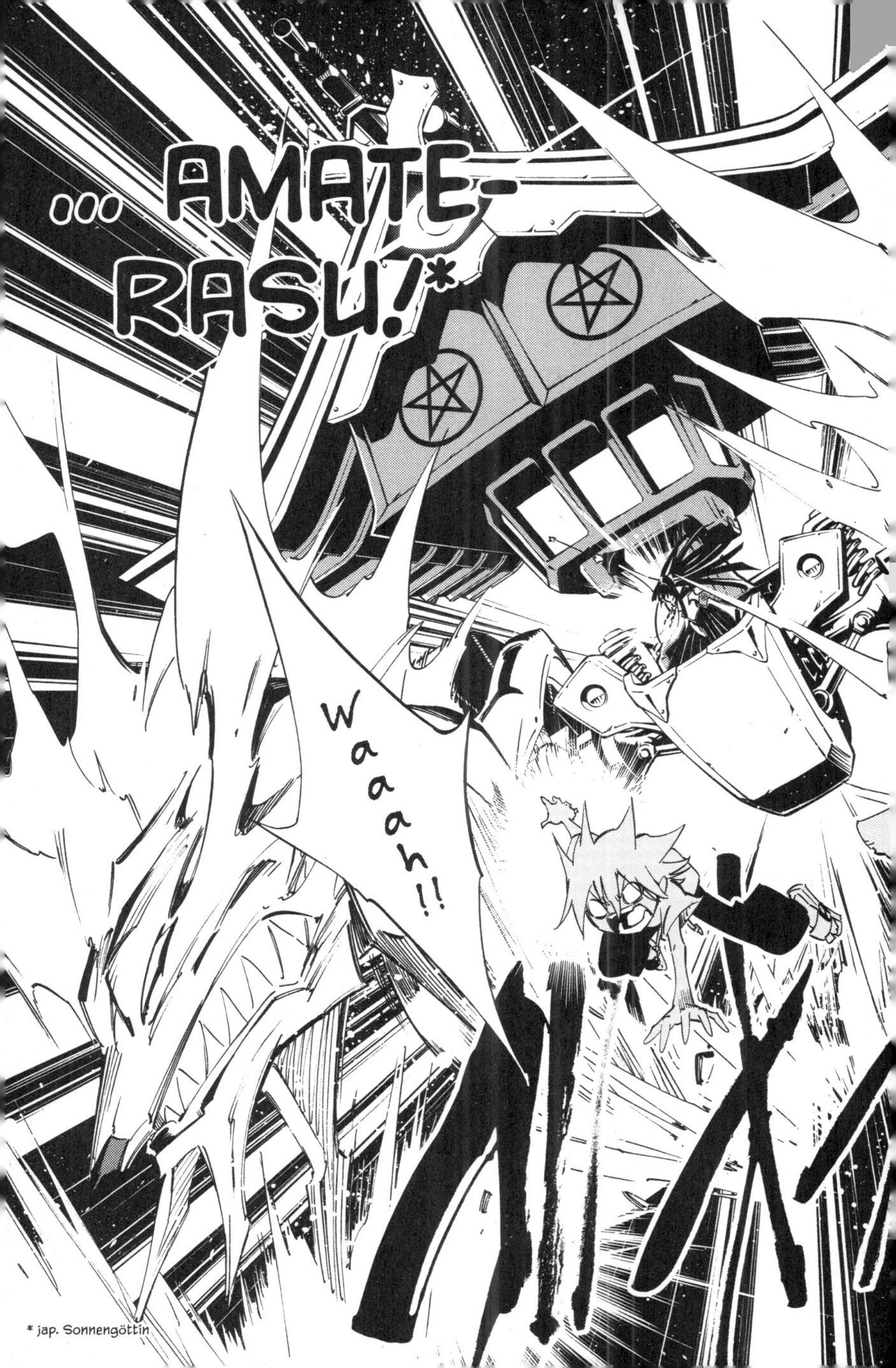
... AMATE-
RASU!*
Waaaah!!
* jap. Sonnengöttin

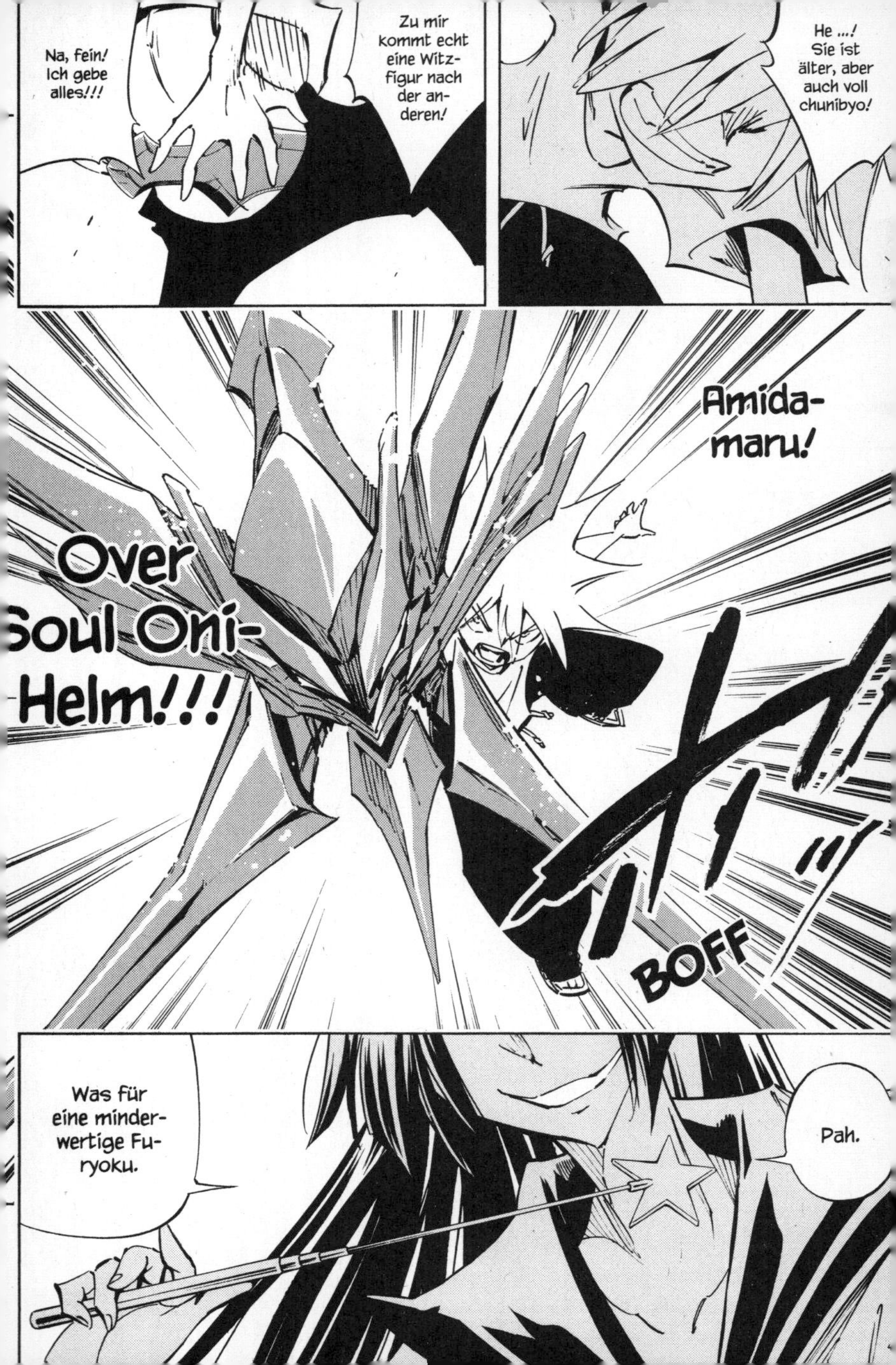
He ...!
Sie ist älter, aber auch voll chunibyo!
Zu mir kommt echt eine Witzfigur nach der anderen!
Na, fein! Ich gebe alles!!!
Amida-maru!
Over Soul Oni-Helm!!!
BOFF
Pah.
Was für eine minderwertige Furyoku.

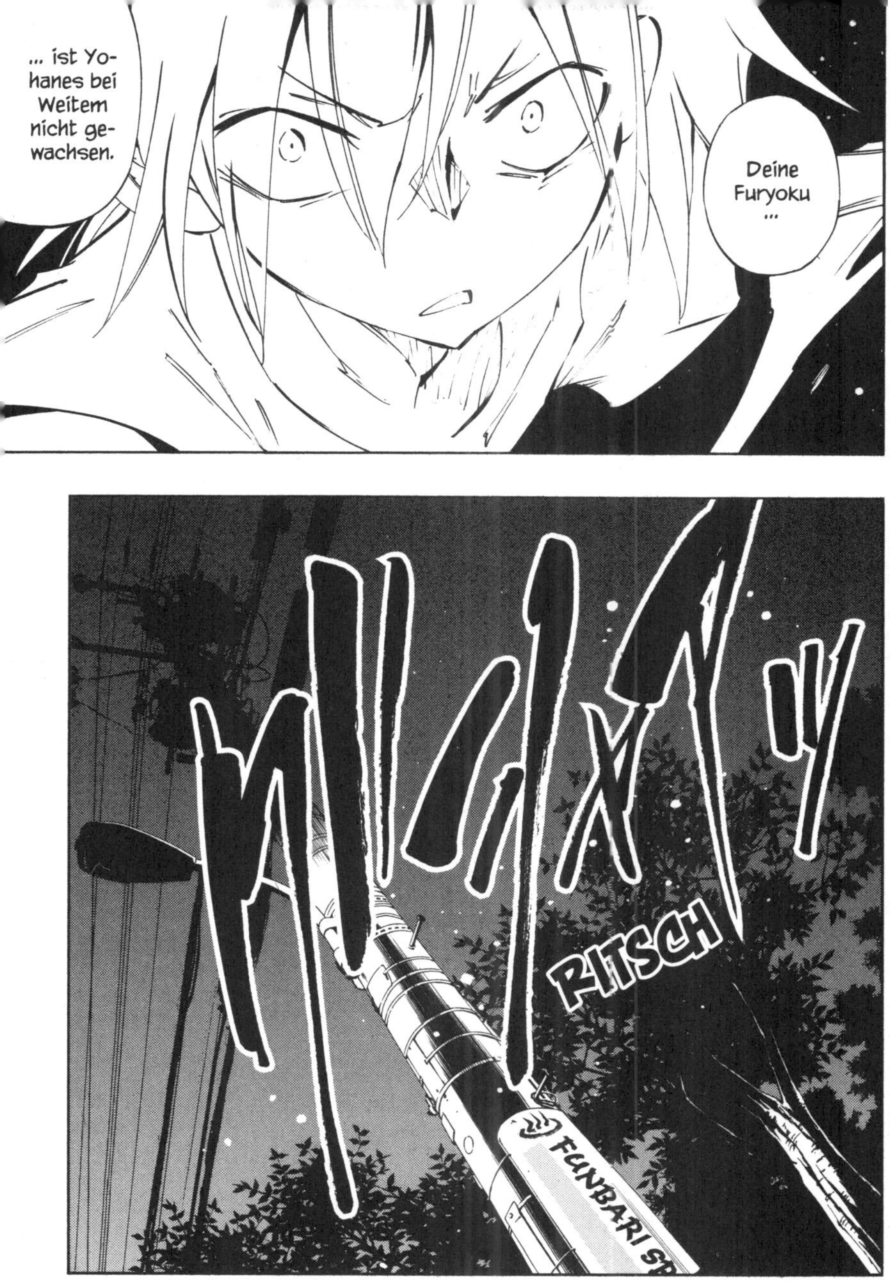

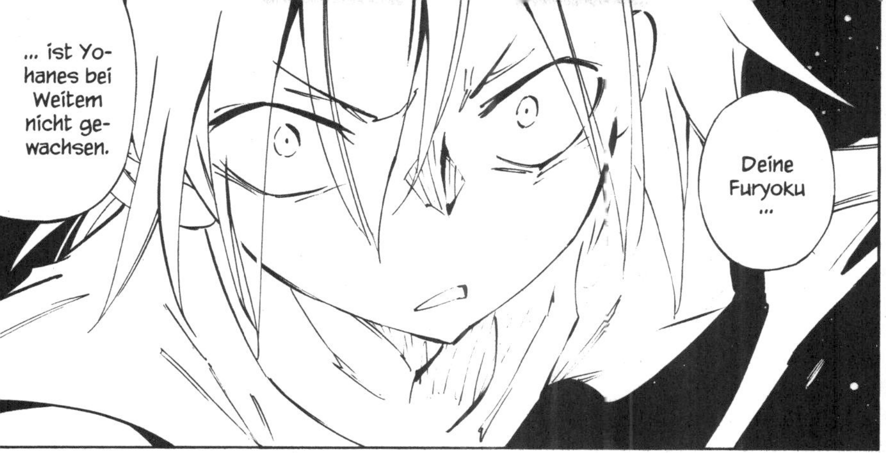

RITSCH

SHAMAN KING
FLOWERS

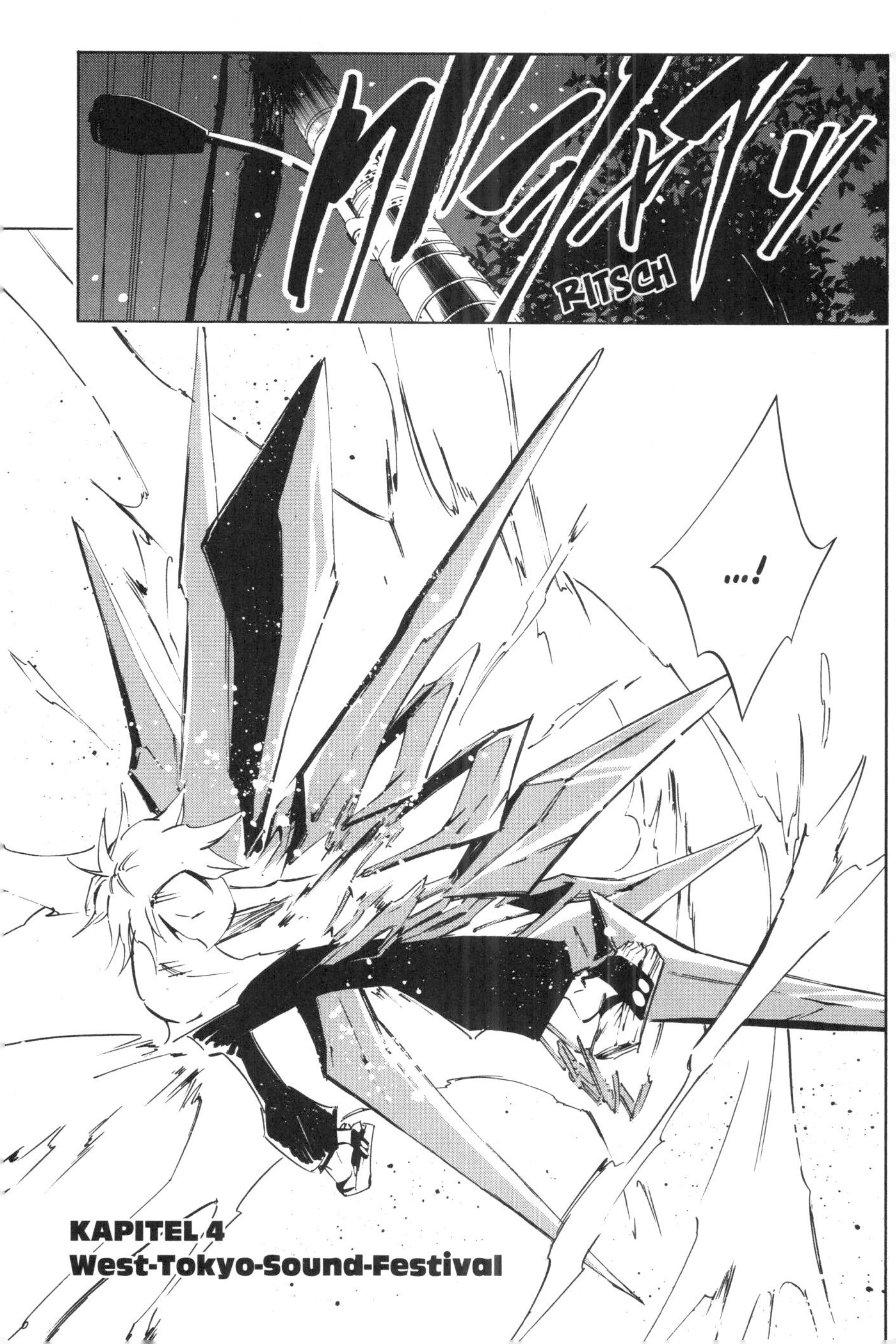

KAPITEL 4
West-Tokyo-Sound-Festival

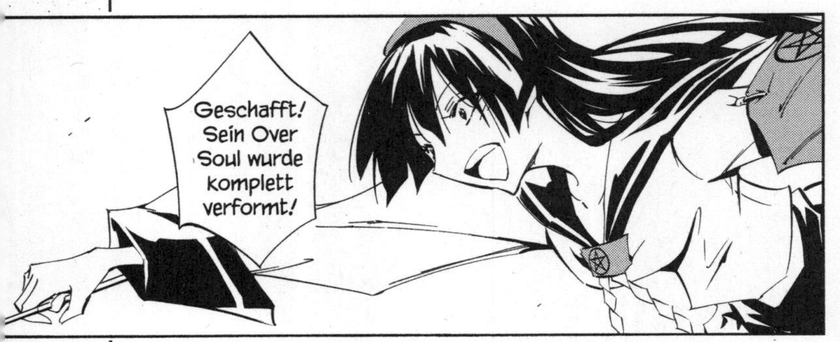

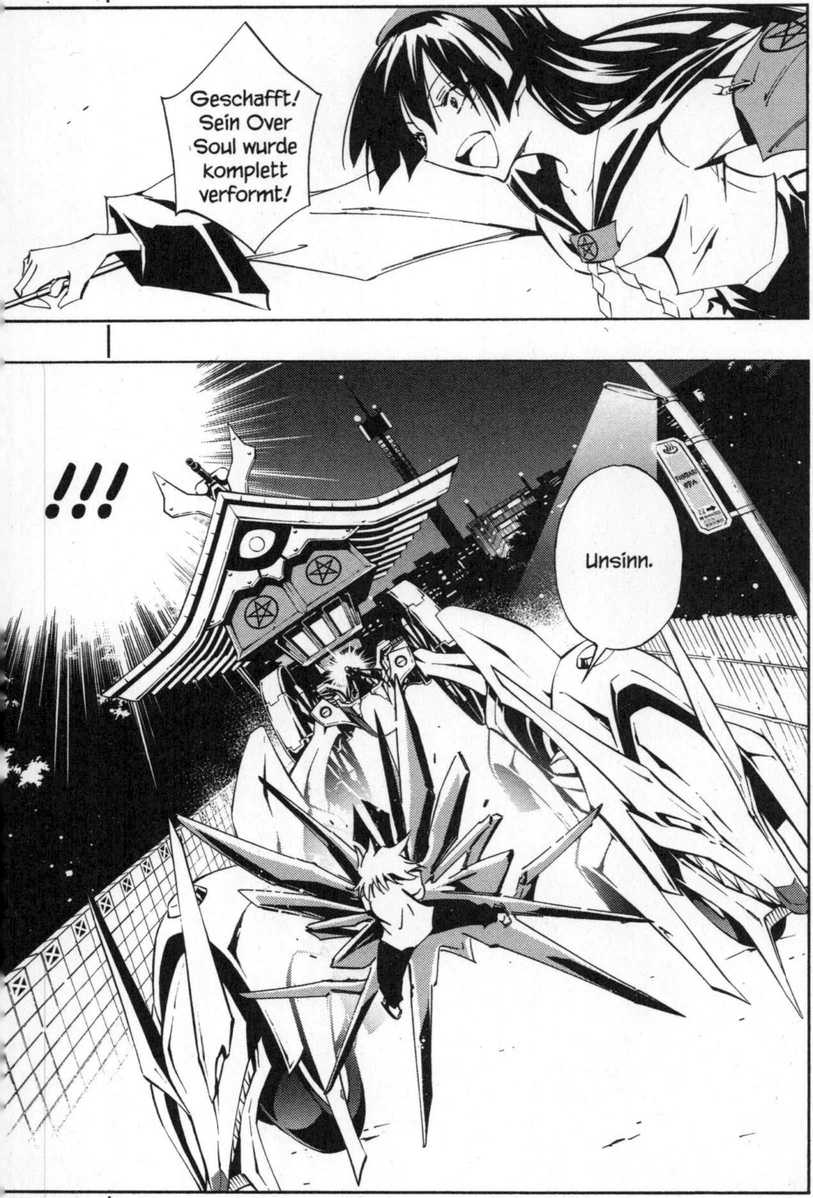

!!!

Unsinn.

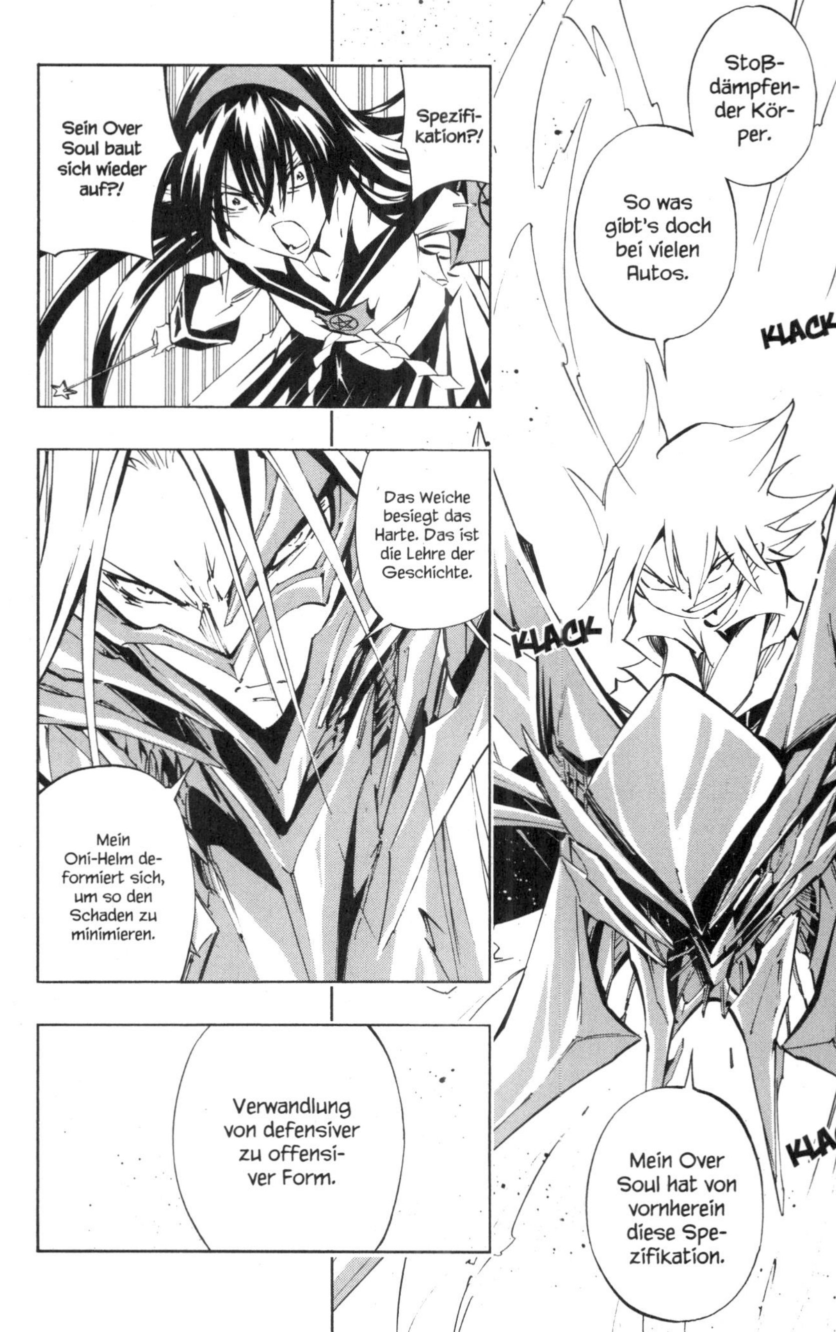
Stoß-dämpfender Kör-per.
So was gibt's doch bei vielen Autos.
KLACK
KLACK
KLAC
Mein Over Soul hat von vornherein diese Spe-zifikation.
Spezifi-kation?!
Sein Over Soul baut sich wieder auf?!
Das Weiche besiegt das Harte. Das ist die Lehre der Geschichte.
Mein Oni-Helm de-formiert sich, um so den Schaden zu minimieren.
Verwandlung von defensiver zu offensi-ver Form.

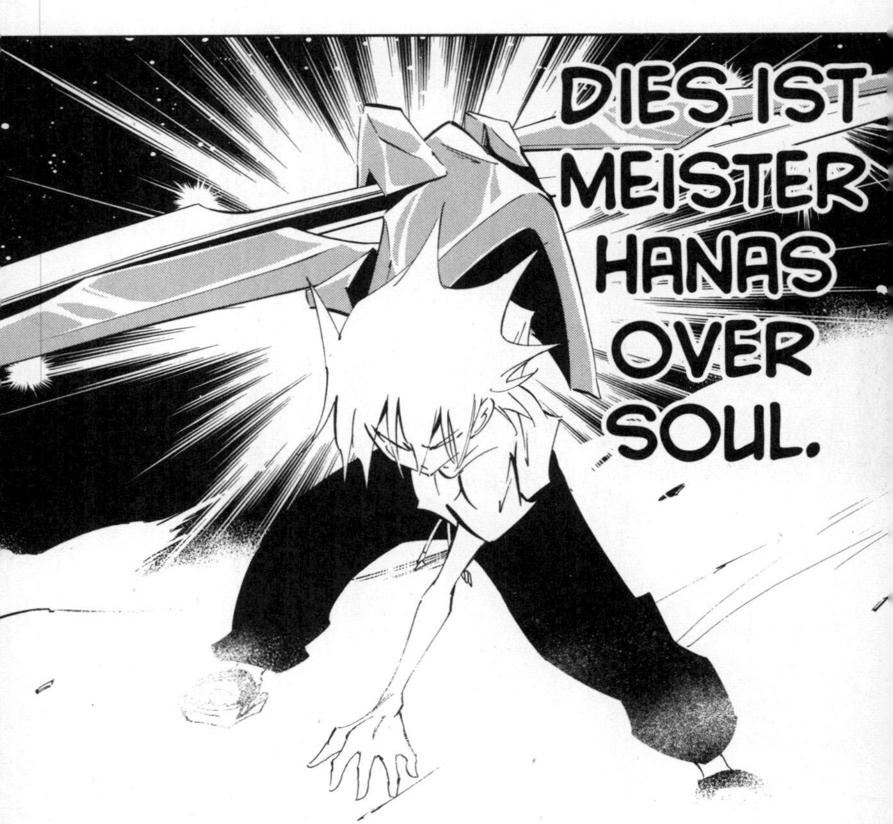
DIES IST MEISTER HANAS OVER SOUL.

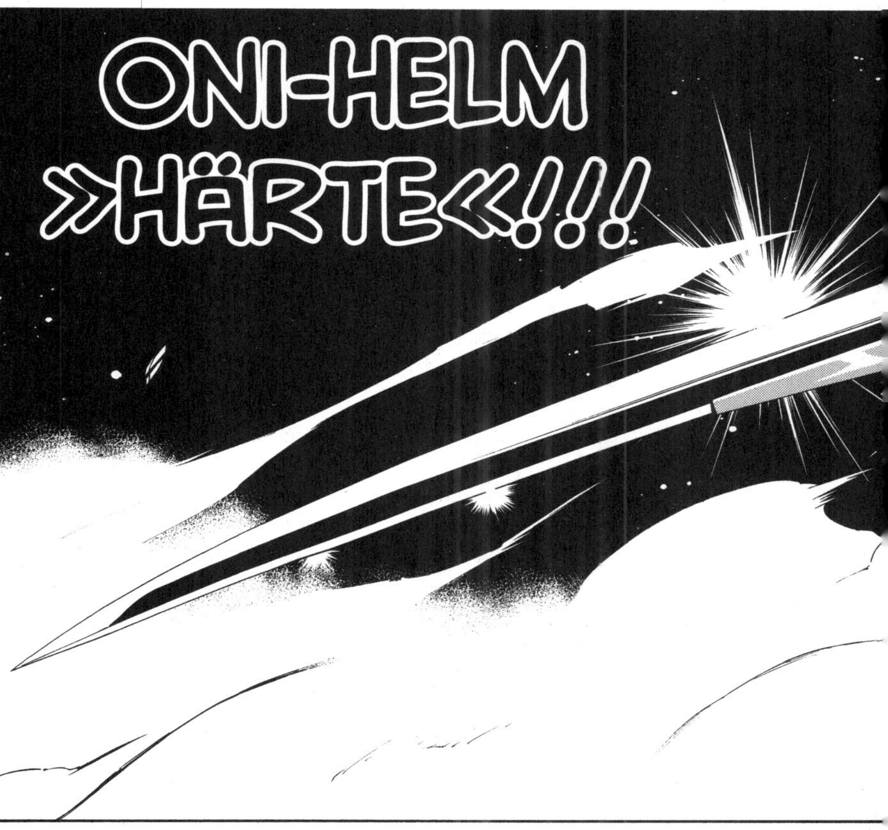

KAPITEL 4
West-Tokyo-Sound-Festival

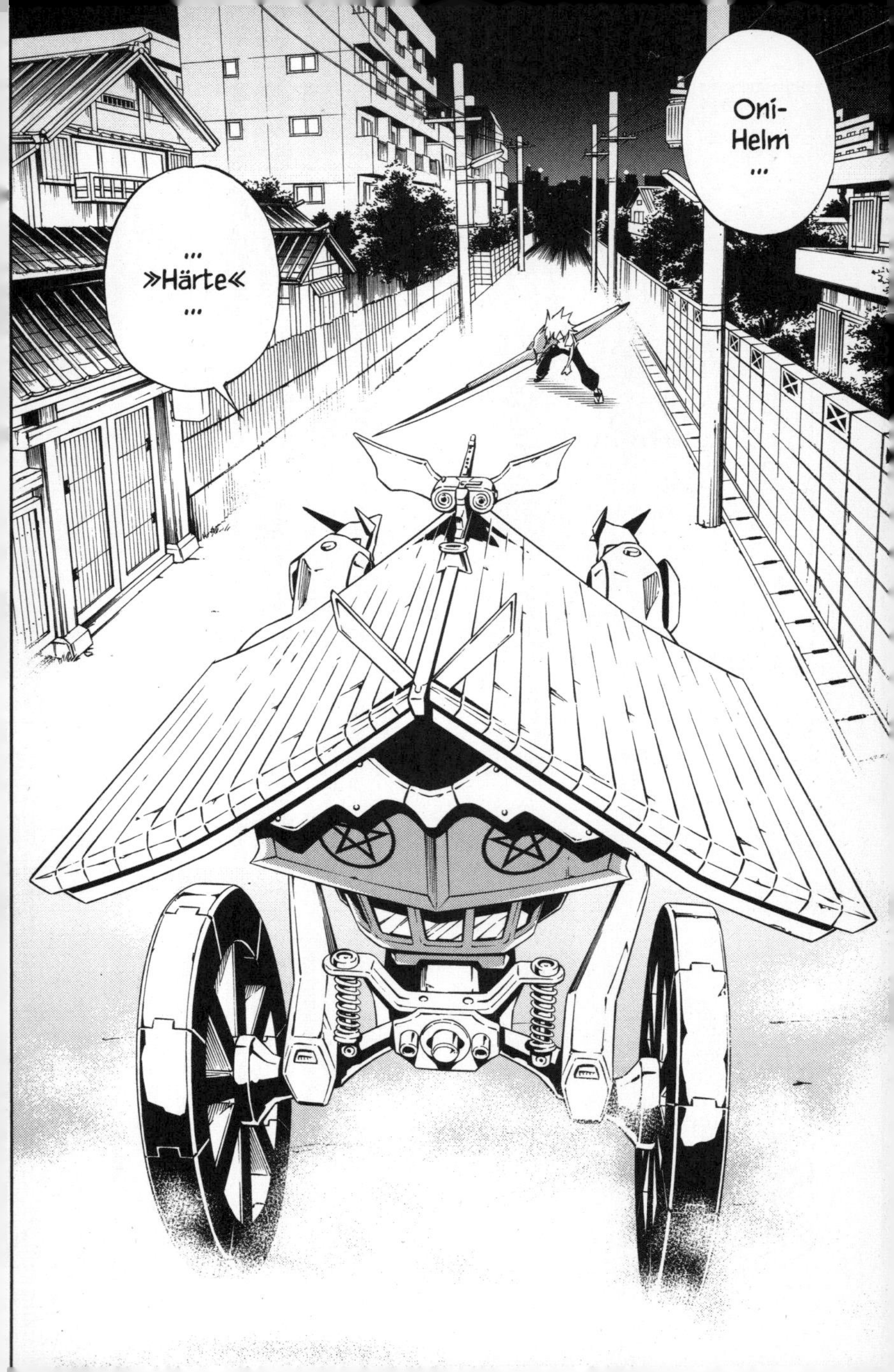

Oni-
Helm
...
...
»Härte«
...

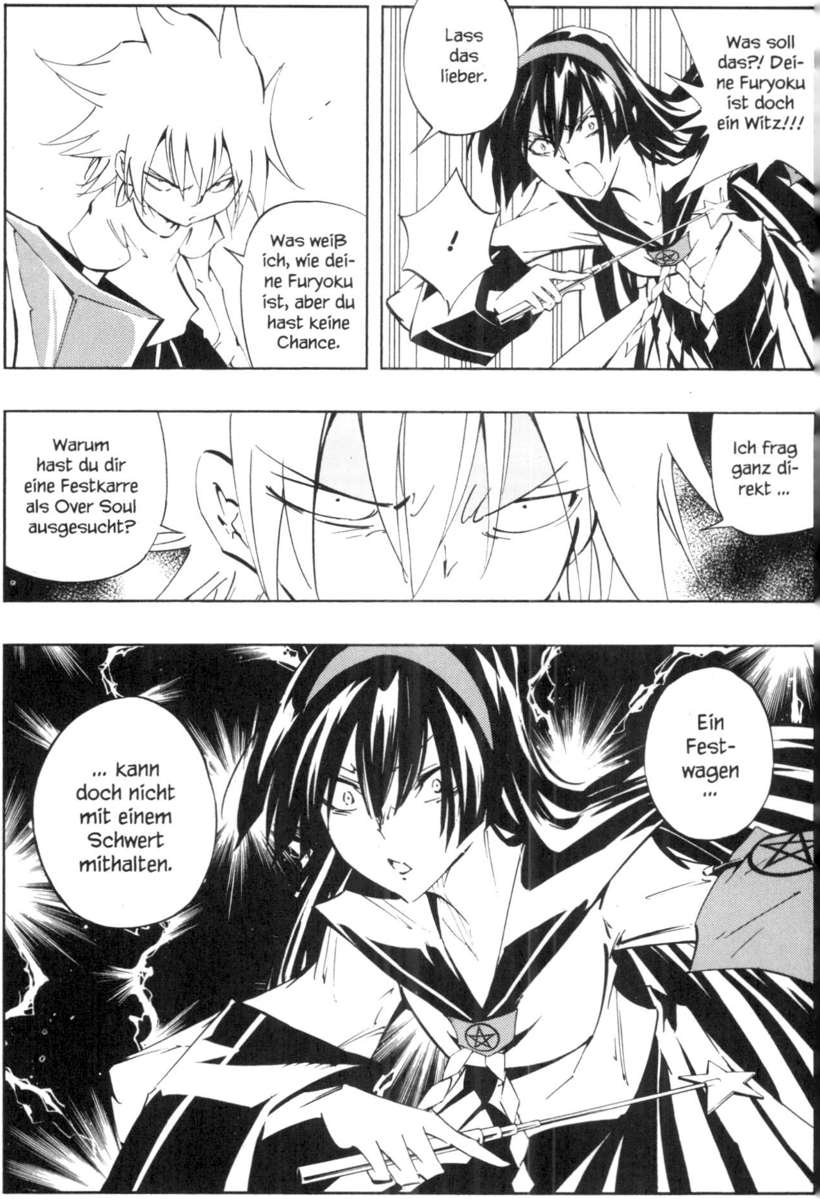

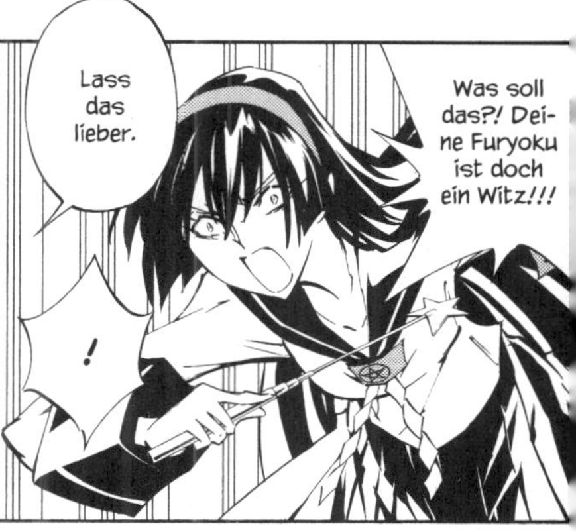
Was soll das?! Deine Furyoku ist doch ein Witz!!!
Lass das lieber.
!

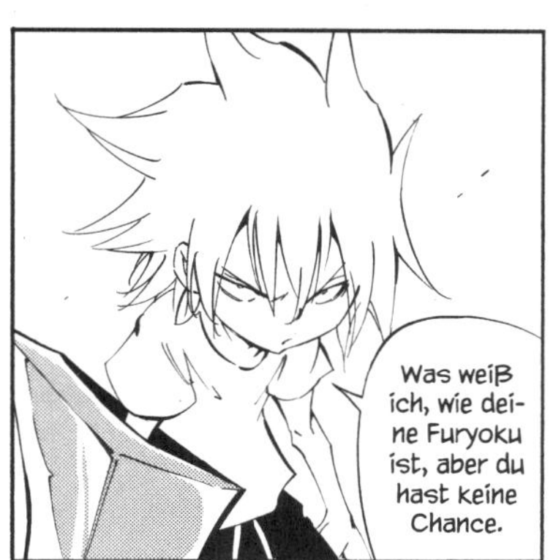
Was weiß ich, wie deine Furyoku ist, aber du hast keine Chance.

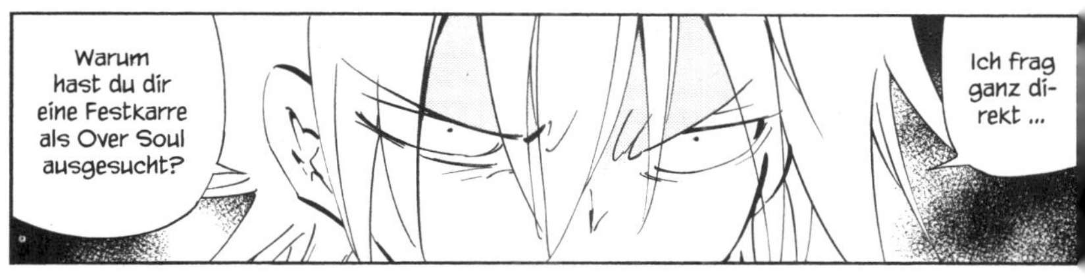
Ich frag ganz direkt ...
Warum hast du dir eine Festkarre als Over Soul ausgesucht?

Ein Festwagen ...
... kann doch nicht mit einem Schwert mithalten.

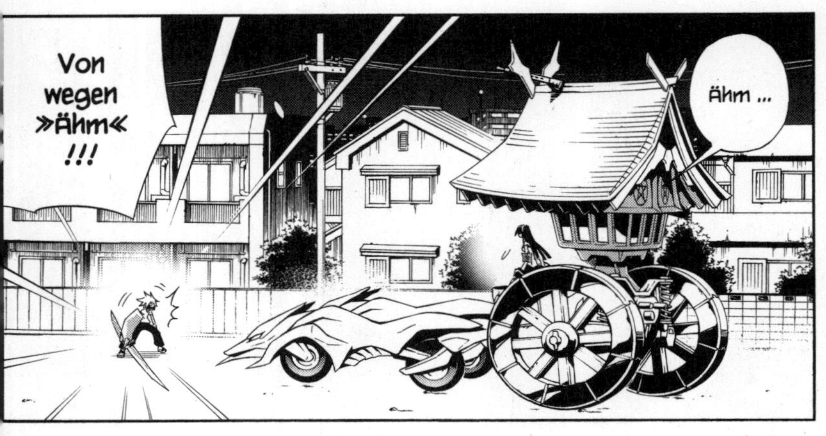
Ähm ...
Von wegen »Ähm« !!!

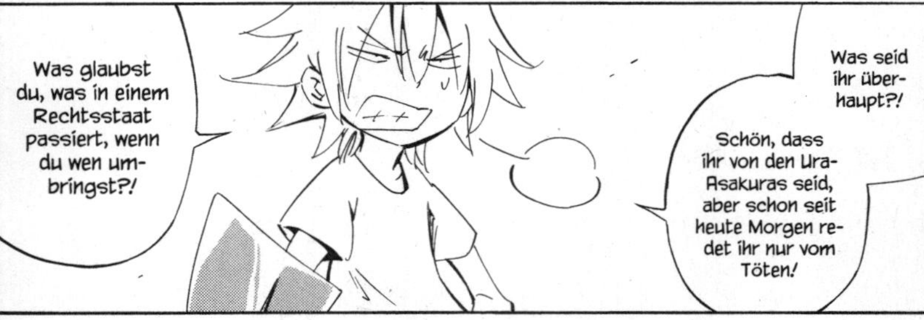
Was seid ihr überhaupt?!
Schön, dass ihr von den Ura-Asakuras seid, aber schon seit heute Morgen redet ihr nur vom Töten!
Was glaubst du, was in einem Rechtsstaat passiert, wenn du wen umbringst?!

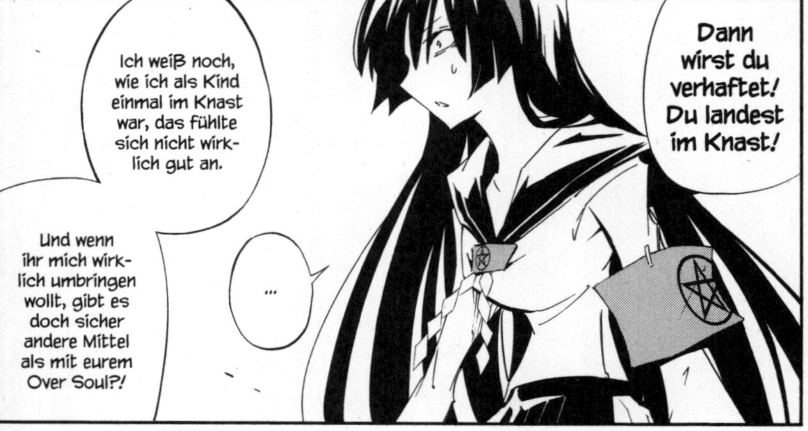
Dann wirst du verhaftet! Du landest im Knast!
...
Ich weiß noch, wie ich als Kind einmal im Knast war, das fühlte sich nicht wirklich gut an.
Und wenn ihr mich wirklich umbringen wollt, gibt es doch sicher andere Mittel als mit eurem Over Soul?!

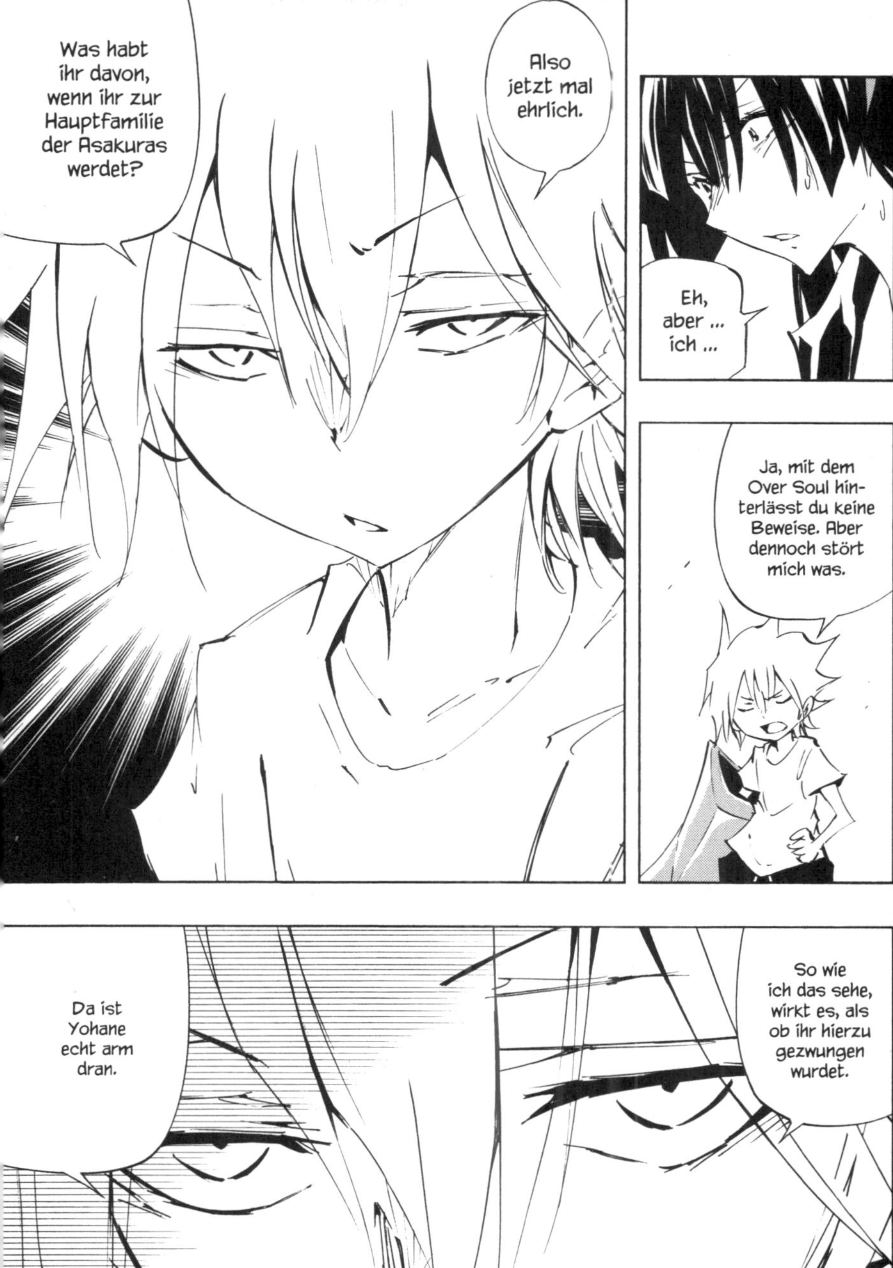
Also jetzt mal ehrlich.
Was habt ihr davon, wenn ihr zur Hauptfamilie der Asakuras werdet?
Eh, aber ... ich ...
Ja, mit dem Over Soul hinterlässt du keine Beweise. Aber dennoch stört mich was.
So wie ich das sehe, wirkt es, als ob ihr hierzu gezwungen wurdet.
Da ist Yohane echt arm dran.

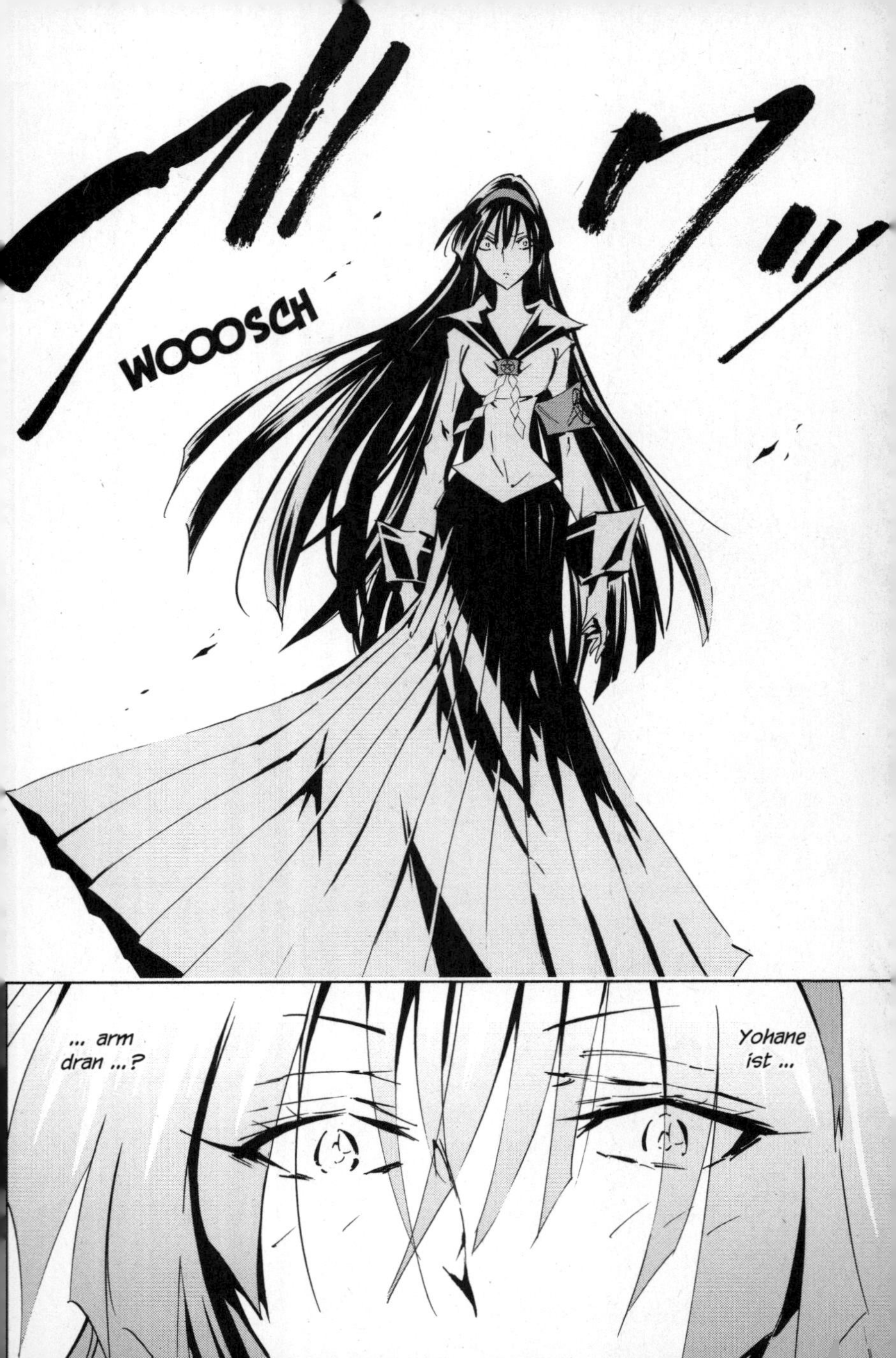
WOOOSCH
Yohane ist ...
... arm dran ...?

Was
wir davon
haben ...?

Ich habe
noch nie an
die Bedeutung
gedacht.

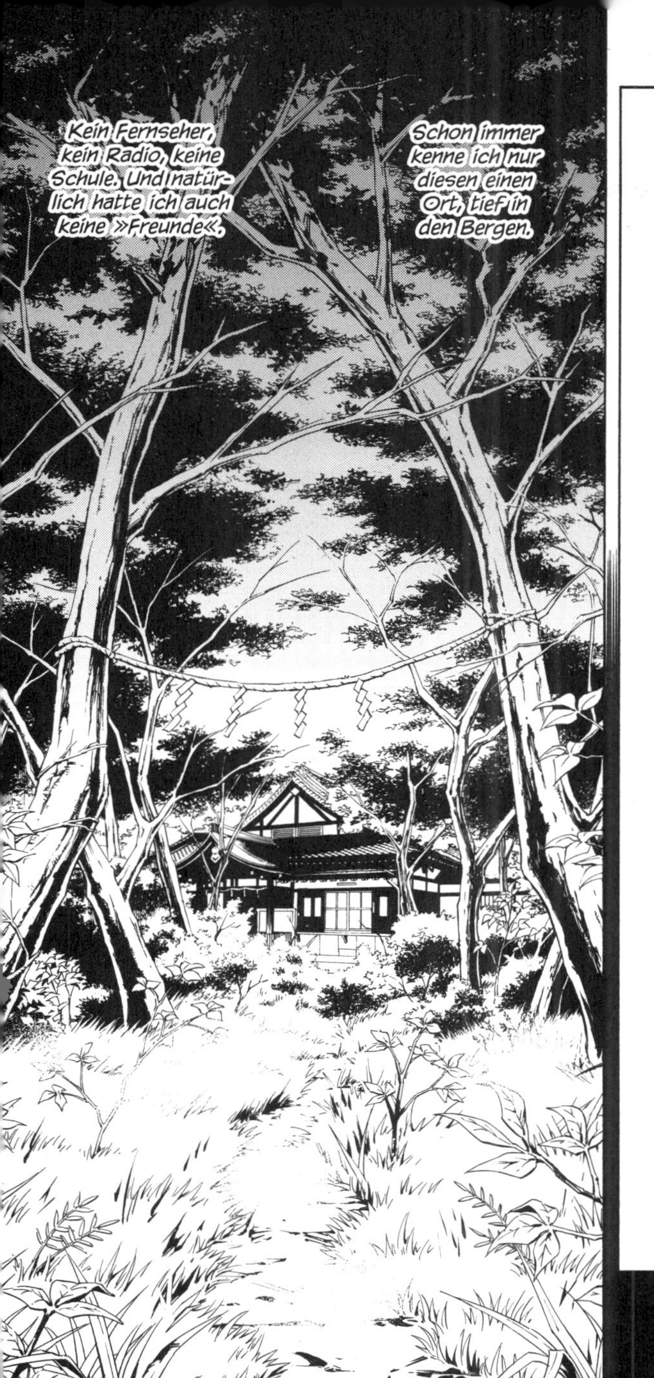

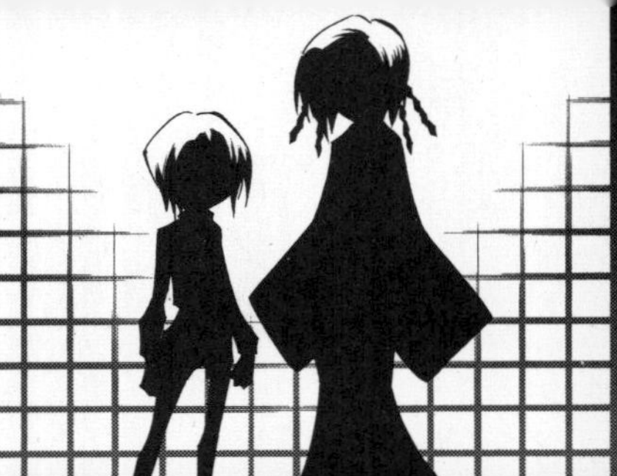
Mein einziger Gesprächs-partner war mein kleiner Bruder.
Gleiches gilt auch für Yohane, natürlich.

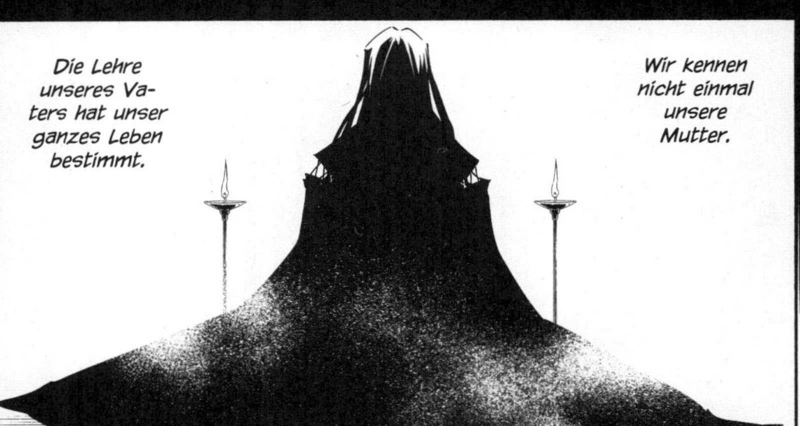
Wir kennen nicht einmal unsere Mutter.
Die Lehre unseres Va-ters hat unser ganzes Leben bestimmt.

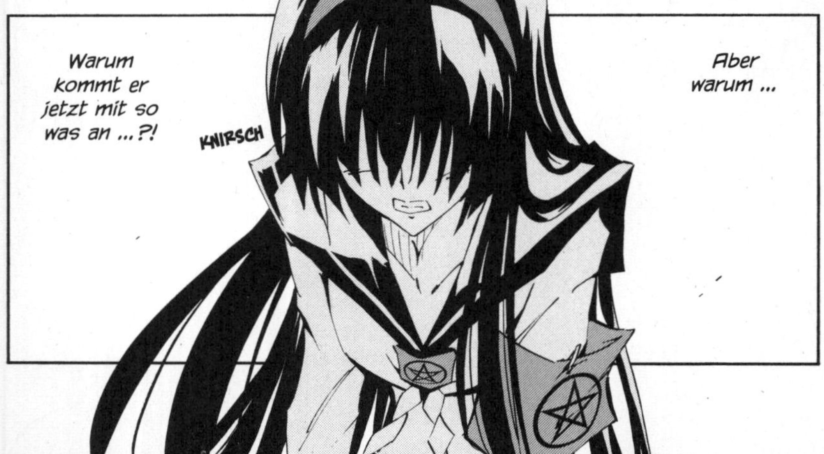
Aber warum ...
KNIRSCH
Warum kommt er jetzt mit so was an ...?!

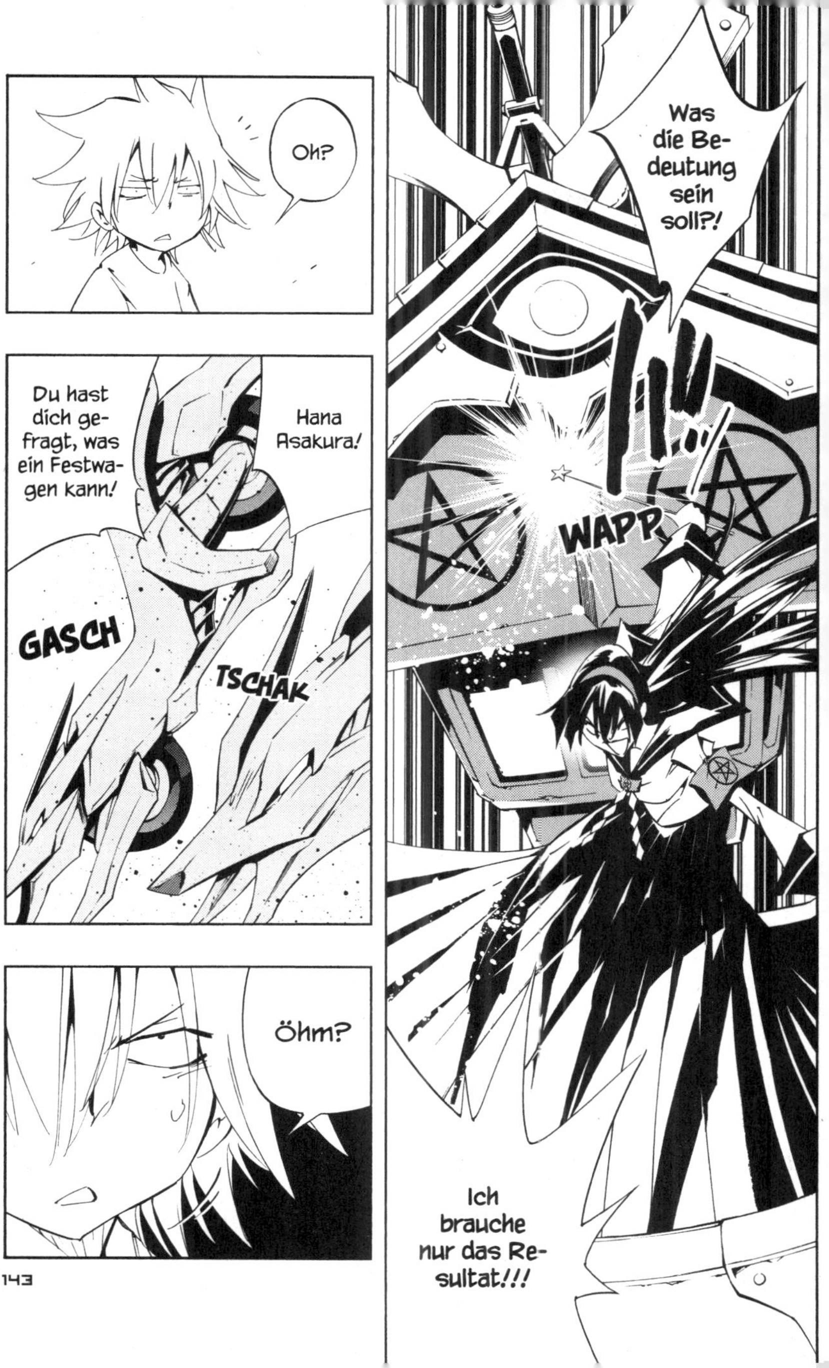

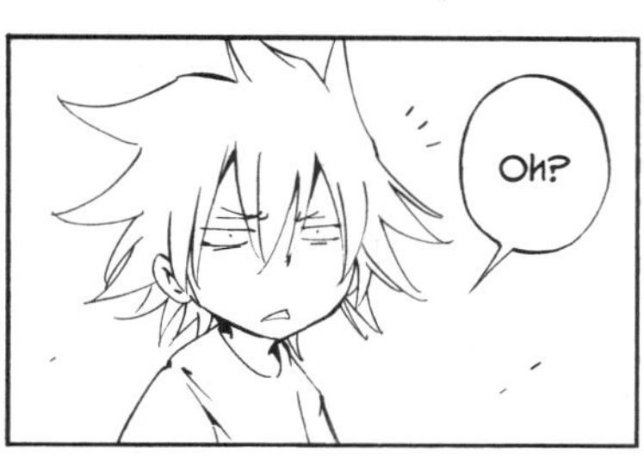

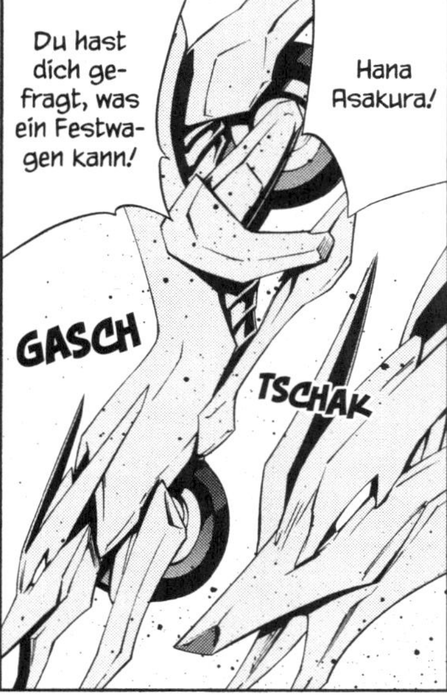

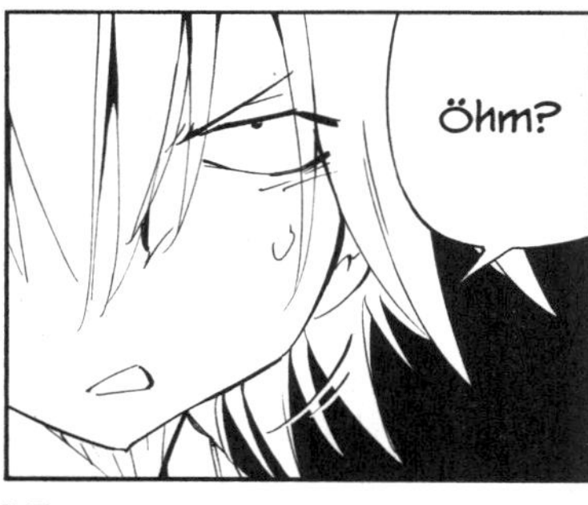

Was die Bedeutung sein soll?!

WAPP

Ich brauche nur das Resultat!!!

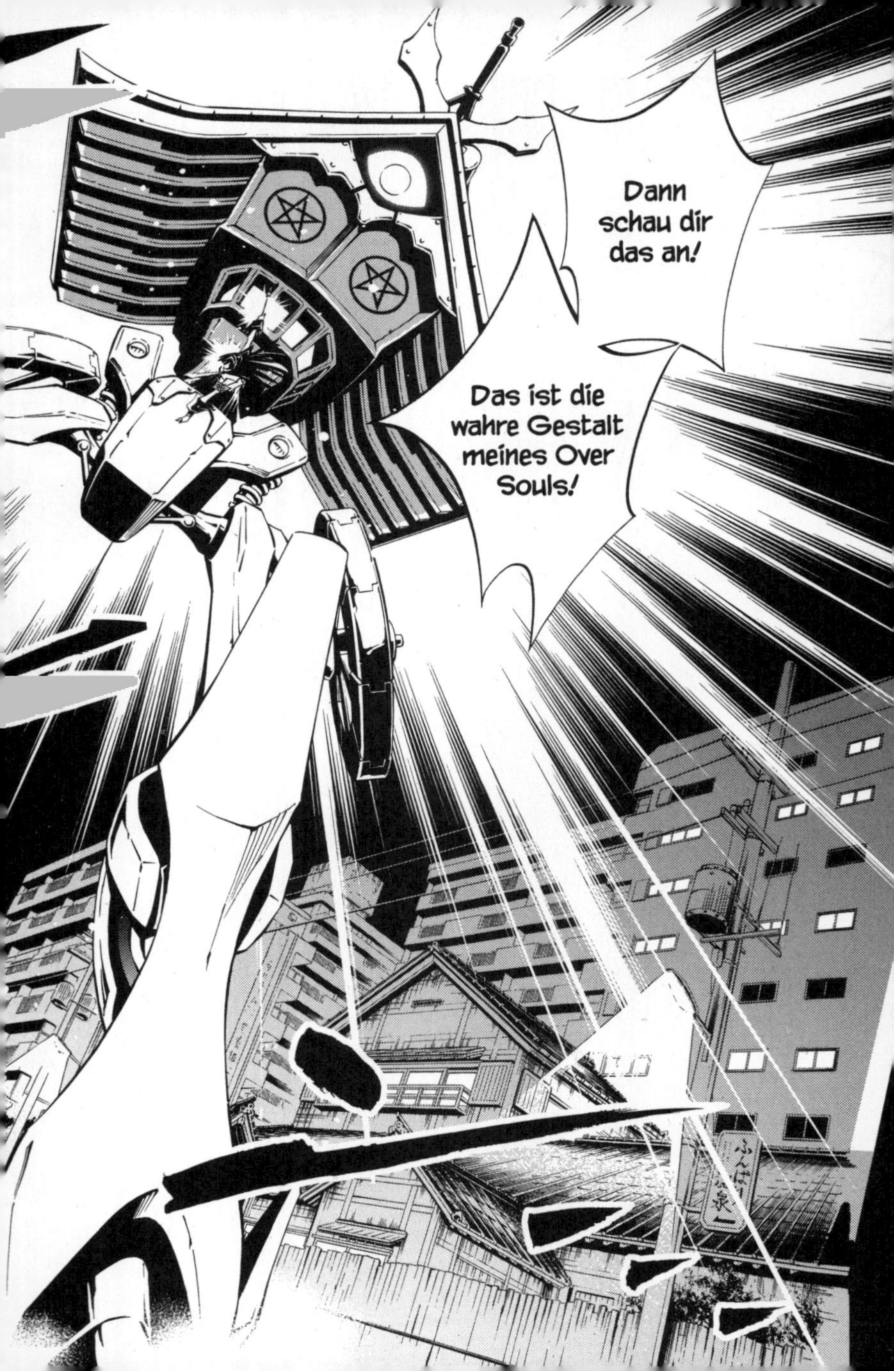
Dann schau dir das an!
Das ist die wahre Gestalt meines Over Souls!

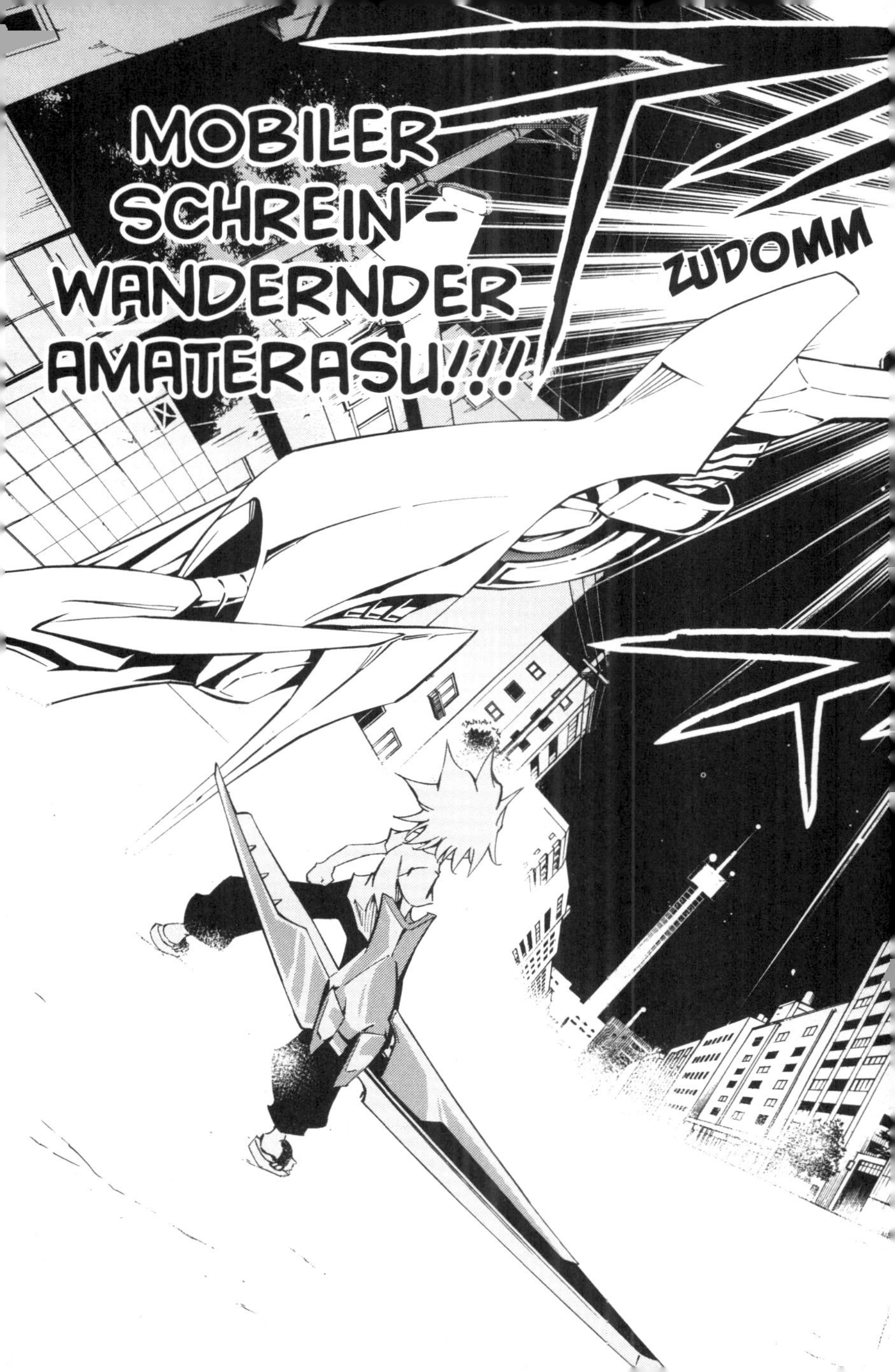
MOBILER
SCHREIN -
WANDERNDER
AMATERASU!!!!
ZUDOMM

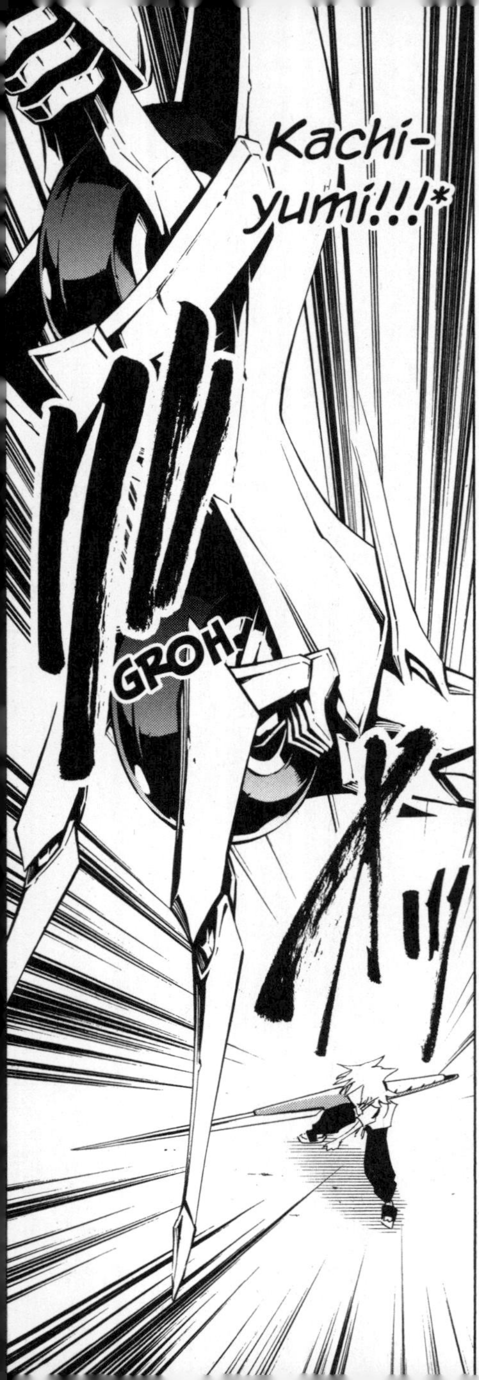

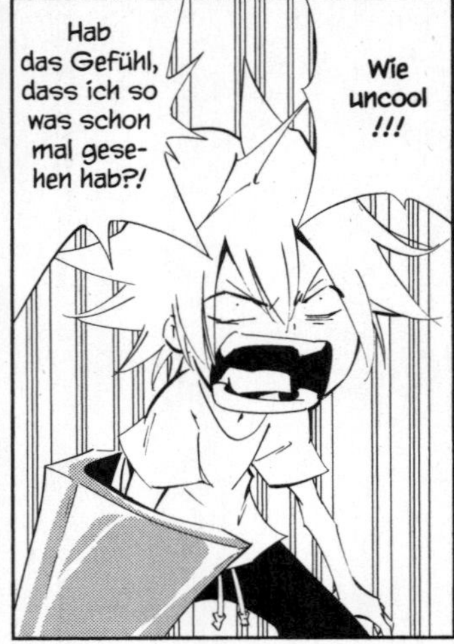

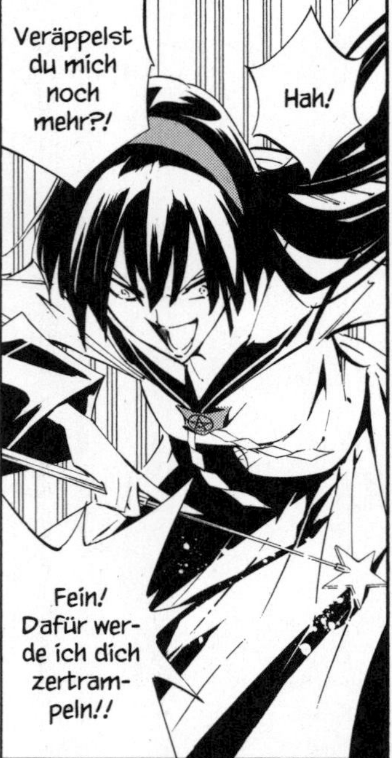

Kachi-yumi!!!*

GROH

* Eine spezielle Technik beim Bogenschießen in Japan.

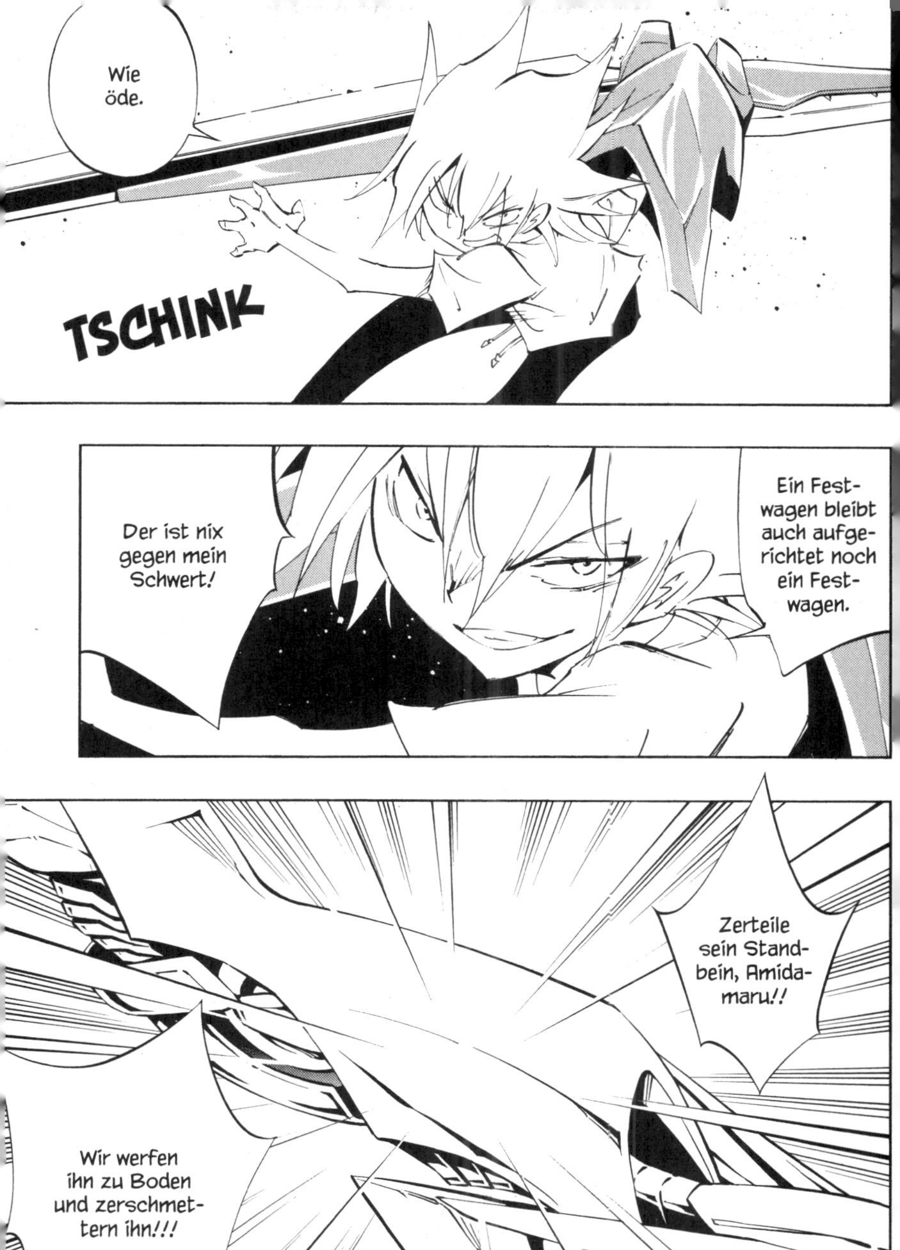

Wie öde.
TSCHINK
Ein Festwagen bleibt auch aufgerichtet noch ein Festwagen.
Der ist nix gegen mein Schwert!
Zerteile sein Standbein, Amidamaru!!
Wir werfen ihn zu Boden und zerschmettern ihn!!!

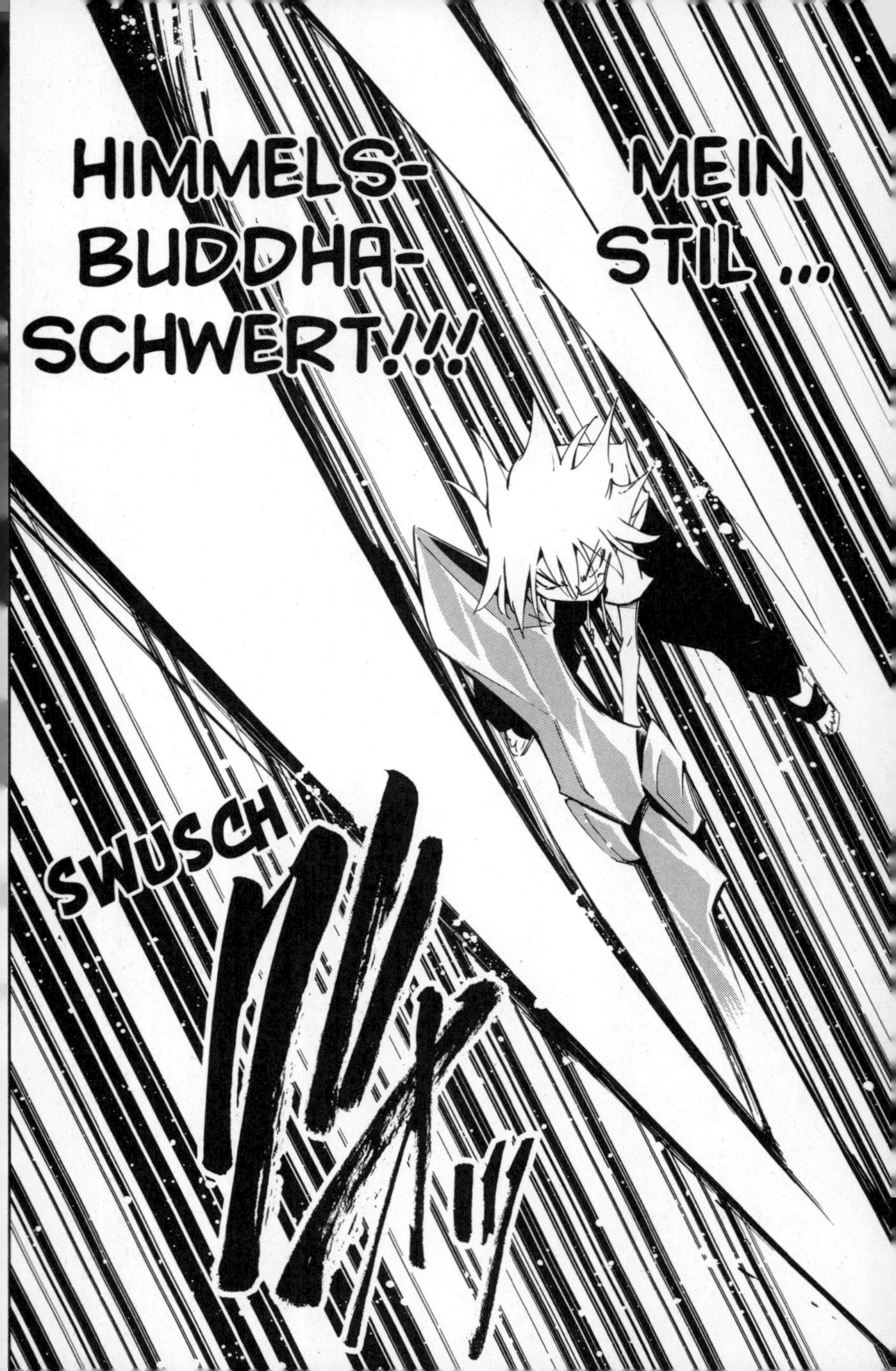
MEIN STIL ...
HIMMELS-BUDDHA-SCHWERT!!!
SWUSCH

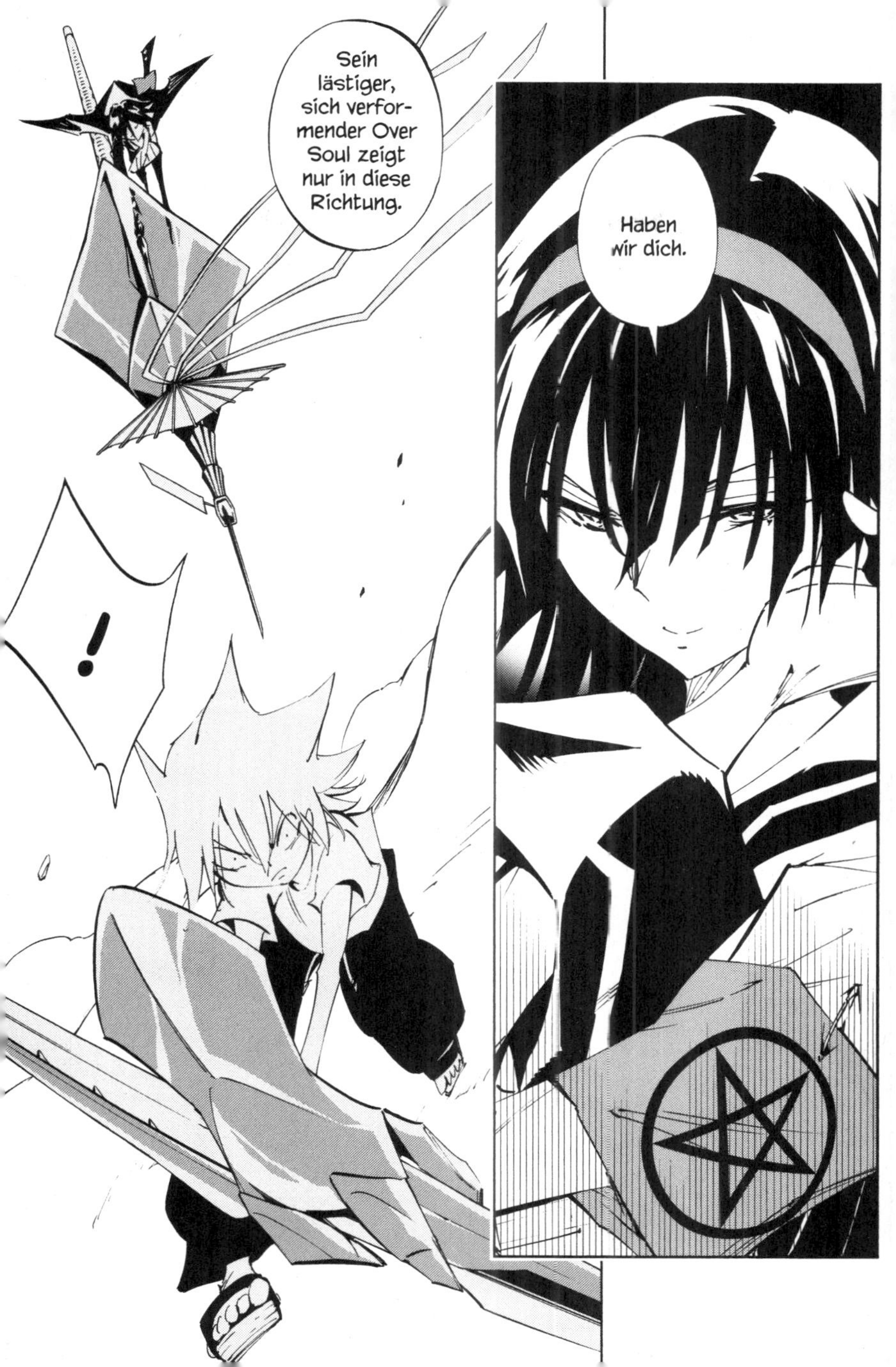
Haben wir dich.
Sein lästiger, sich verformender Over Soul zeigt nur in diese Richtung.
!

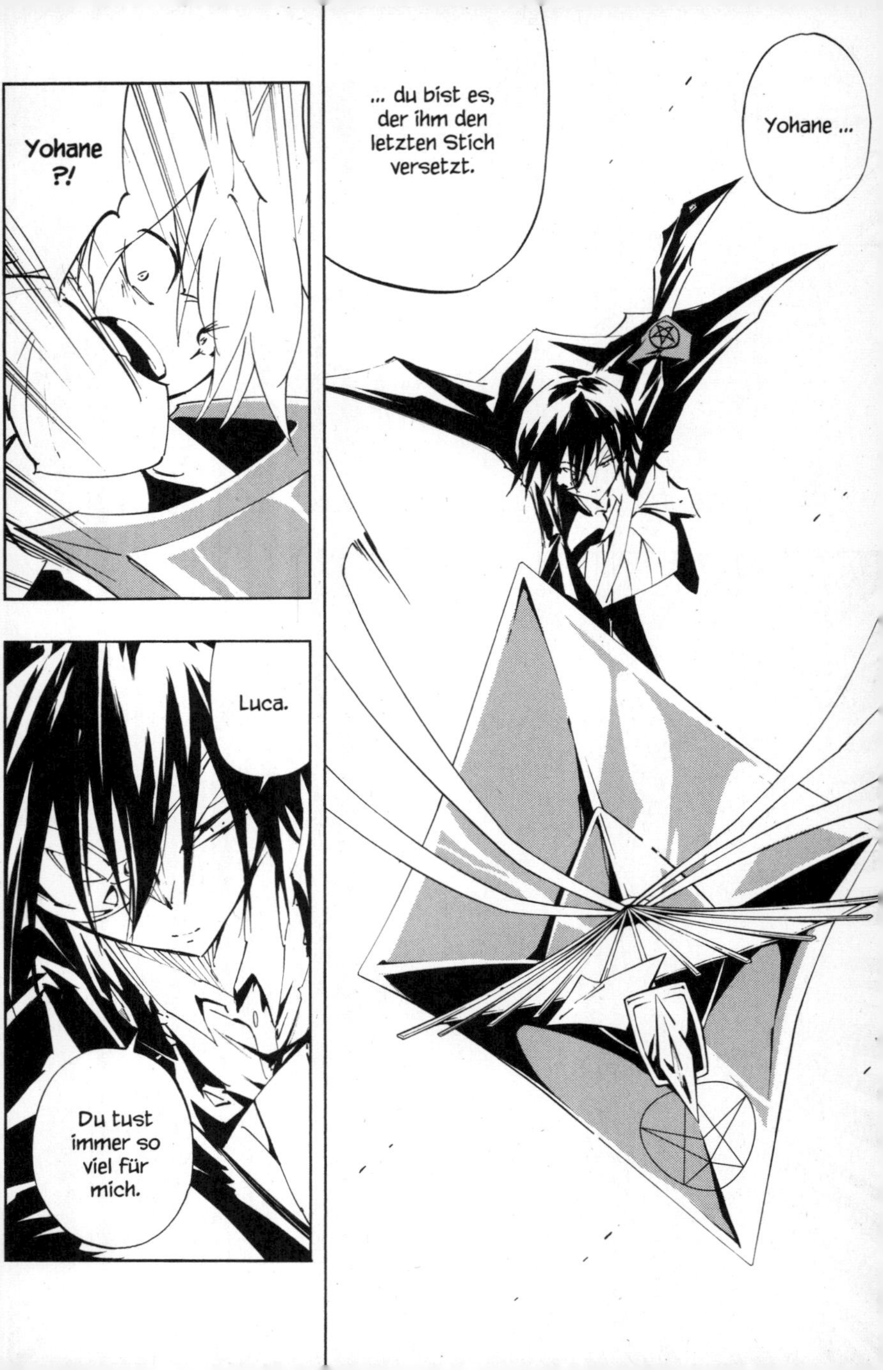

Yohane ...

... du bist es,
der ihm den
letzten Stich
versetzt.

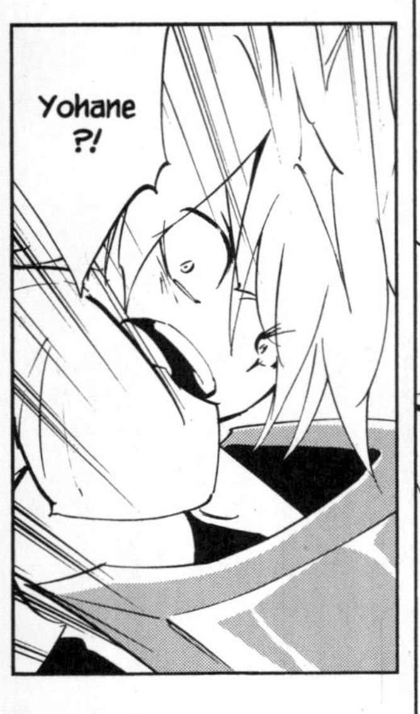

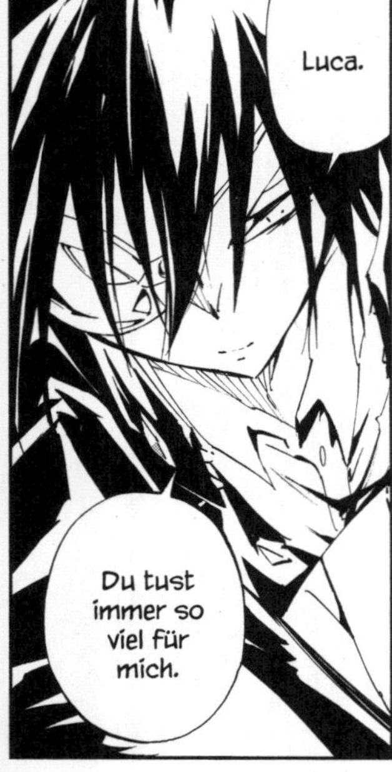

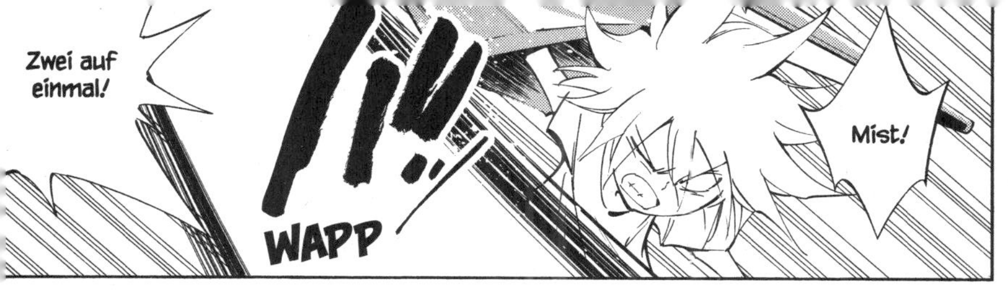

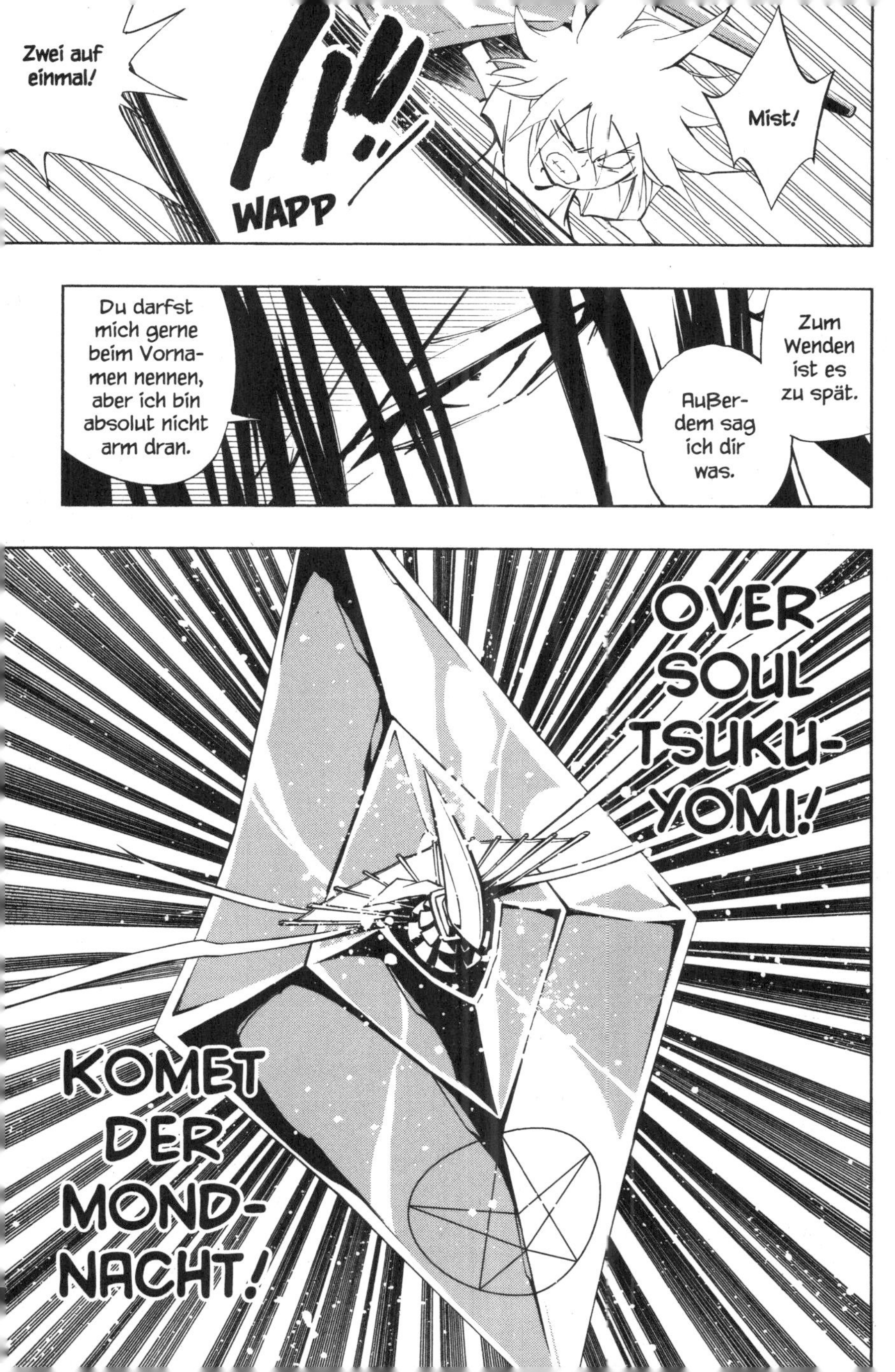

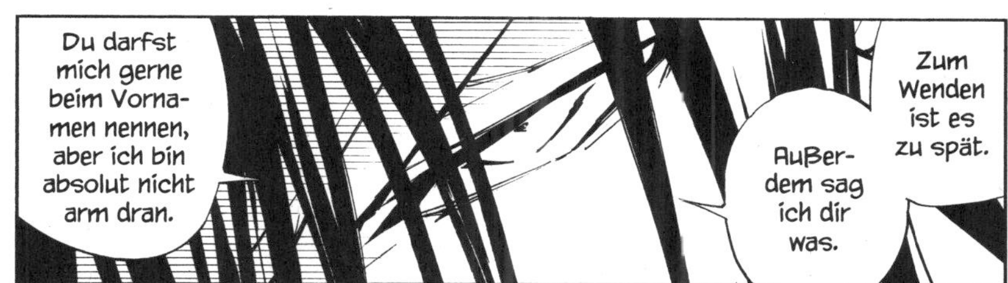

OVER SOUL TSUKU-YOMI!

KOMET DER MOND-NACHT!

DOSCH

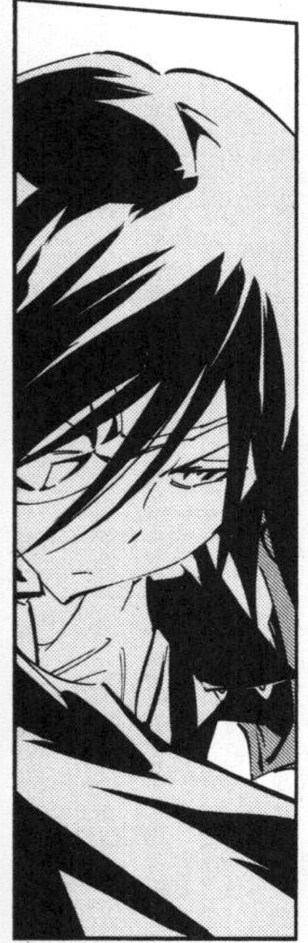

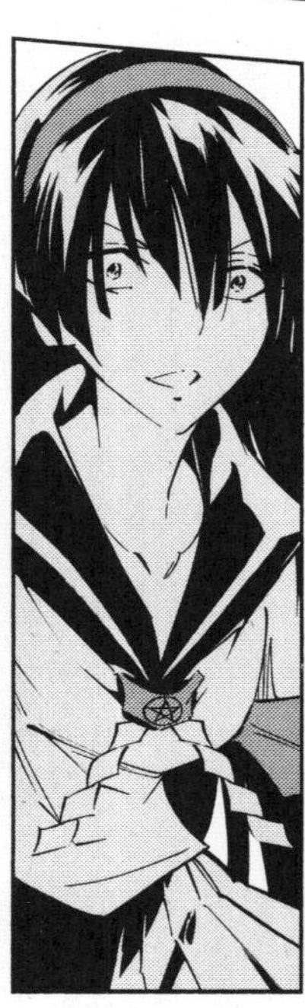

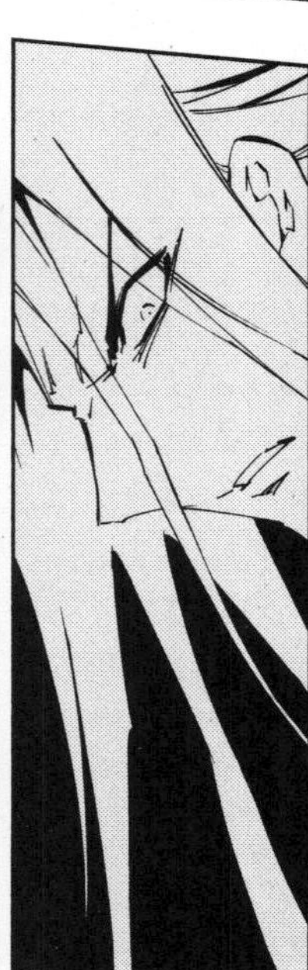

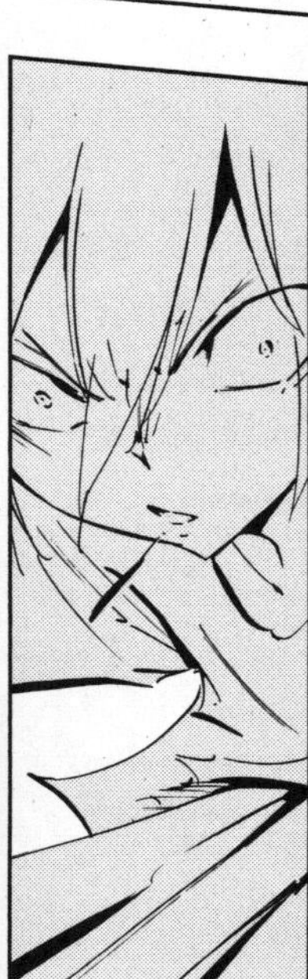

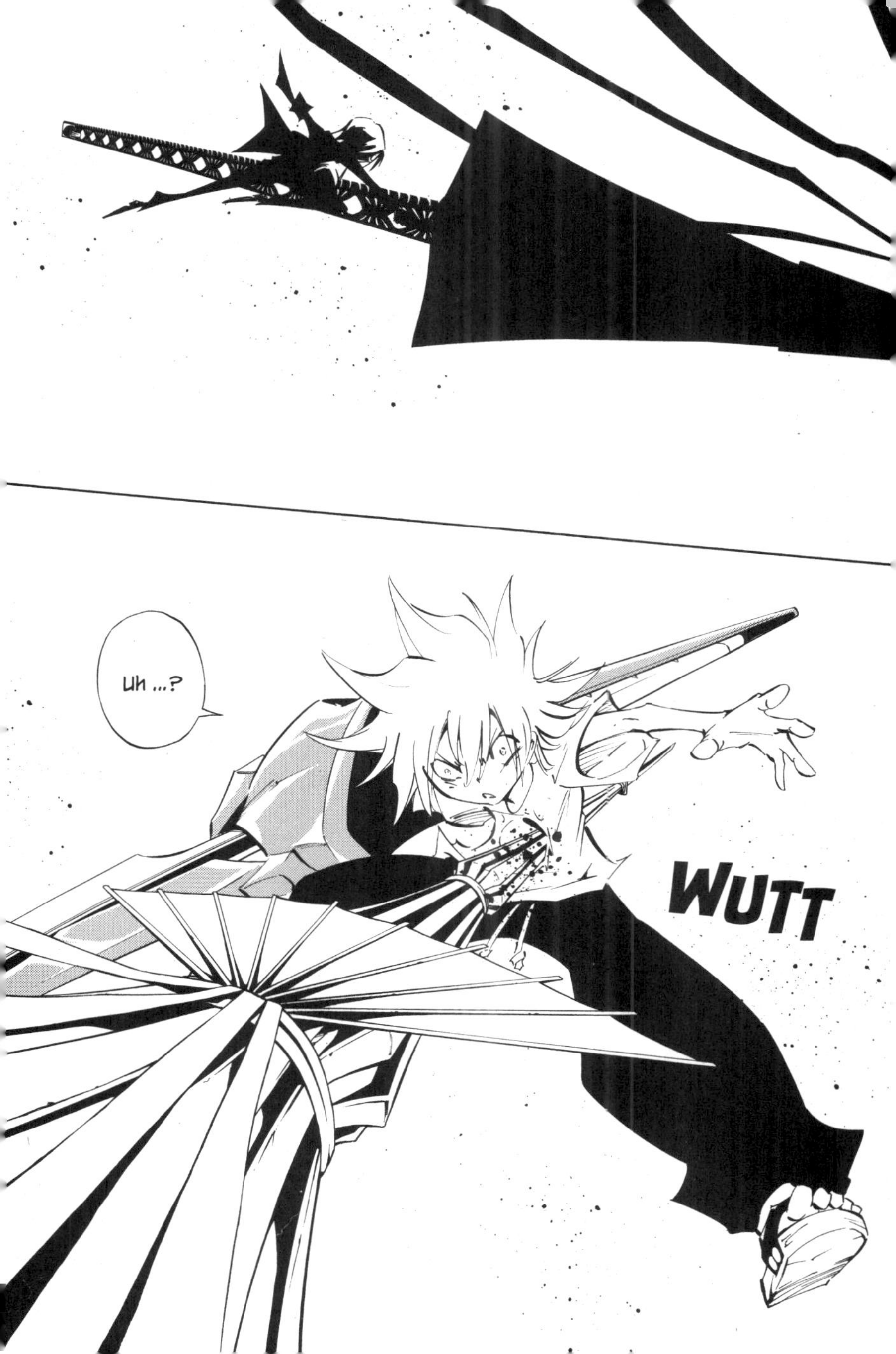
uh ...?
WUTT

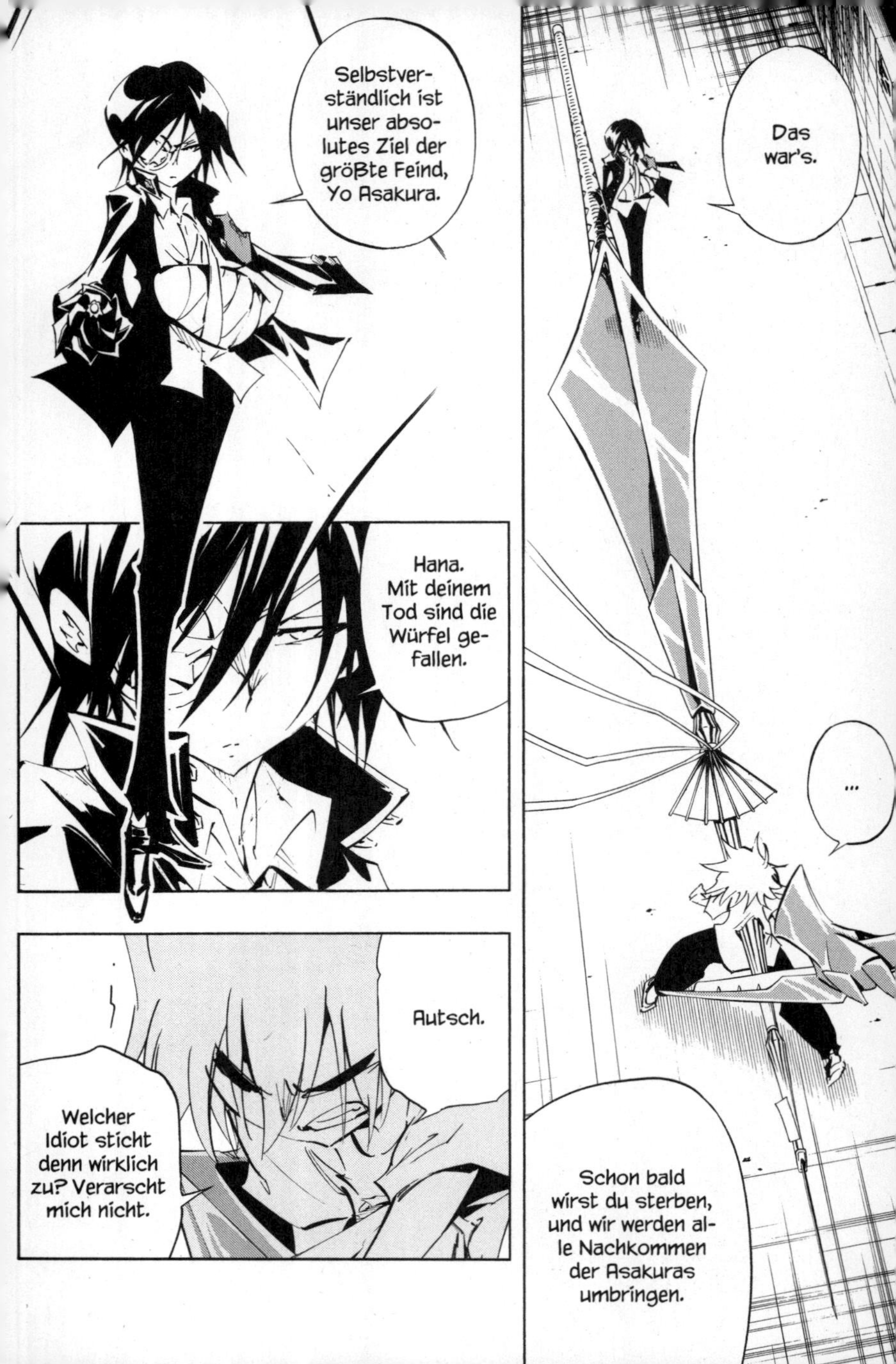

Das war's.
...
Schon bald wirst du sterben, und wir werden alle Nachkommen der Asakuras umbringen.
Selbstverständlich ist unser absolutes Ziel der größte Feind, Yo Asakura.
Hana. Mit deinem Tod sind die Würfel gefallen.
Autsch.
Welcher Idiot sticht denn wirklich zu? Verarscht mich nicht.

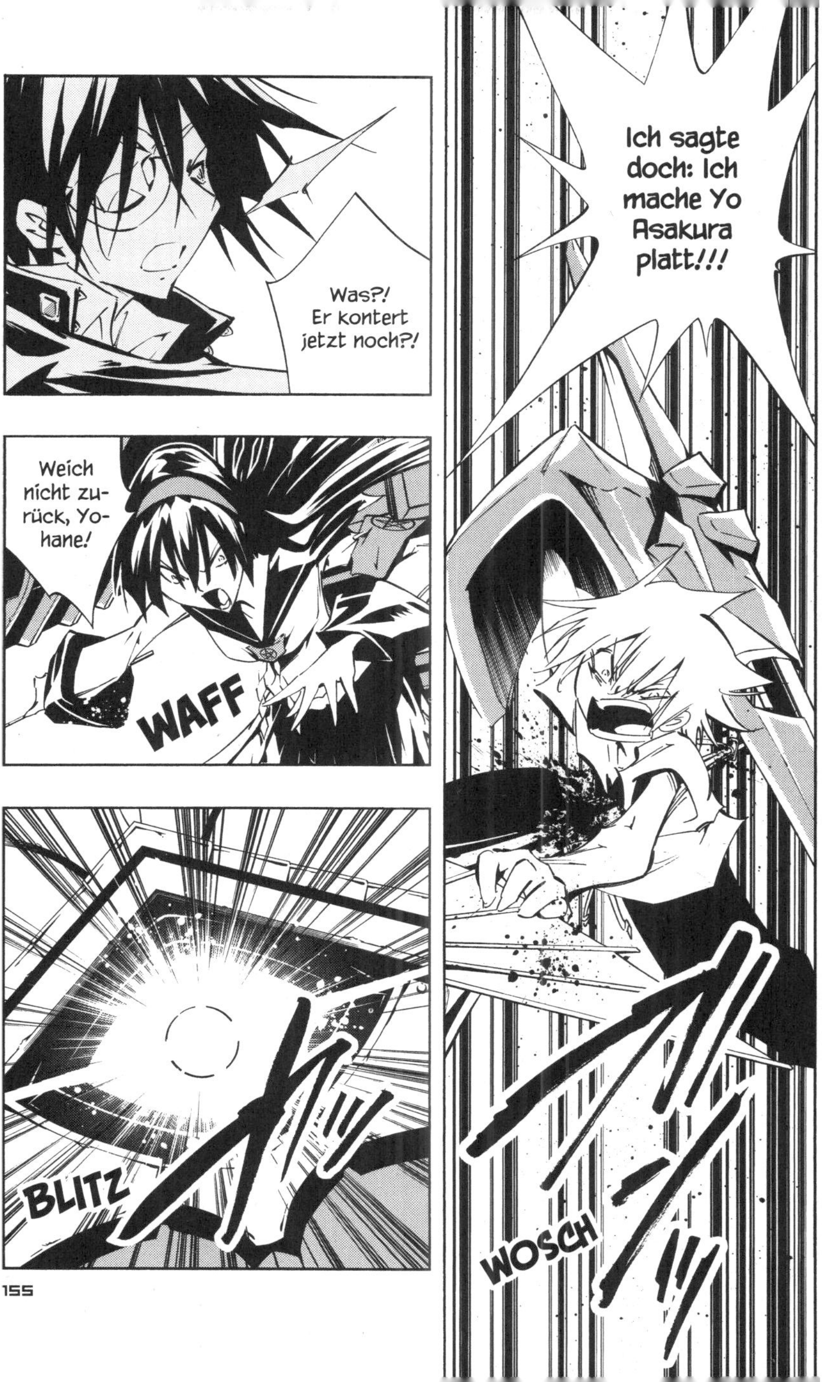

Ich sagte doch: Ich mache Yo Asakura platt!!!

WOSCH

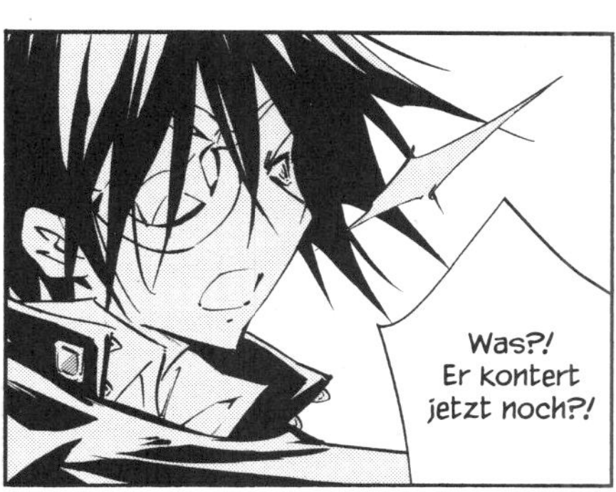

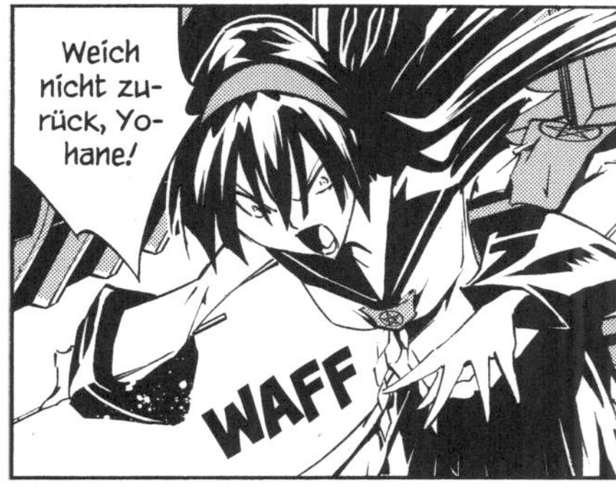

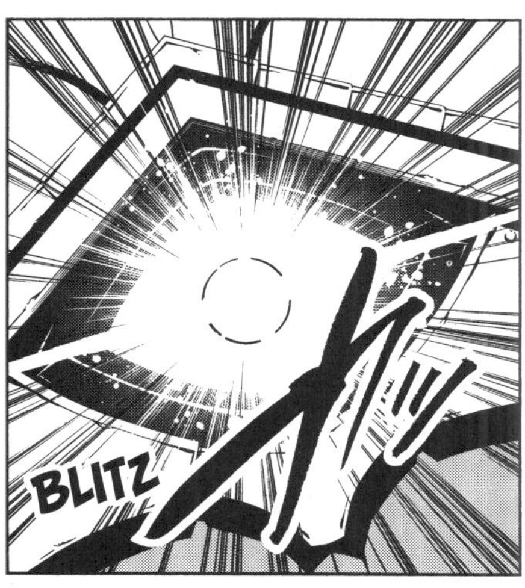

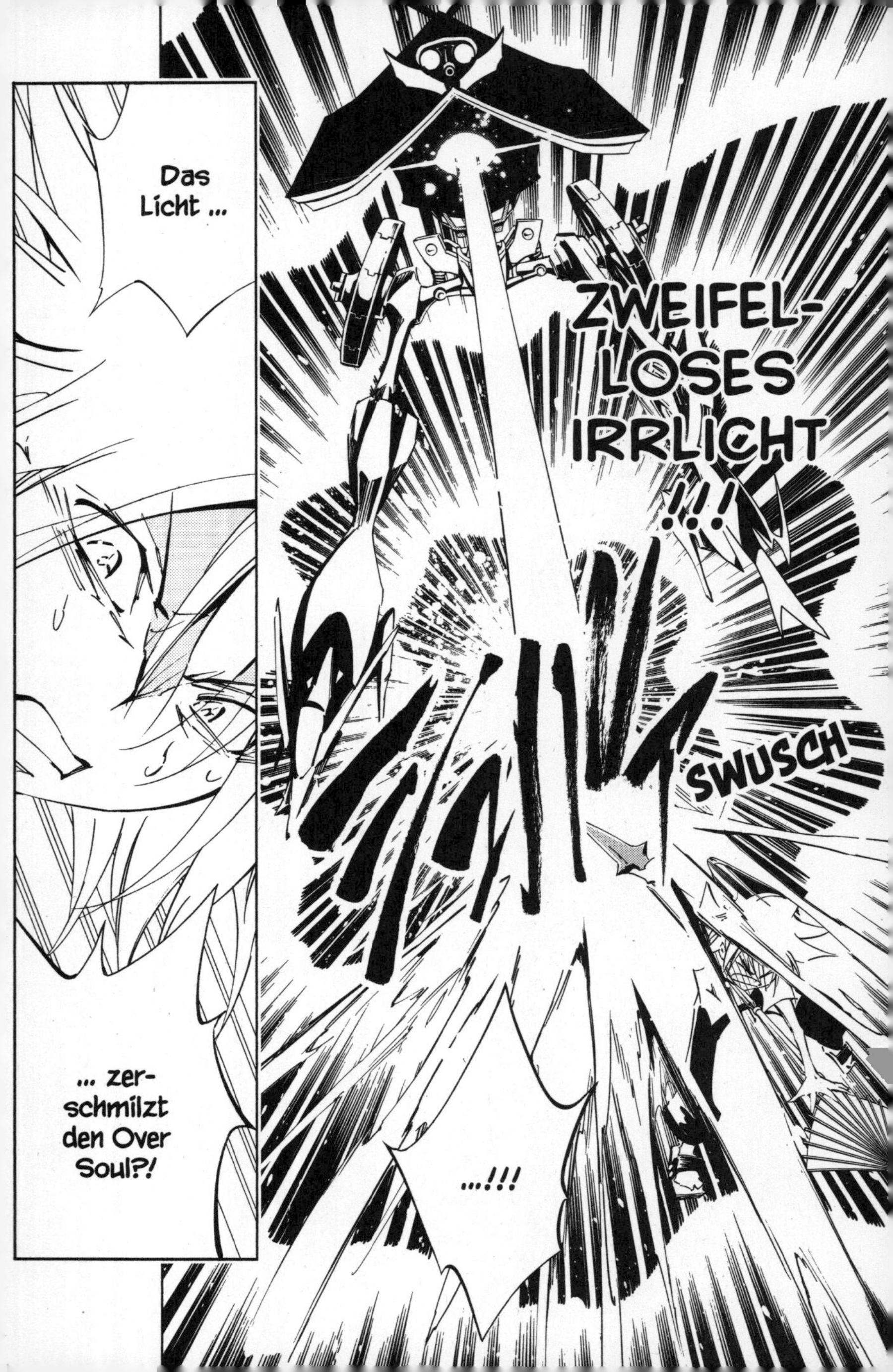
ZWEIFEL-
LOSES
IRRLICHT
!!!
SWUSCH
...!!!
Das
Licht ...
... zer-
schmilzt
den Over
Soul?!

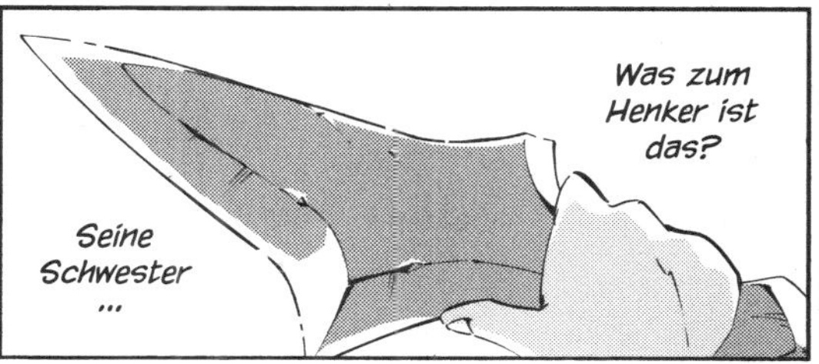

... hat die ganze Zeit solche Kräfte zurückgehalten?

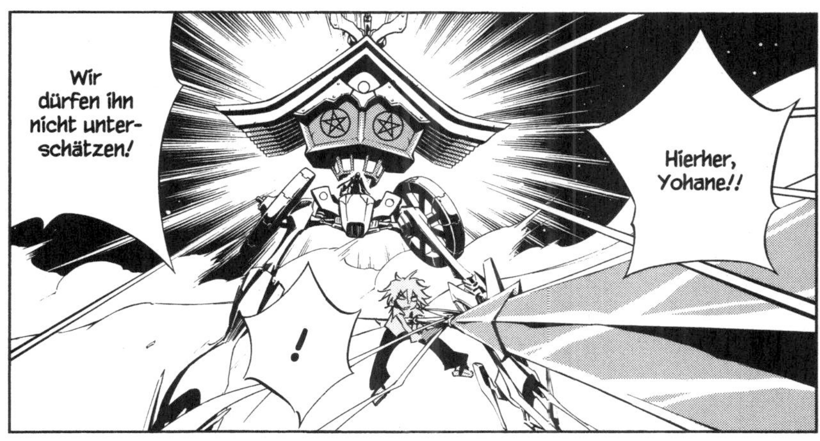

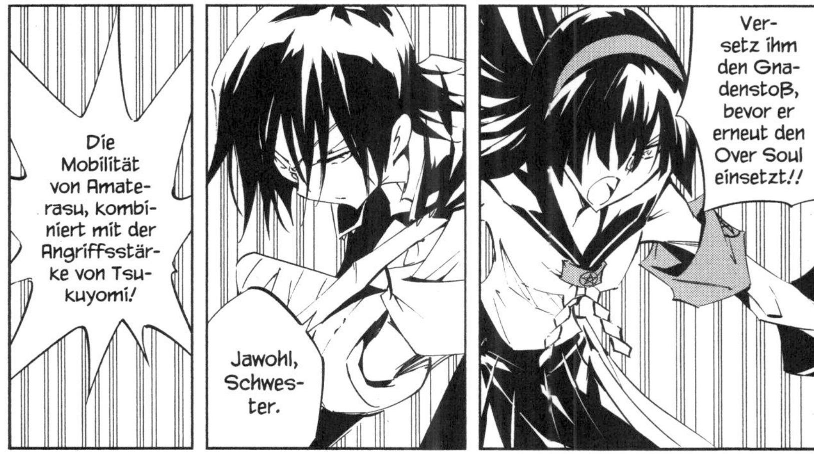

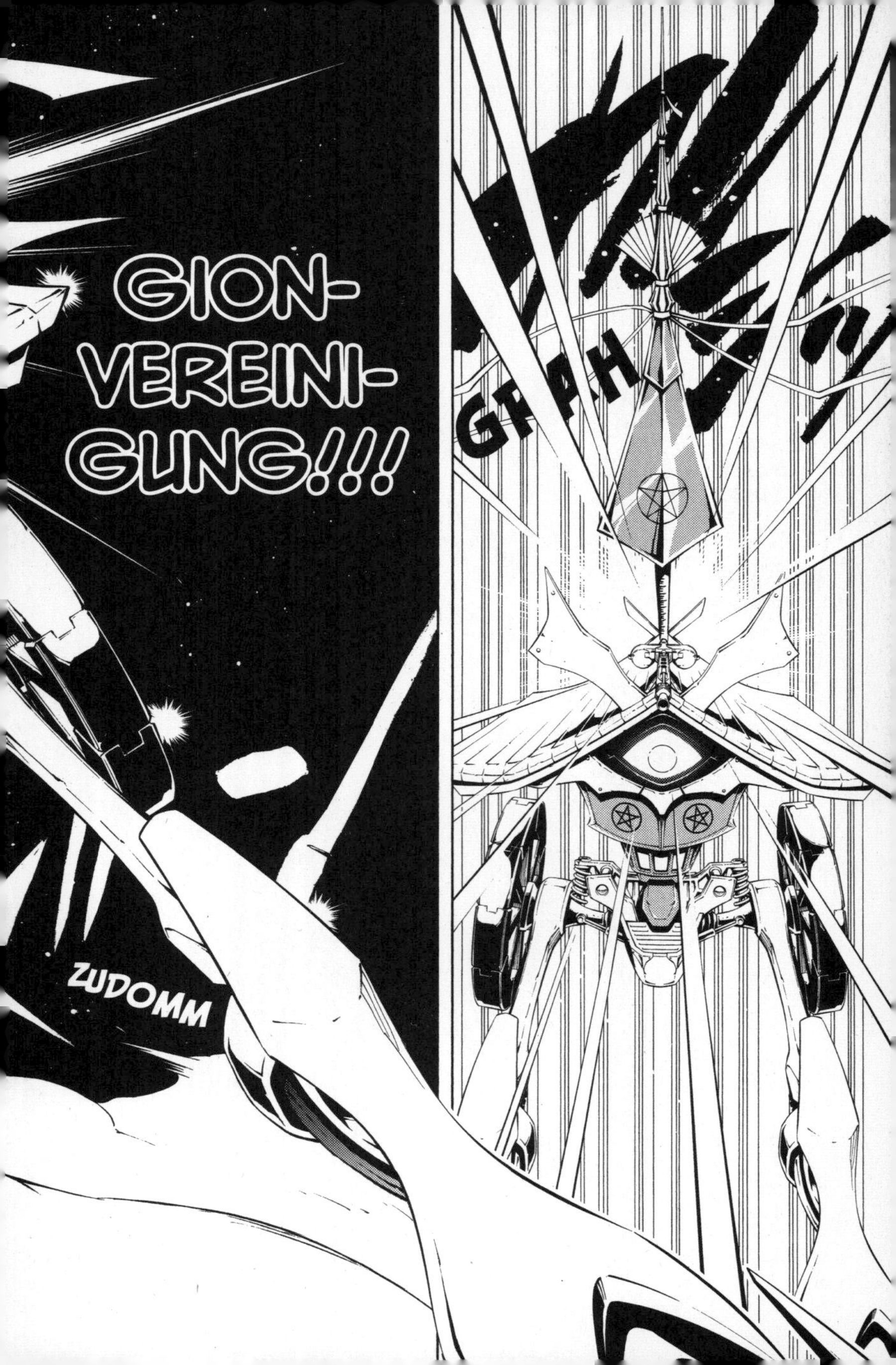
GRAAH
GION-VEREINIGUNG!!!
ZUDOMM

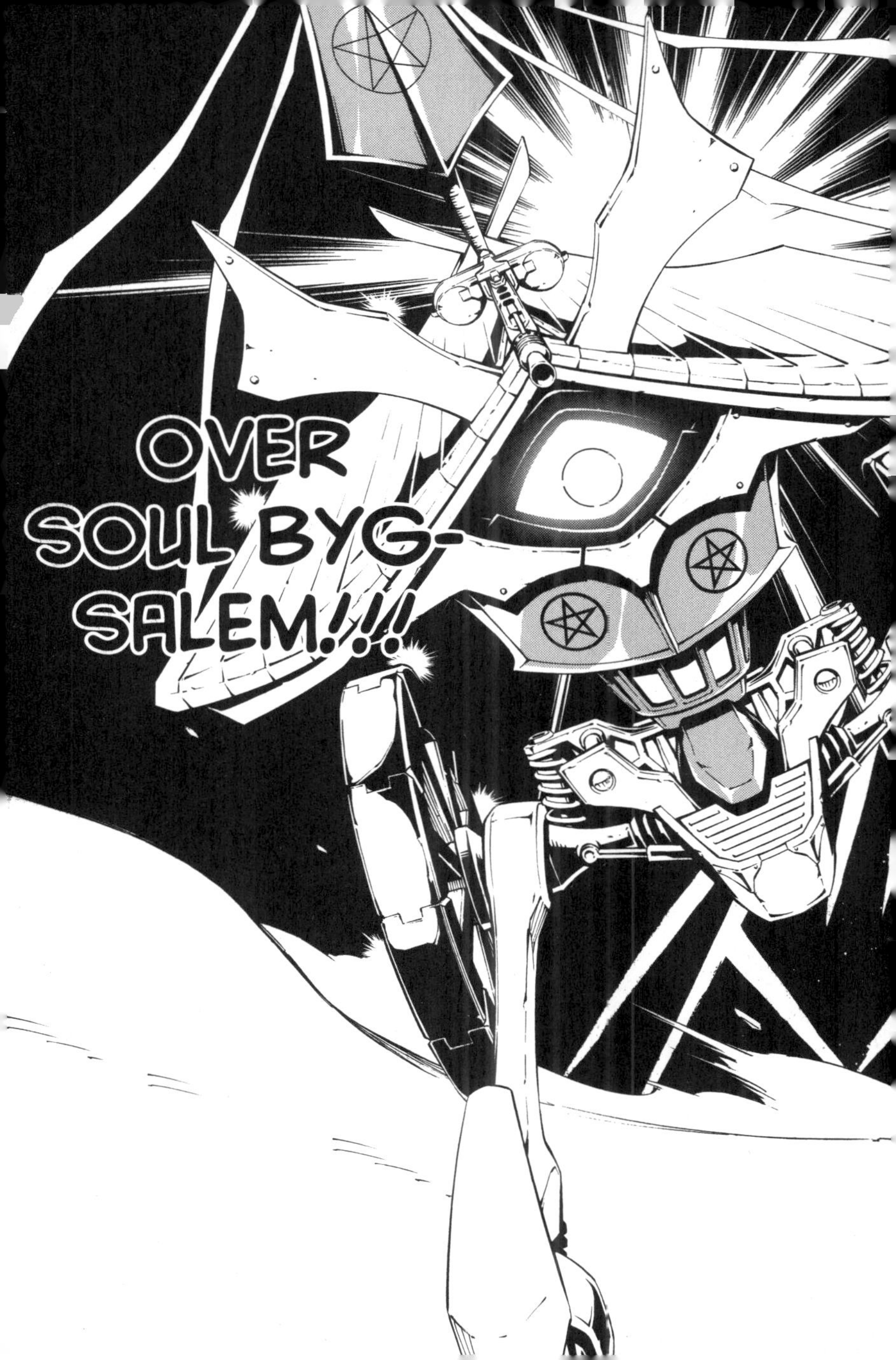
OVER
SOUL BYG-
SALEM!!!

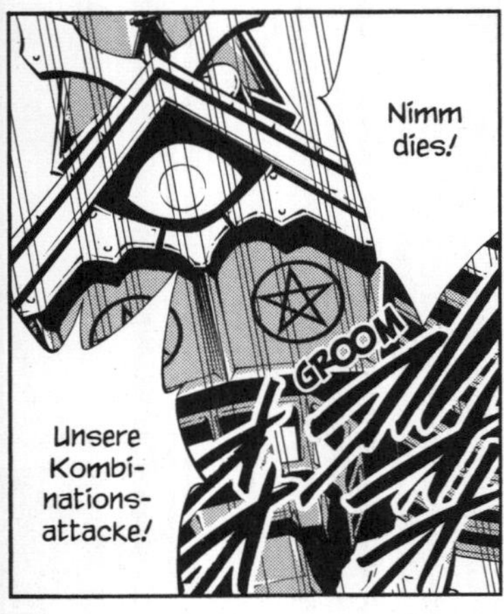

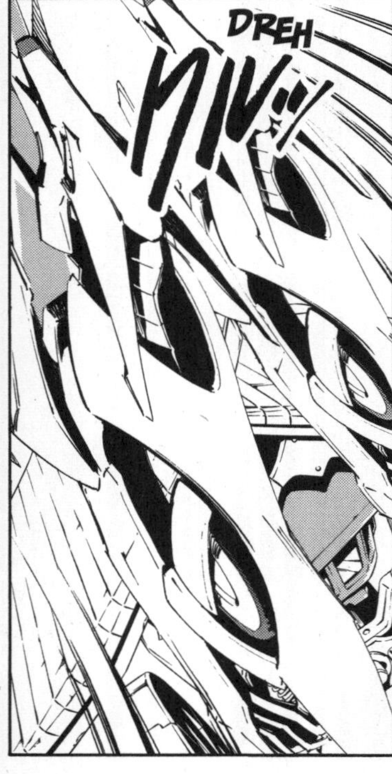

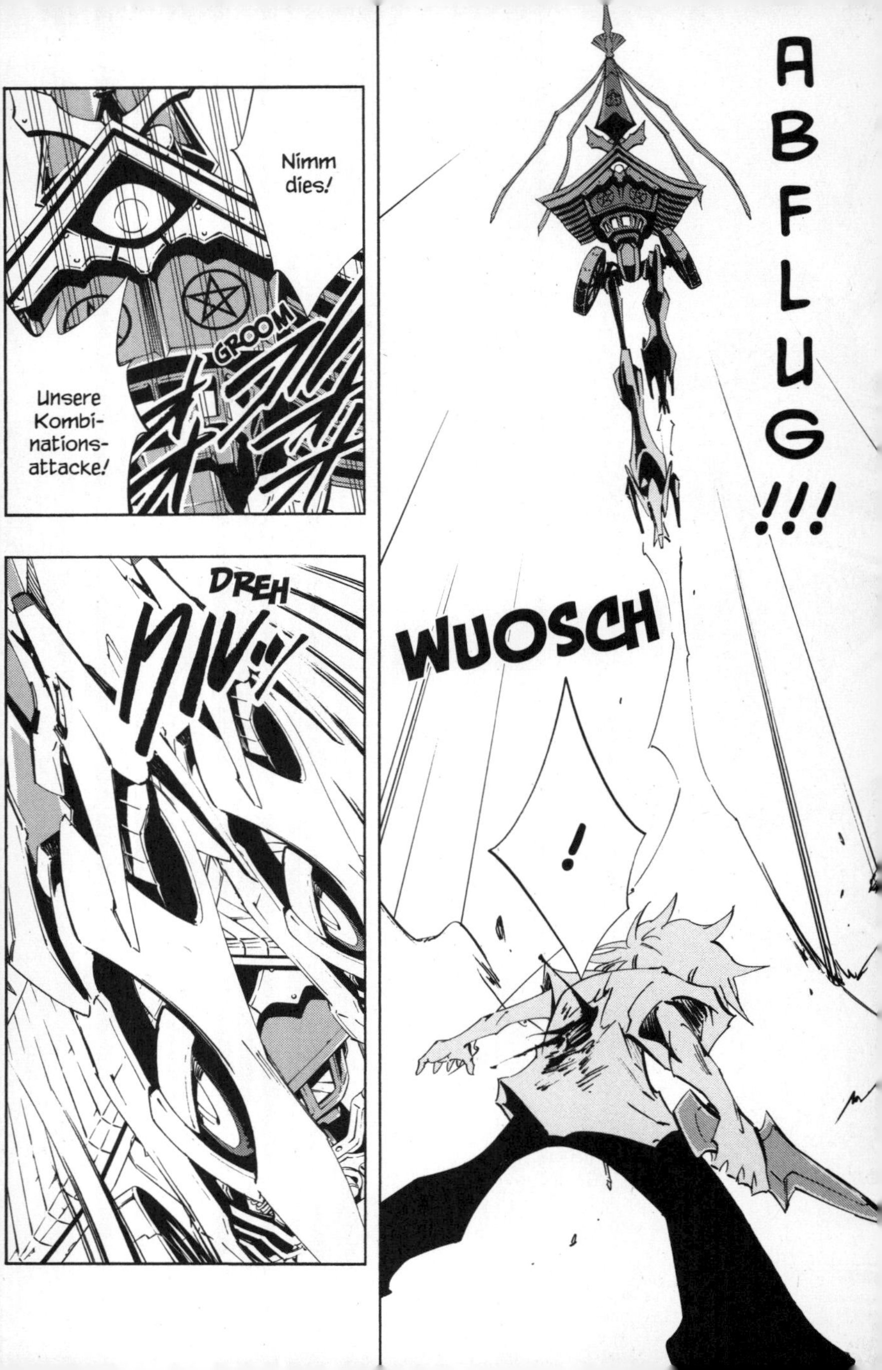

ABFLUG!!!

WUOSCH

!

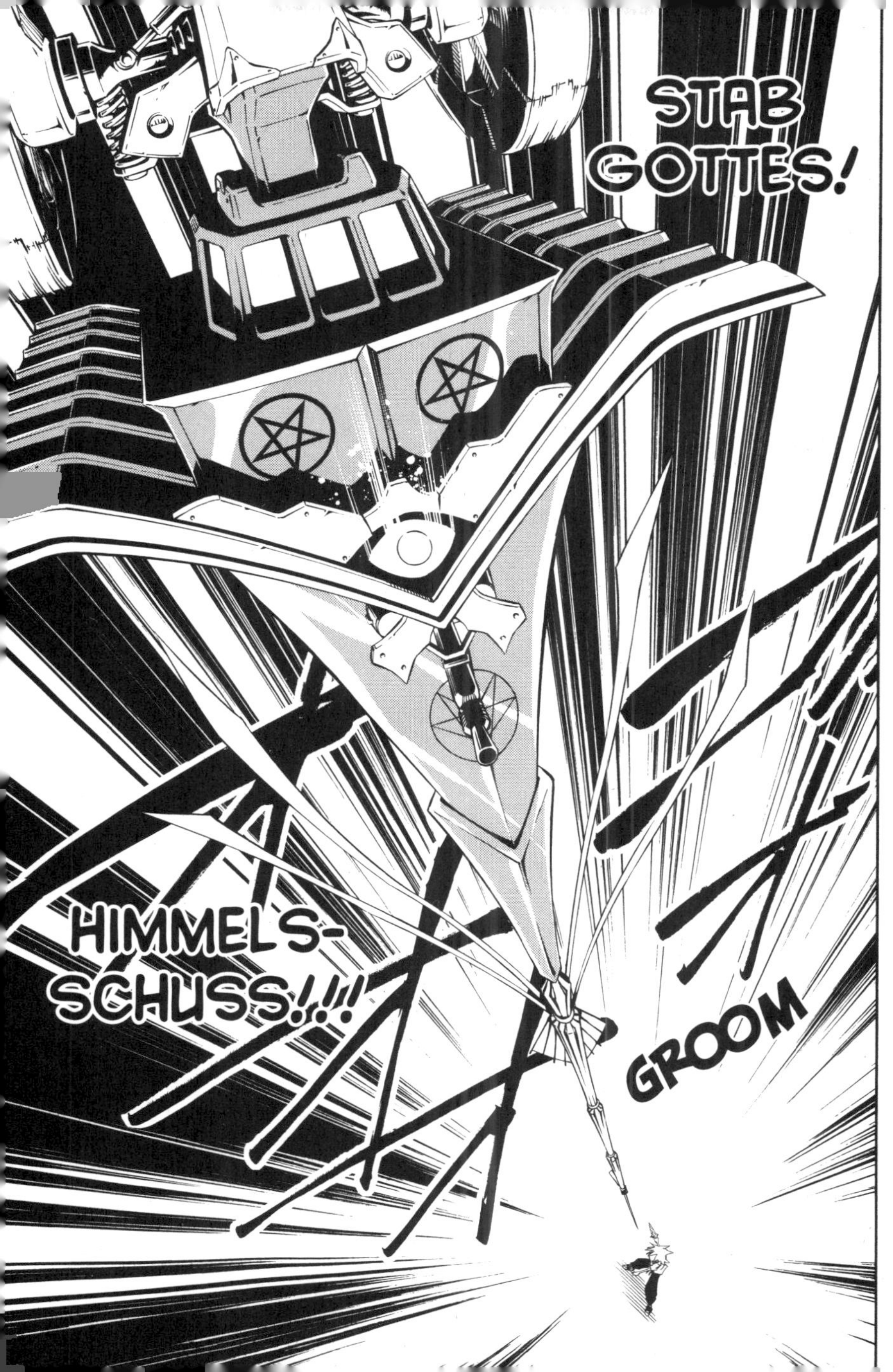
STAB GOTTES!
HIMMELS-SCHUSS!!!!
GROOM

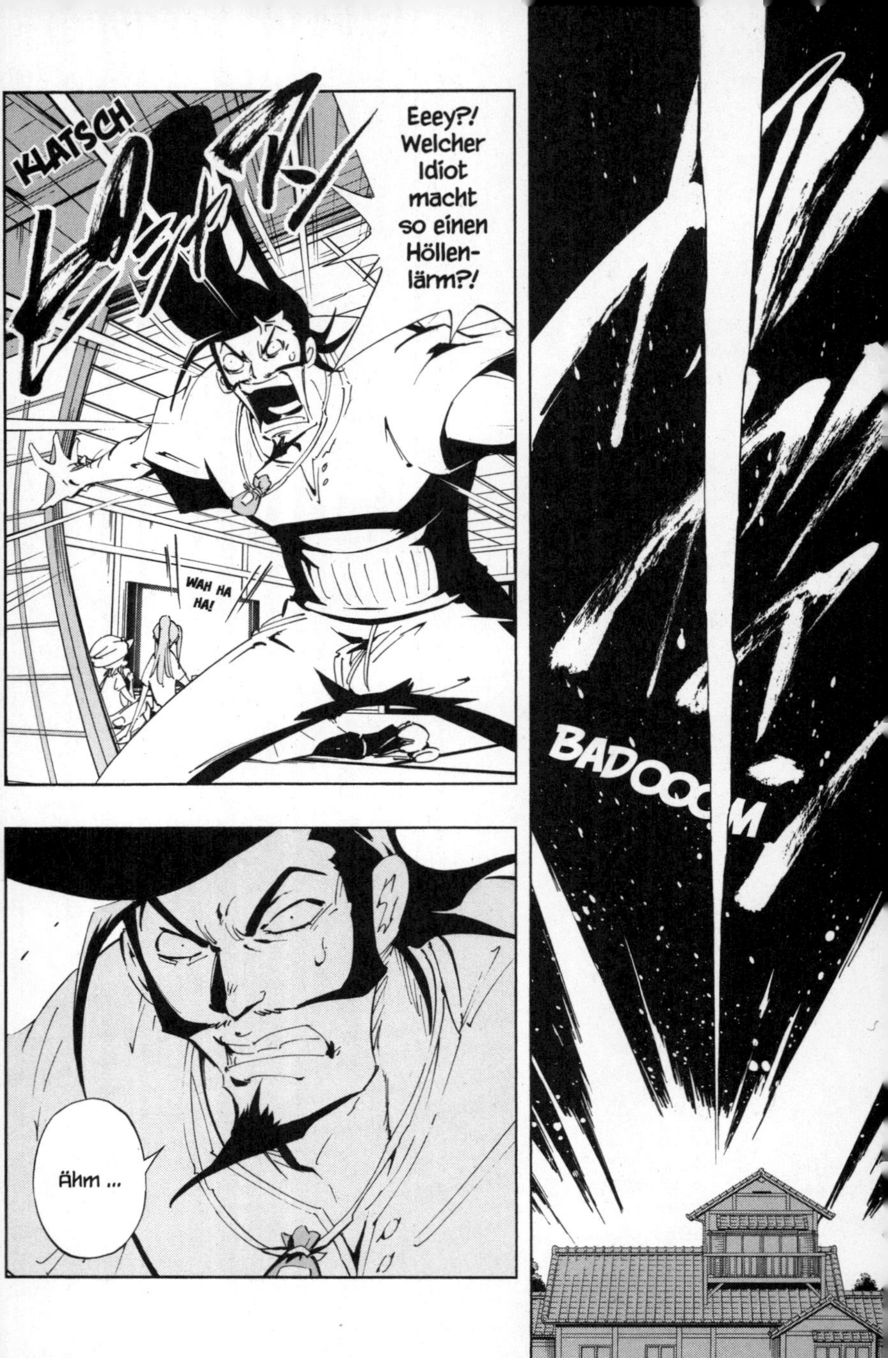

BADOOOM

KLATSCH

Eeey?! Welcher Idiot macht so einen Höllenlärm?!

WAH HA HA!

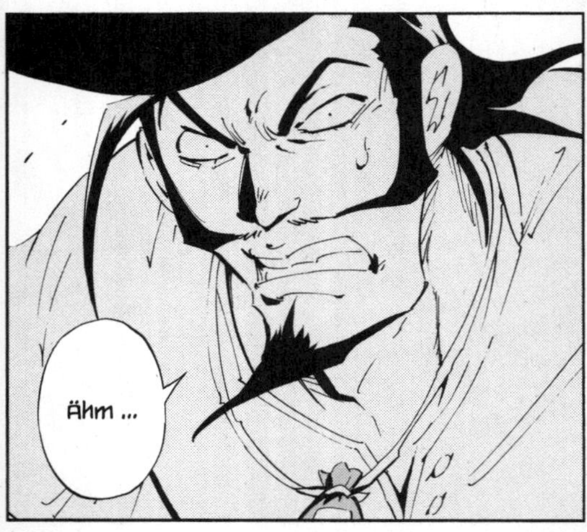

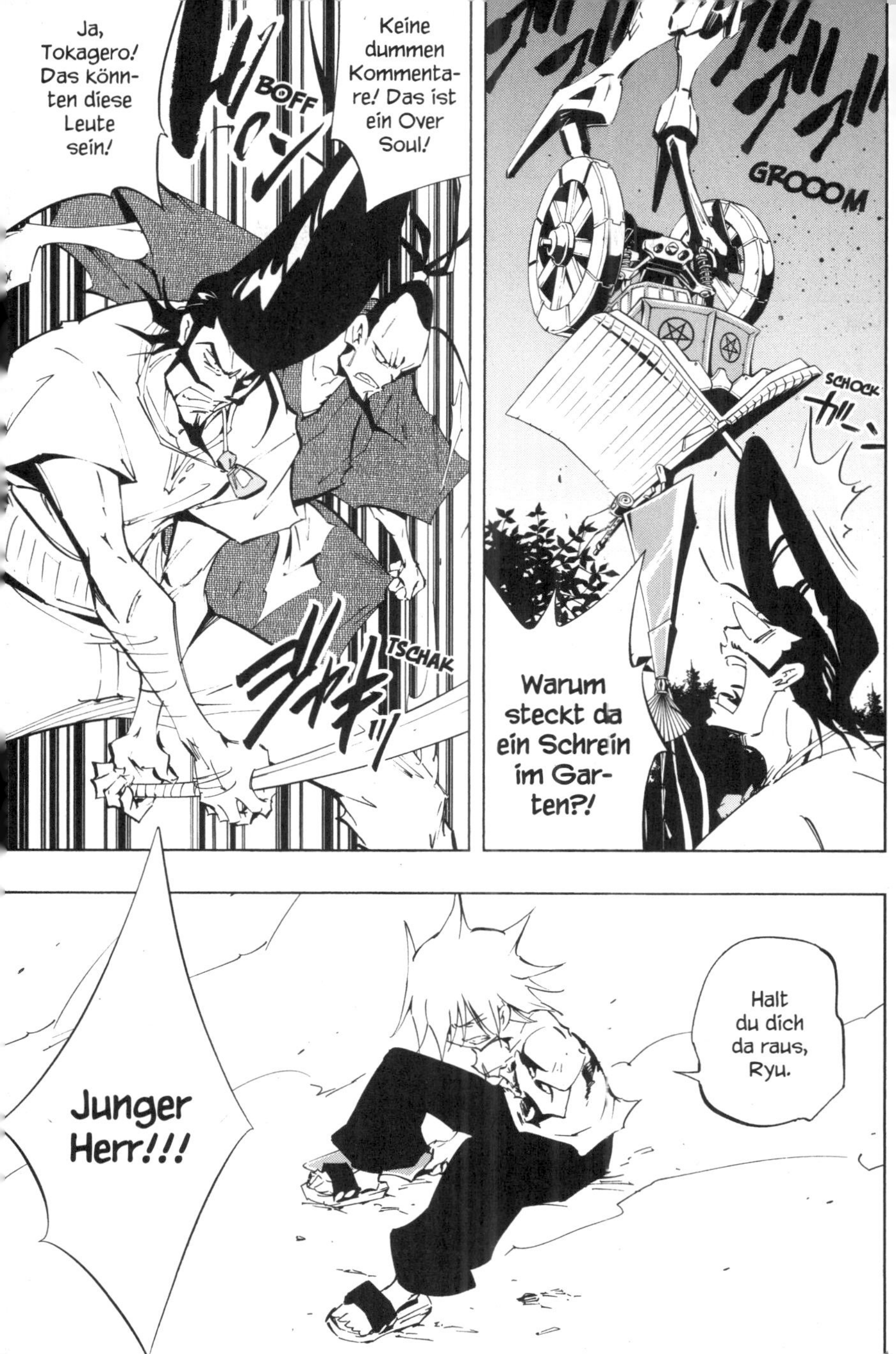
GROOOM
SCHOCK
Warum steckt da ein Schrein im Garten?!
Keine dummen Kommentare! Das ist ein Over Soul!
BOFF
Ja, Tokagero! Das könnten diese Leute sein!
TSCHAK
Halt du dich da raus, Ryu.
Junger Herr!!!

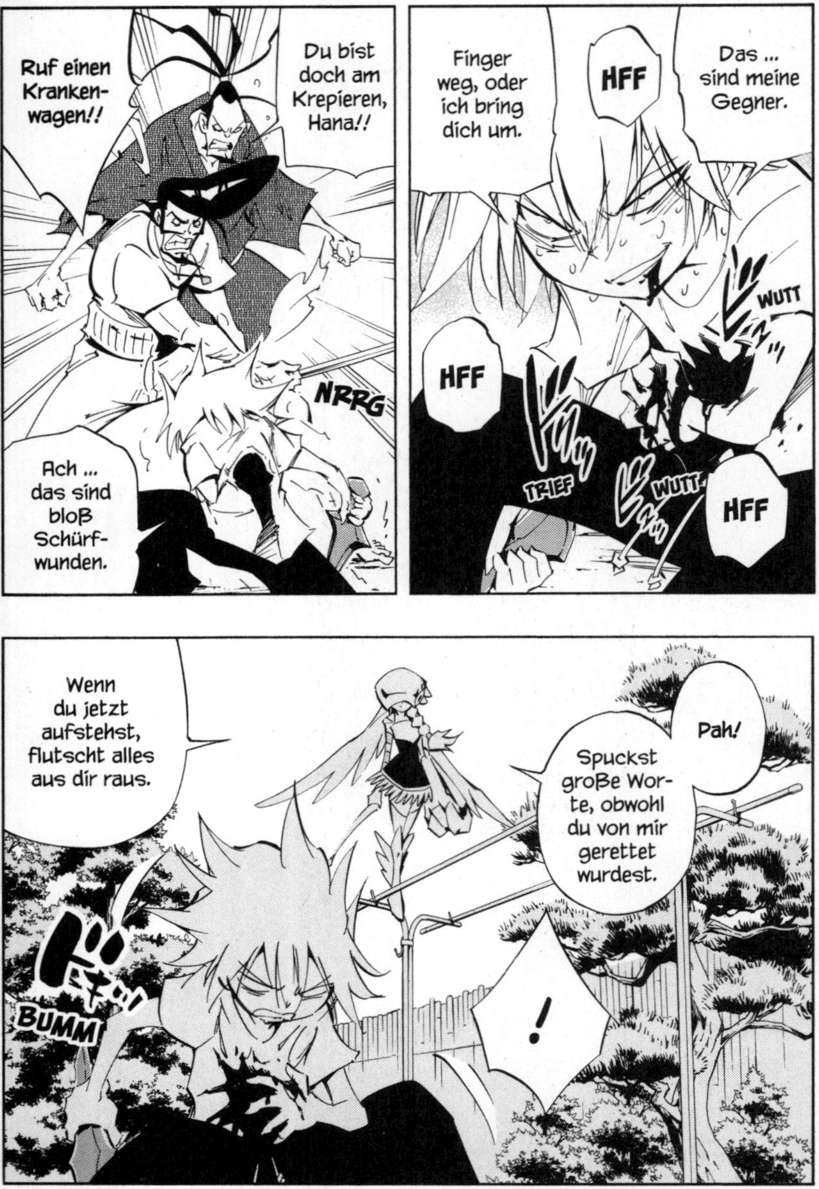

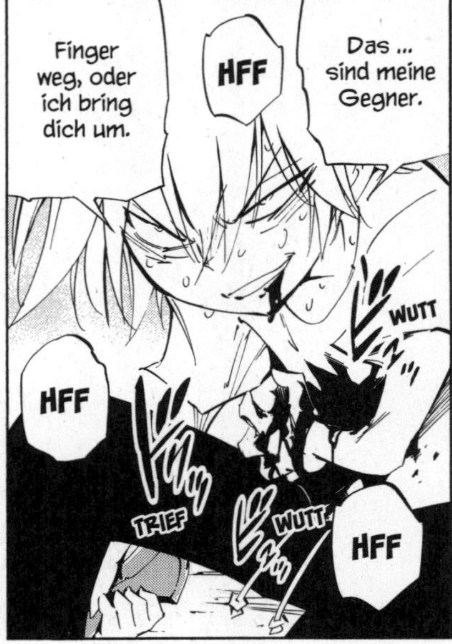

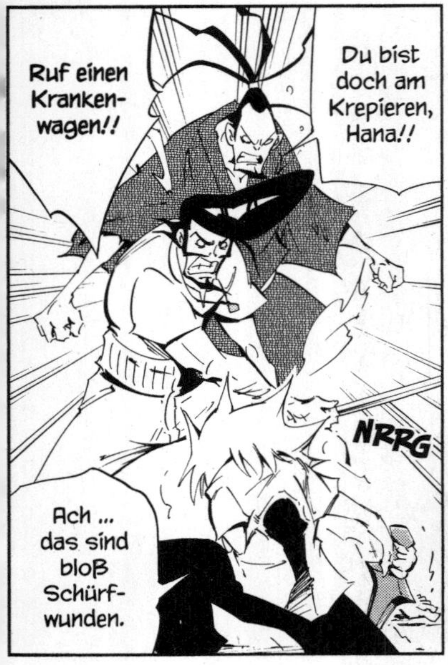

Pah!

Spuckst große Worte, obwohl du von mir gerettet wurdest.

Wenn du jetzt aufstehst, flutscht alles aus dir raus.

!

BUMM

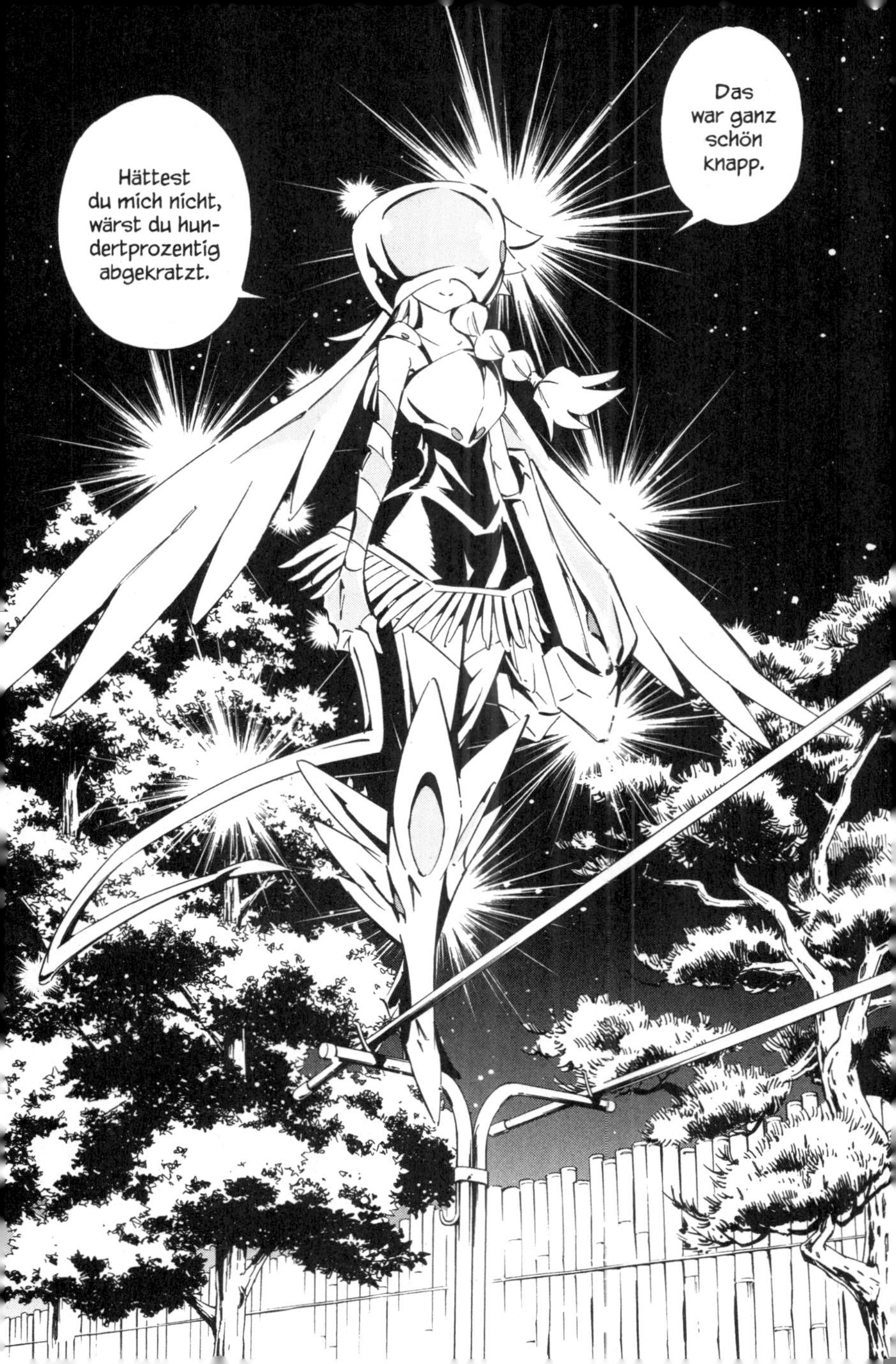
Das war ganz schön knapp.
Hättest du mich nicht, wärst du hundertprozentig abgekratzt.

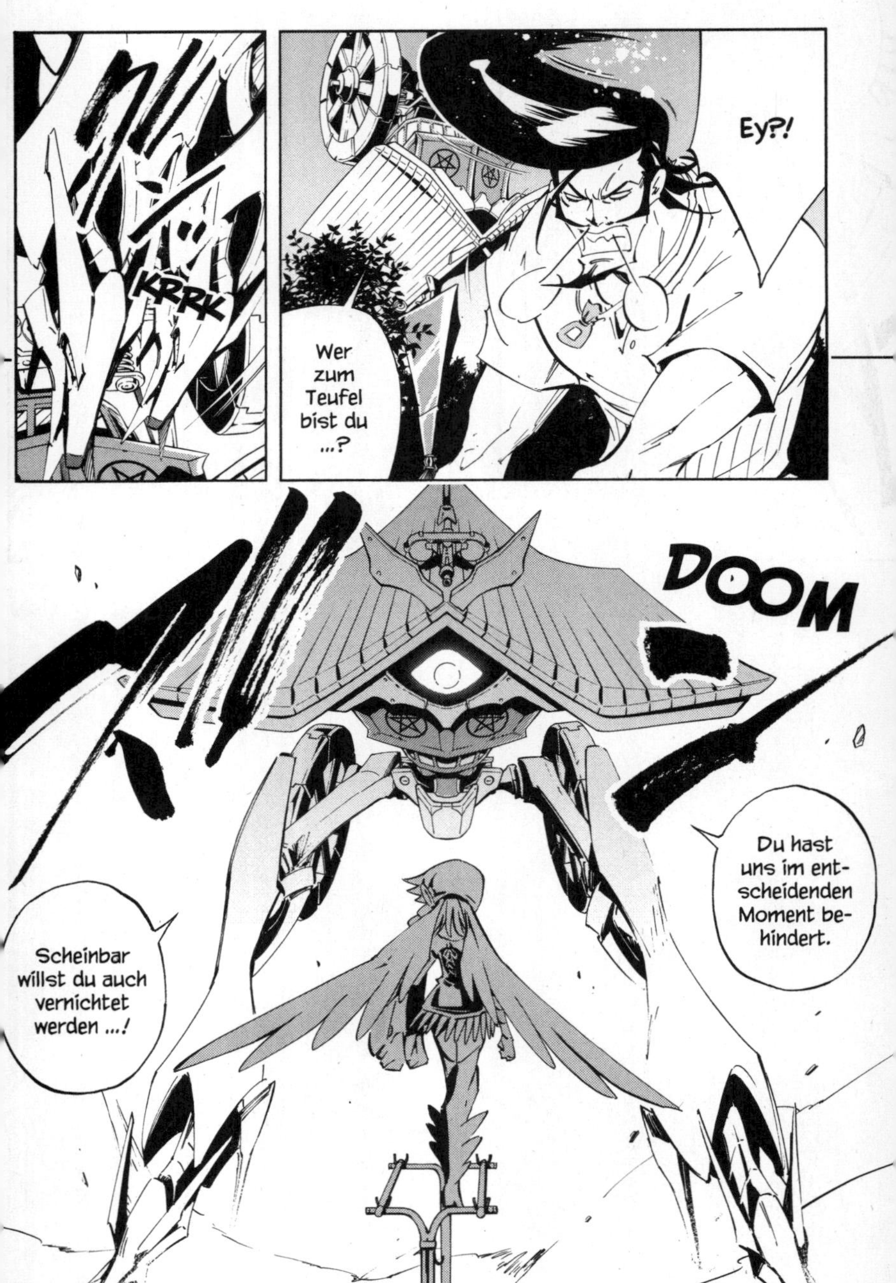
KRRK
Ey?!
Wer zum Teufel bist du ...?
DOOM
Du hast uns im entscheidenden Moment behindert.
Scheinbar willst du auch vernichtet werden ...!

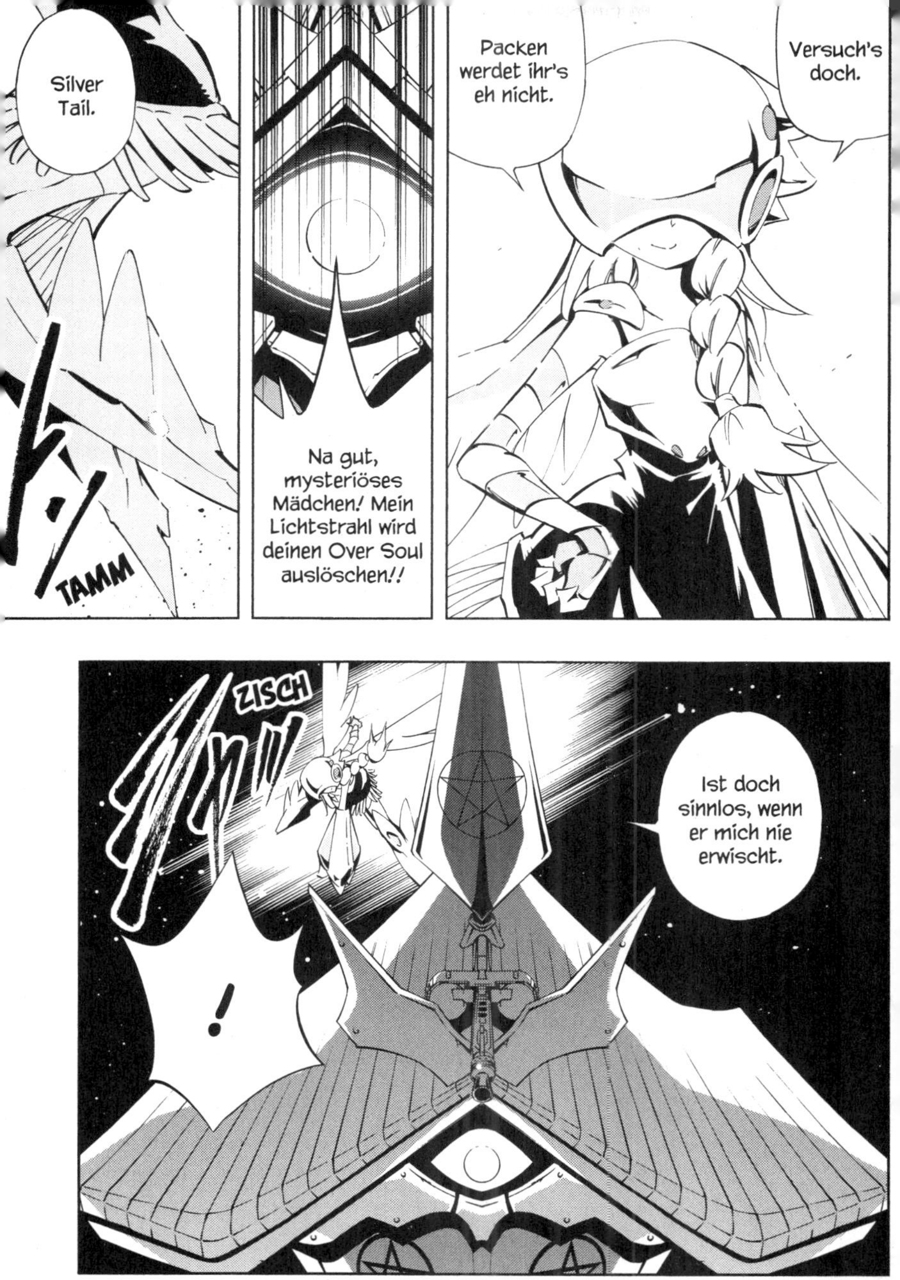

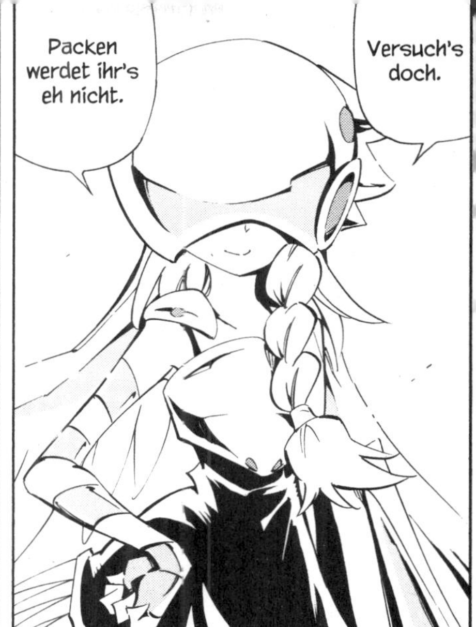
Versuch's doch.
Packen werdet ihr's eh nicht.

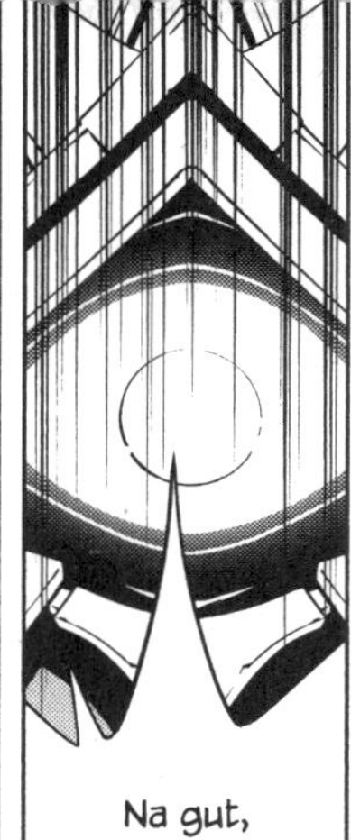
Na gut, mysteriöses Mädchen! Mein Lichtstrahl wird deinen Over Soul auslöschen!!

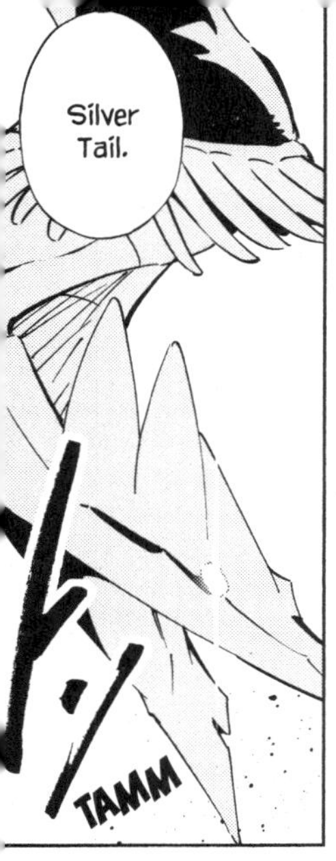
Silver Tail.
TAMM

Ist doch sinnlos, wenn er mich nie erwischt.
ZISCH
!

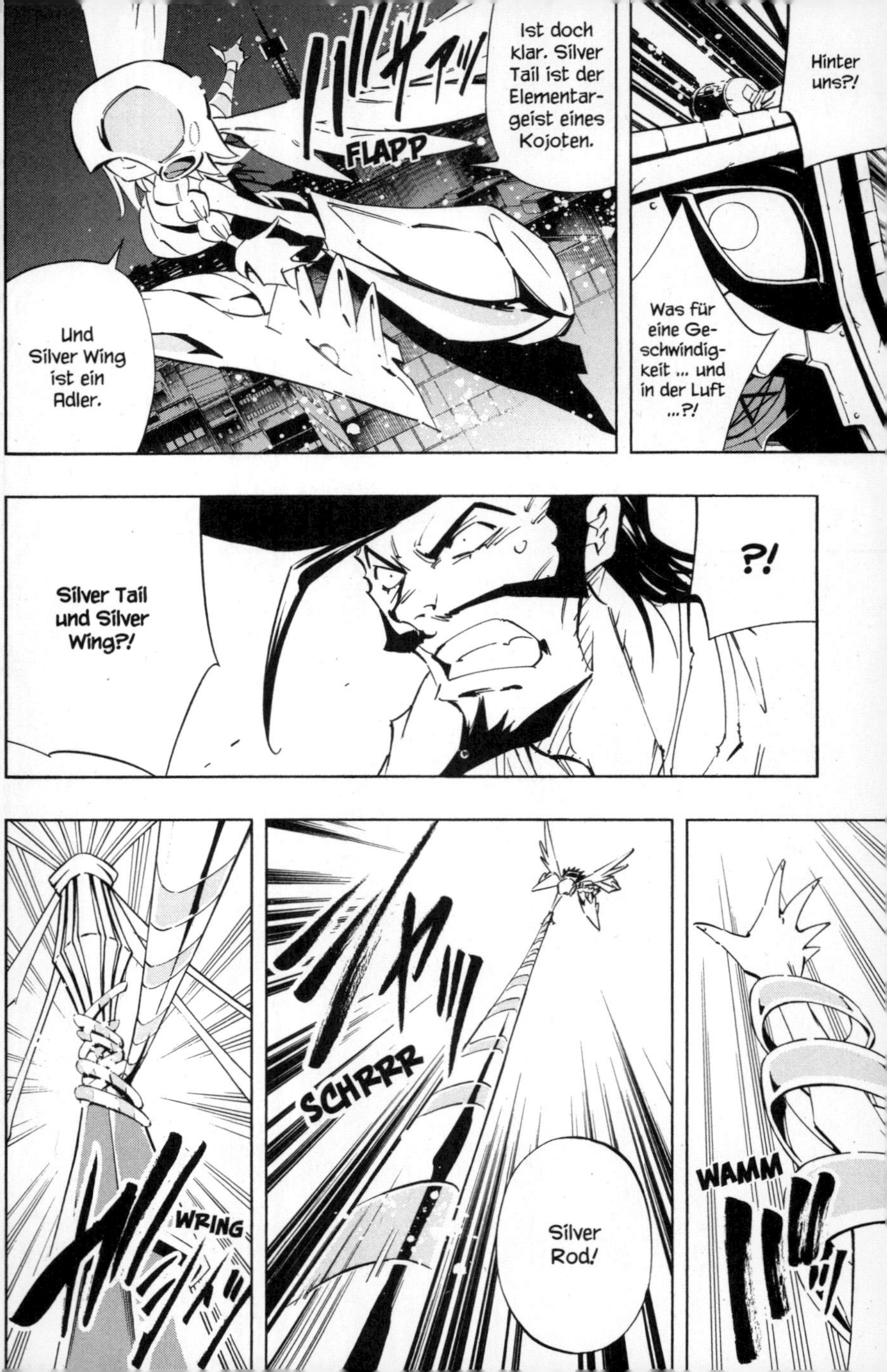

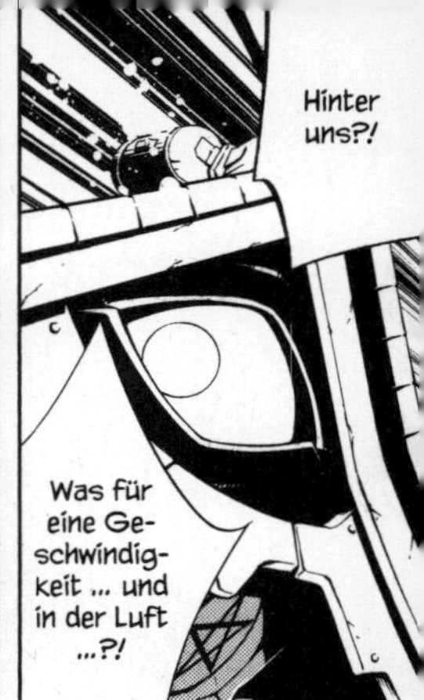

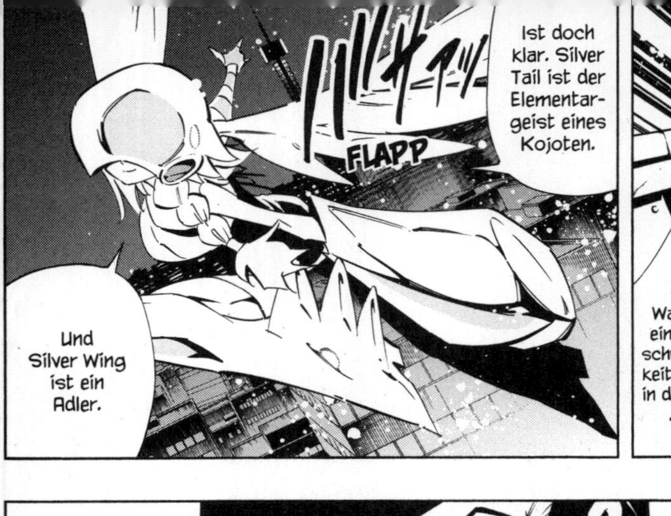

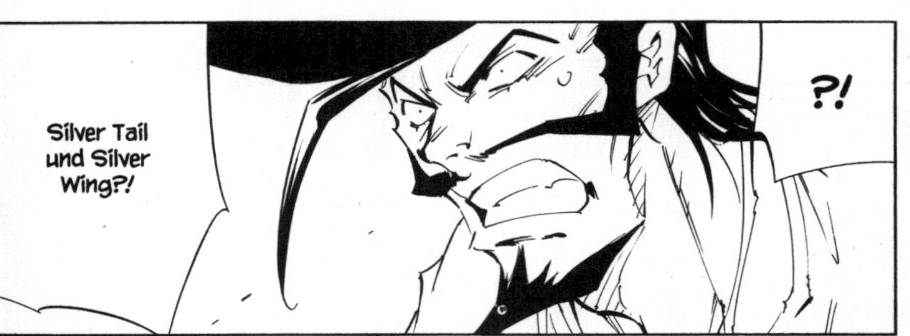

WAMM

Silver Rod!

SCHRRR

WRING

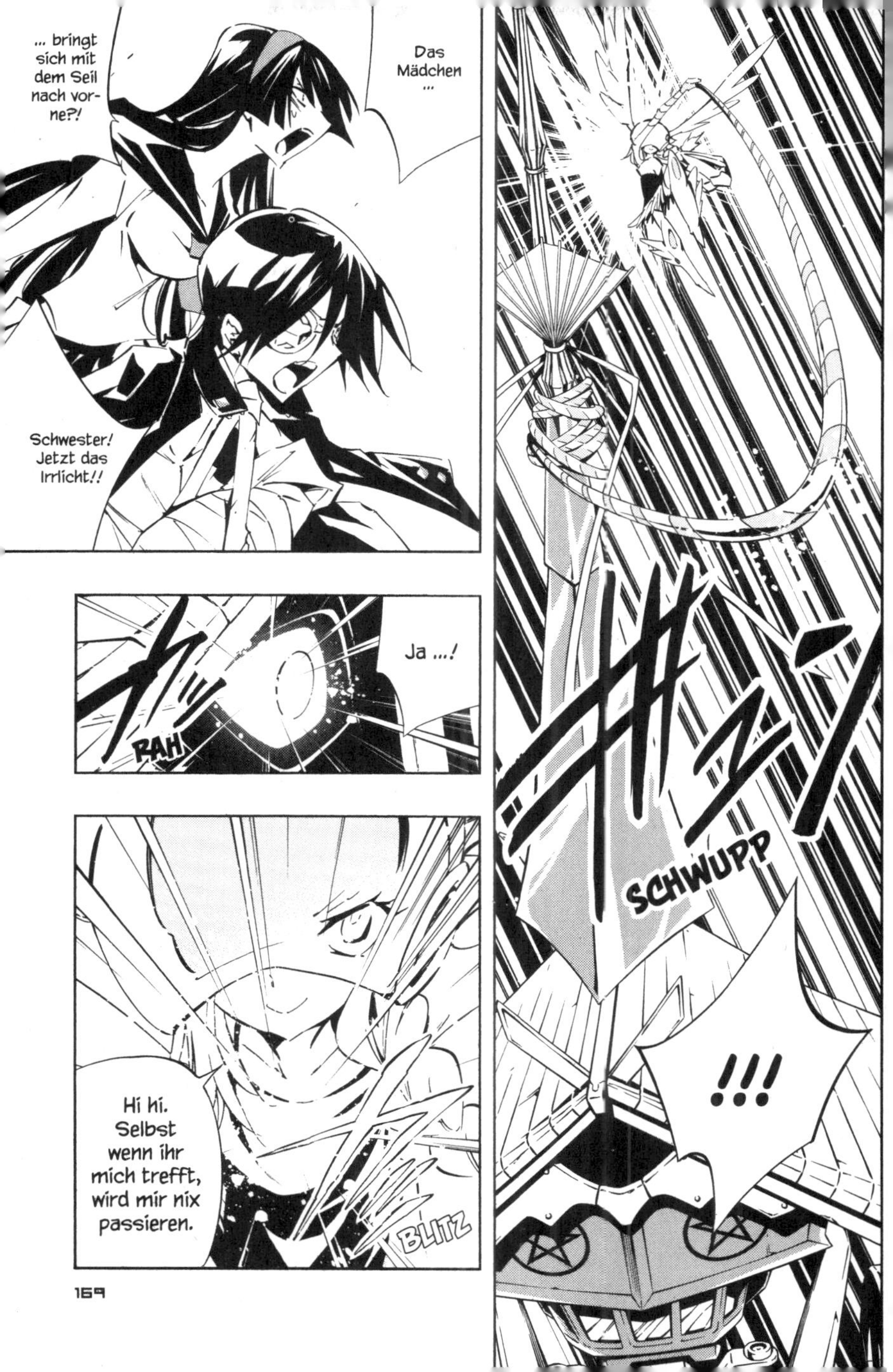

SCHWUPP

!!!

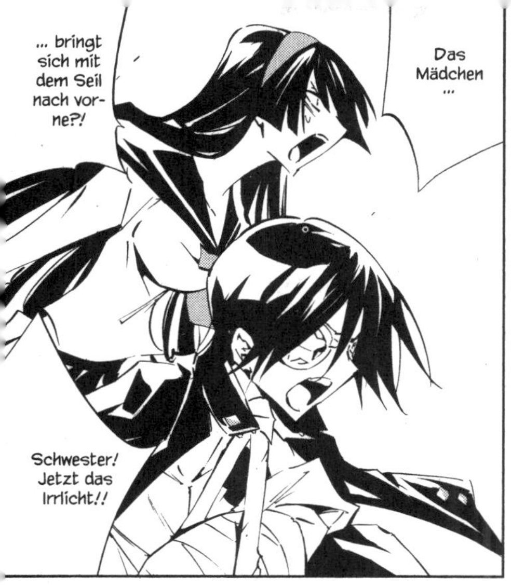
Das Mädchen ...
... bringt sich mit dem Seil nach vorne?!
Schwester! Jetzt das Irrlicht!!

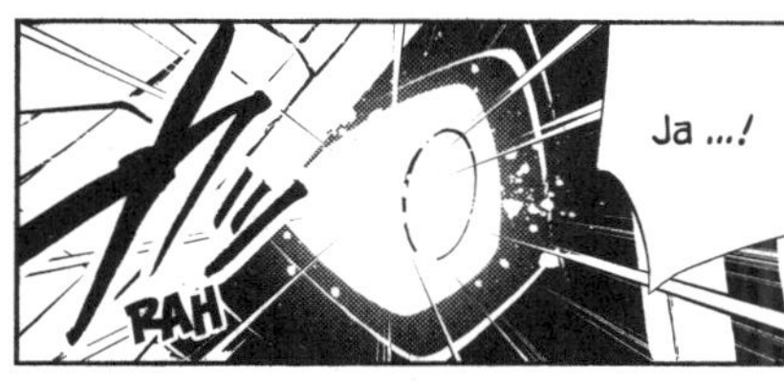
Ja ...!
RAH

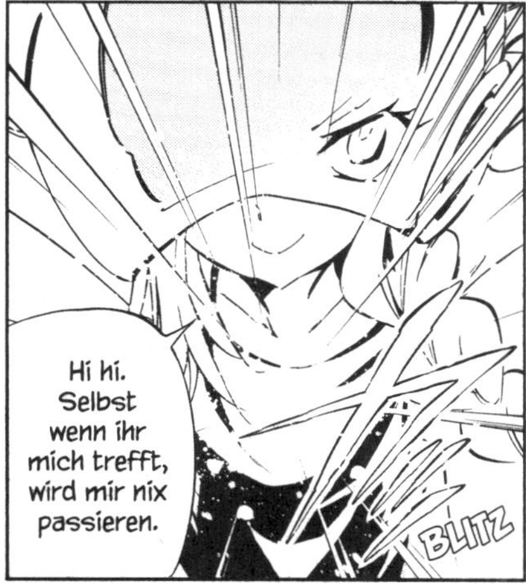
Hi hi. Selbst wenn ihr mich trefft, wird mir nix passieren.
BLITZ

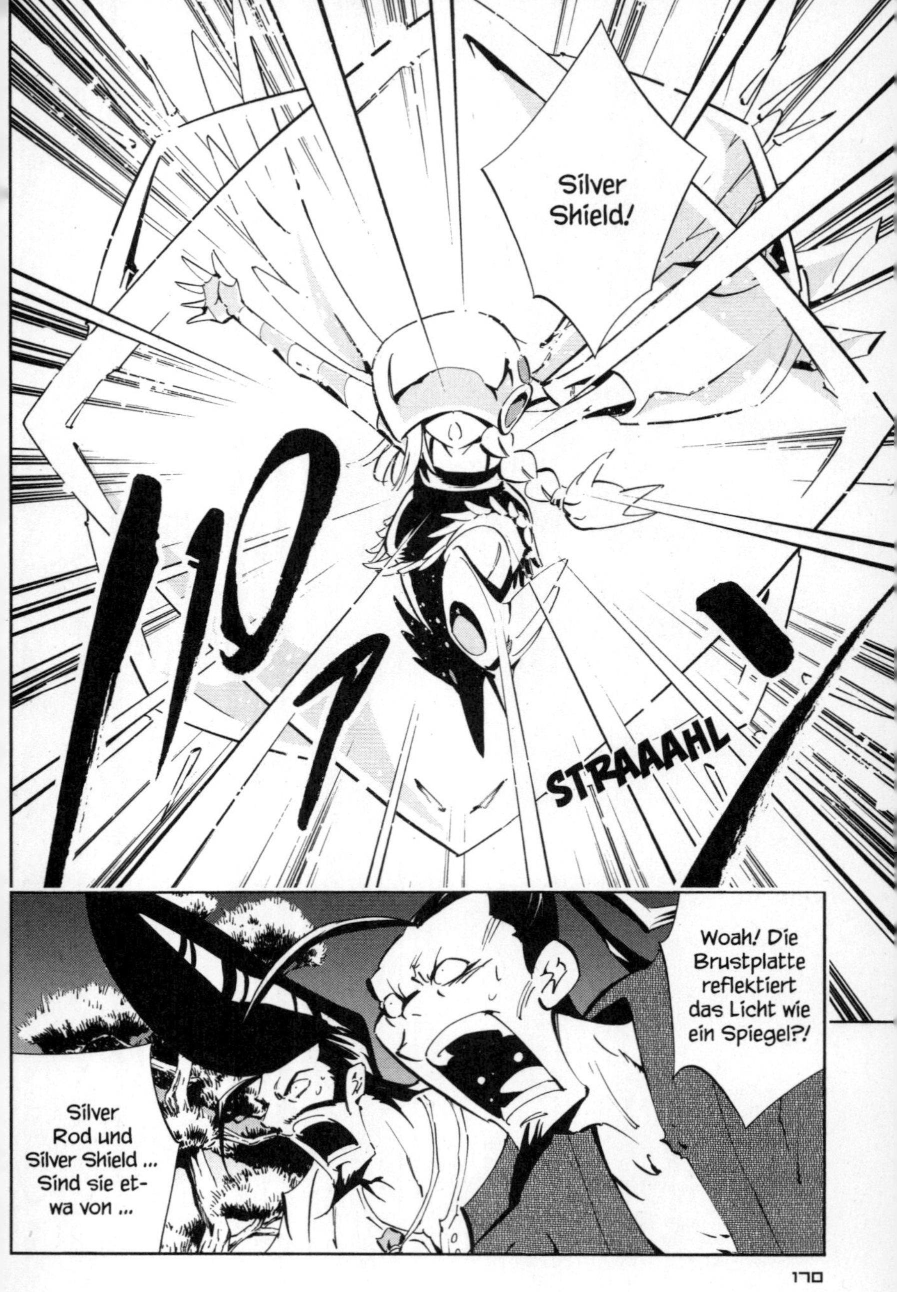
Silver Shield!
STRAAAHL
Woah! Die Brustplatte reflektiert das Licht wie ein Spiegel?!
Silver Rod und Silver Shield ... Sind sie et-wa von ...

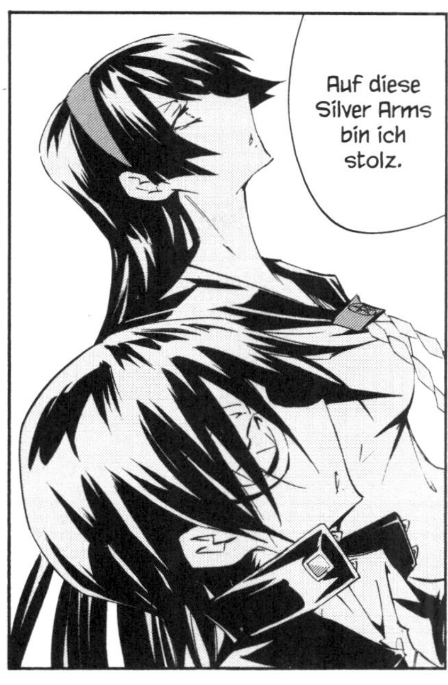

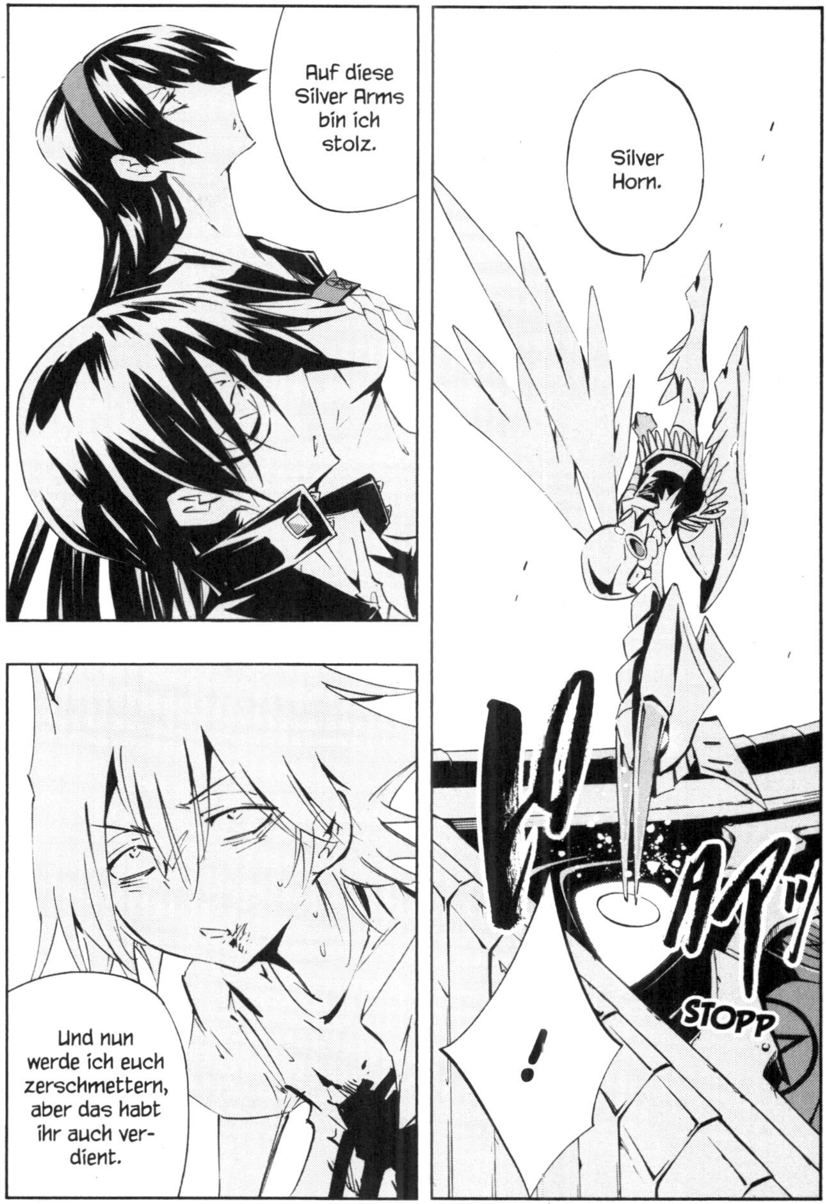

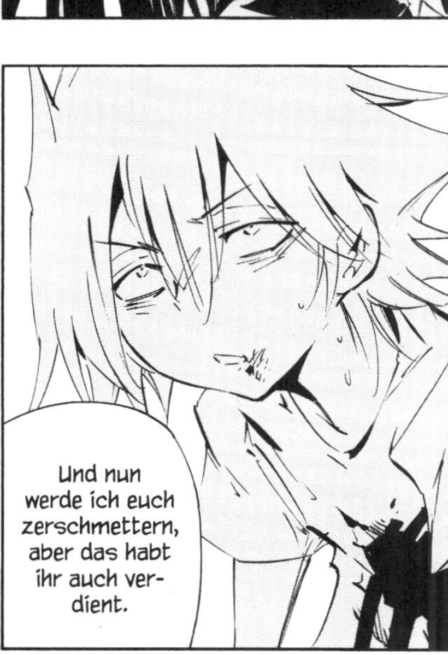

Silver Horn.

STOPP

!

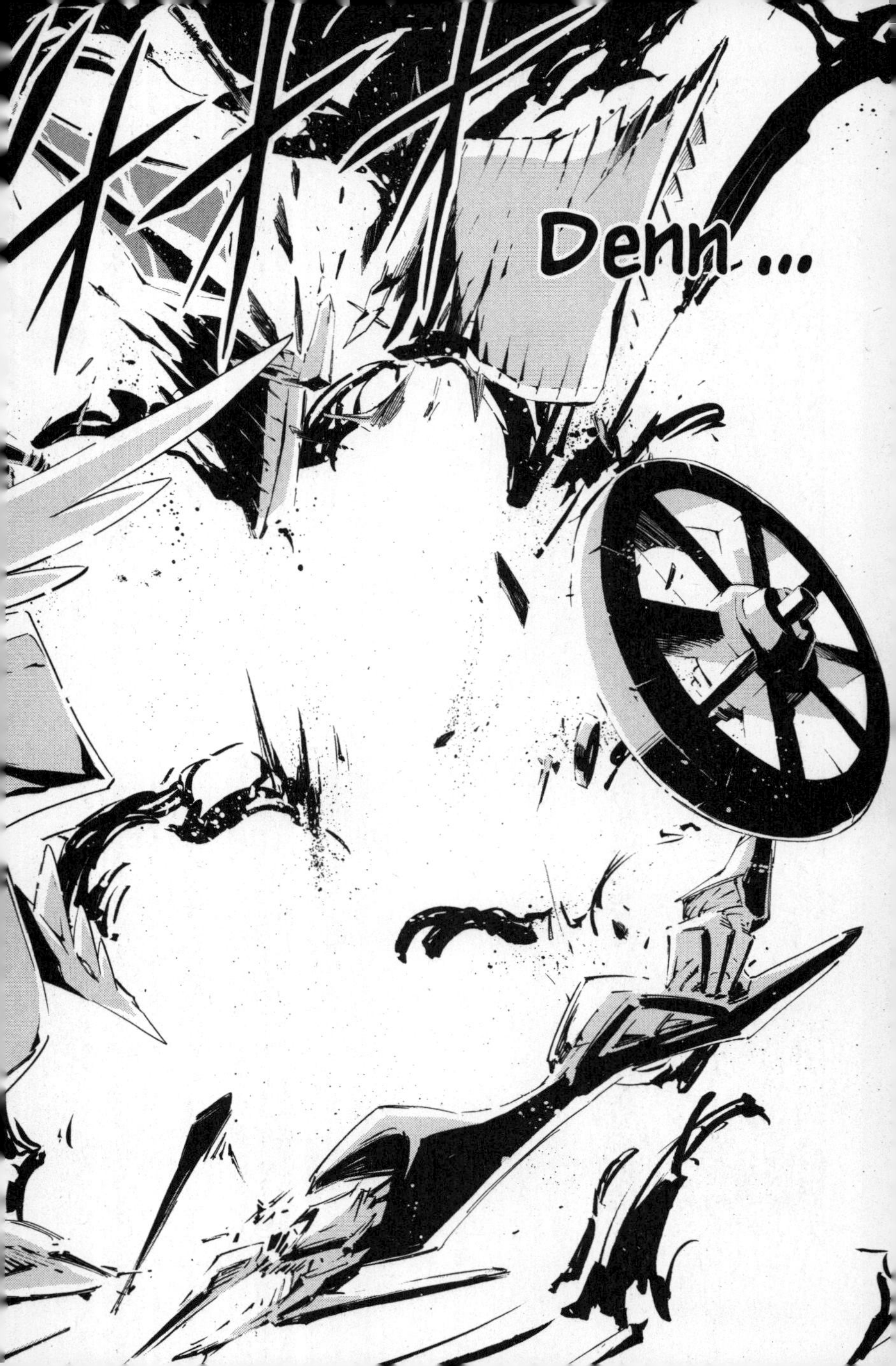
Denn ...

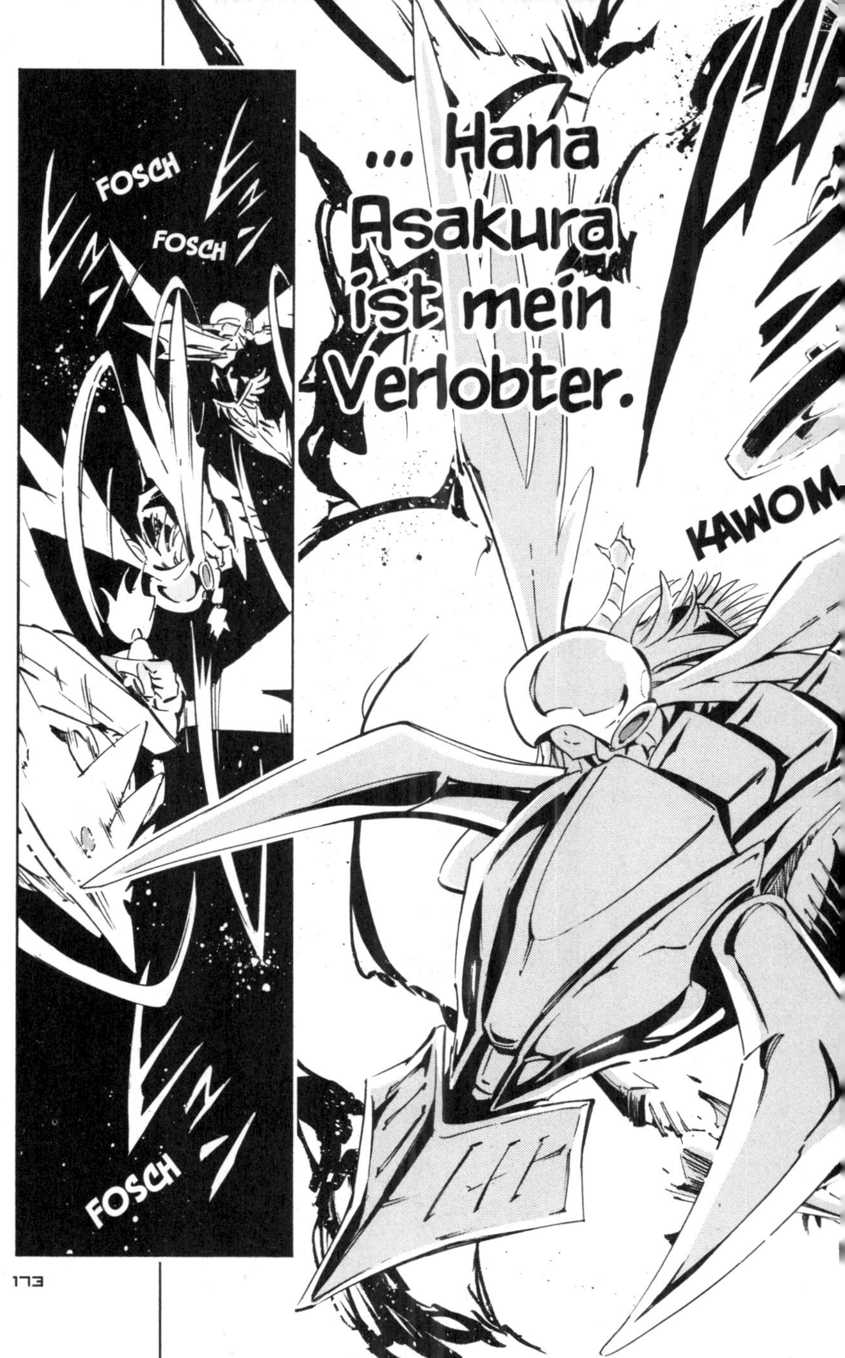
... Hana Asakura ist mein Verlobter.
KAWOM
FOSCH
FOSCH
FOSCH

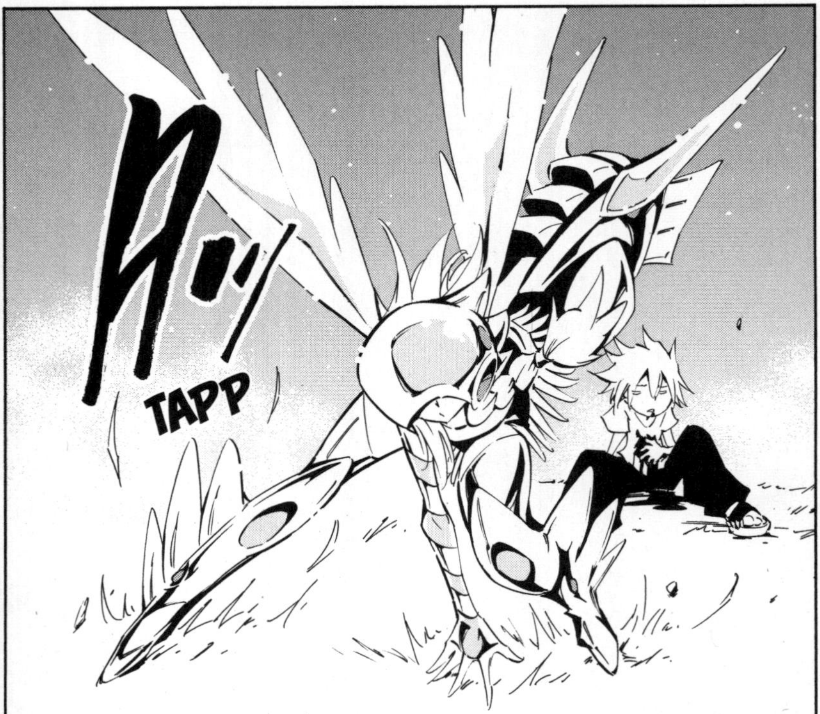

TAPP

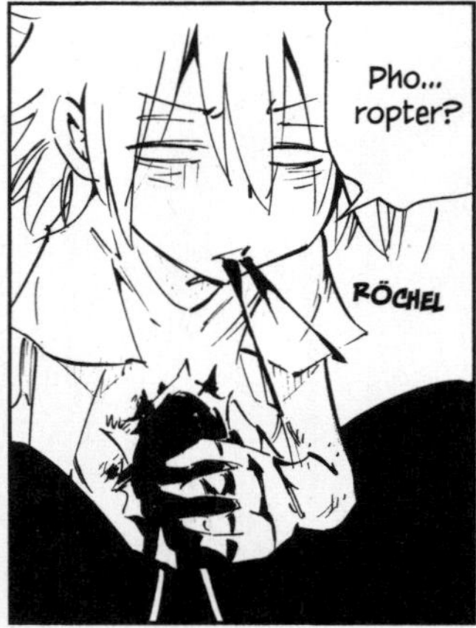
Pho...
ropter?
RÖCHEL

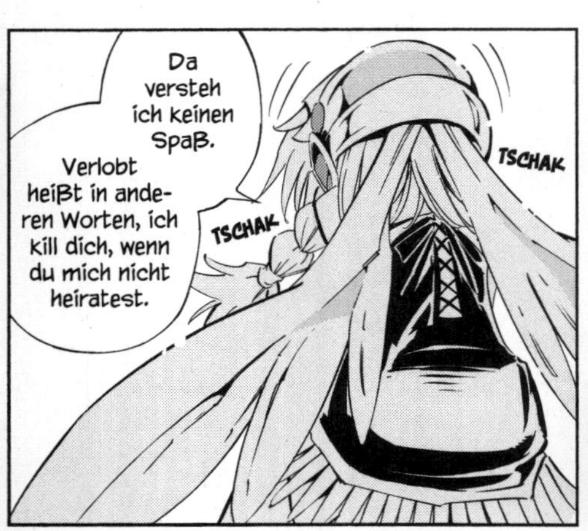
Da versteh ich keinen Spaß.
Verlobt heißt in anderen Worten, ich kill dich, wenn du mich nicht heiratest.
TSCHAK
TSCHAK

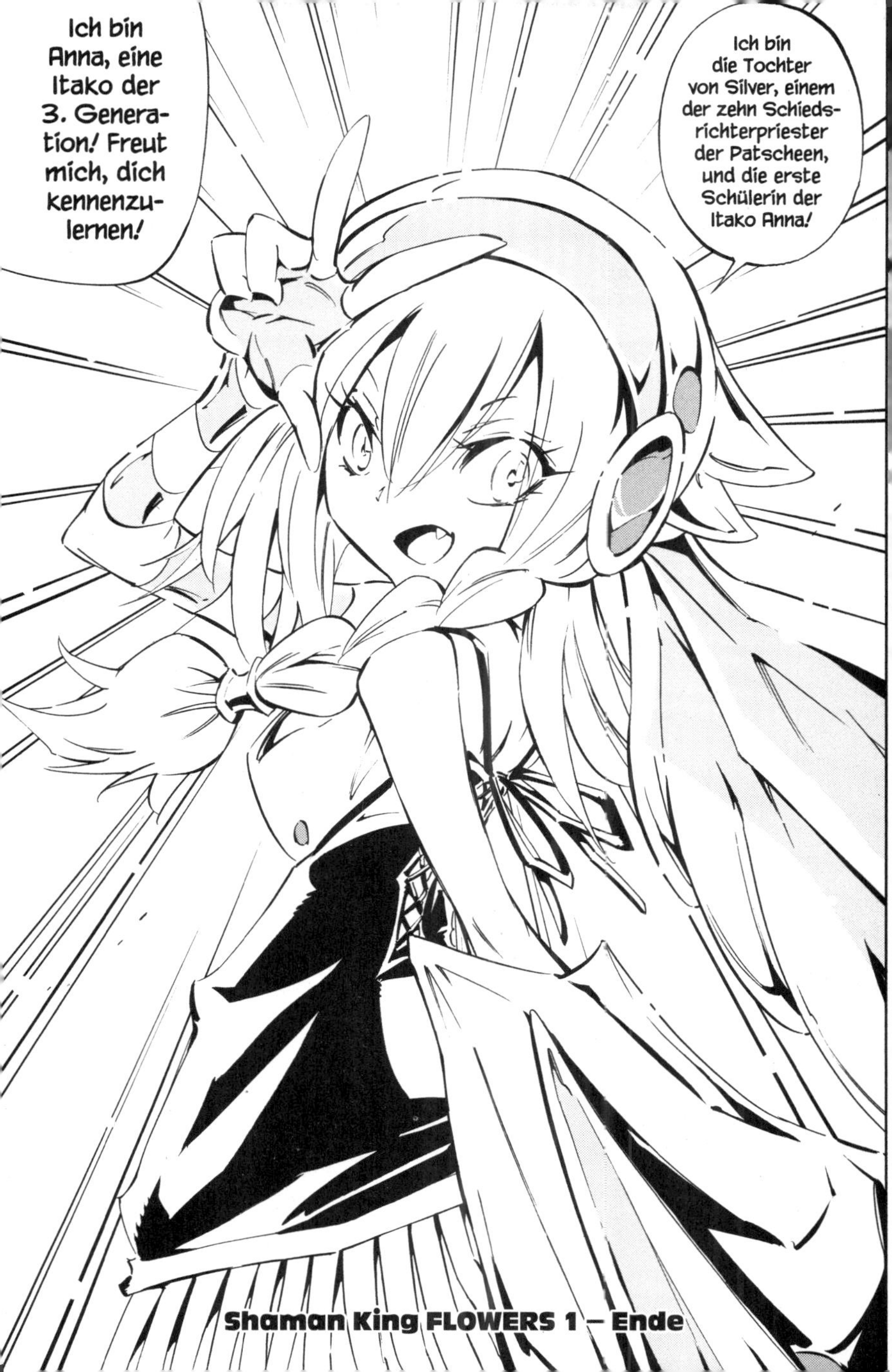

Shaman King FLOWERS 1 – Ende

SHAMAN KING
FLOWERS

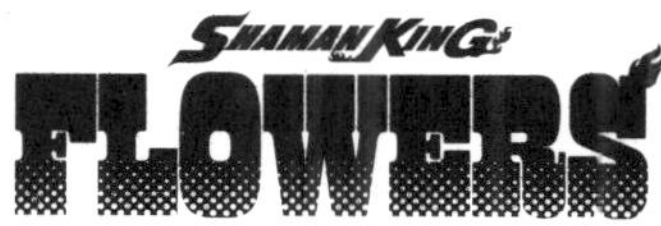

Hiroyuki Takei

STAFF

BOB
Daigo Kato
Jun Koyama
Yuu Uragami
Masaki Ichimura
Kota Ichinose
Eri Nonaka
Emi Ozaki

DESIGN

Toru Fukushima (Smile Studio)

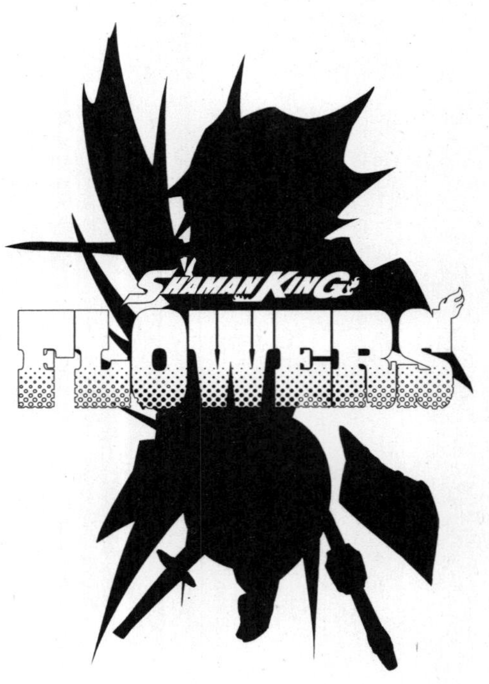
SHAMAN KING
FLOWERS

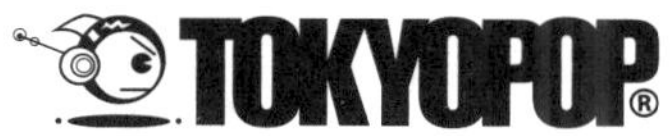

TOKYOPOP GmbH
Hamburg

TOKYOPOP
1. Auflage, 2022
Deutsche Ausgabe/German Edition

Aus dem Japanischen von Hirofumi Yamada

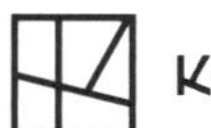

Redaktion: Simone Meinecke
Lettering: Vibrant Publishing Studio
Herstellung & Coverdesign: Annika Meyer-Wülfing
Druck und buchbinderische Verarbeitung:
CPI–Clausen & Bosse GmbH, Leck
Printed in Germany

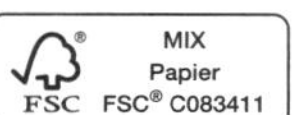

Wir achten auf die Umwelt.
Dieses Produkt besteht aus FSC®-zertifizierten und anderen kontrollierten Materialien.

ISBN 978-3-8420-7953-3

www.tokyopop.de

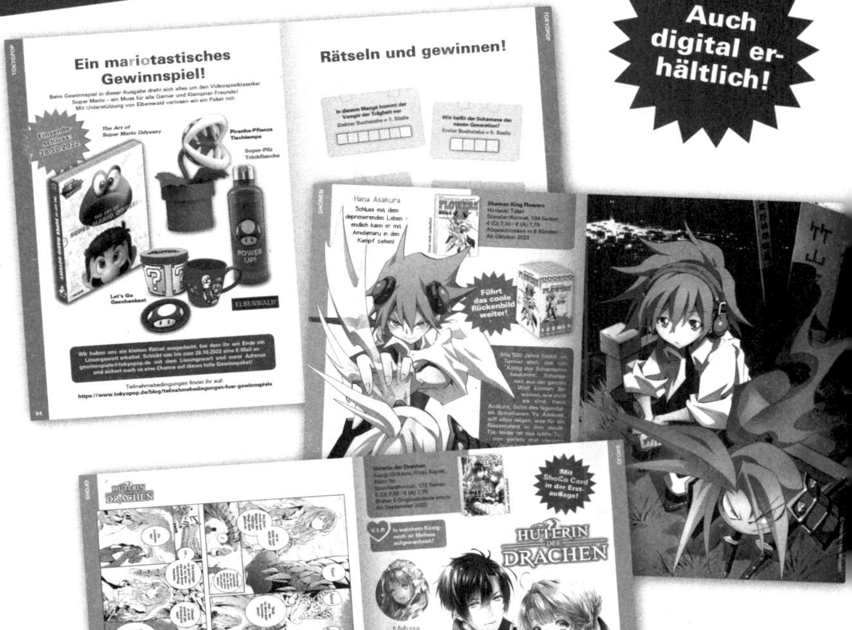

SHAMAN KING

Hiroyuki Takei

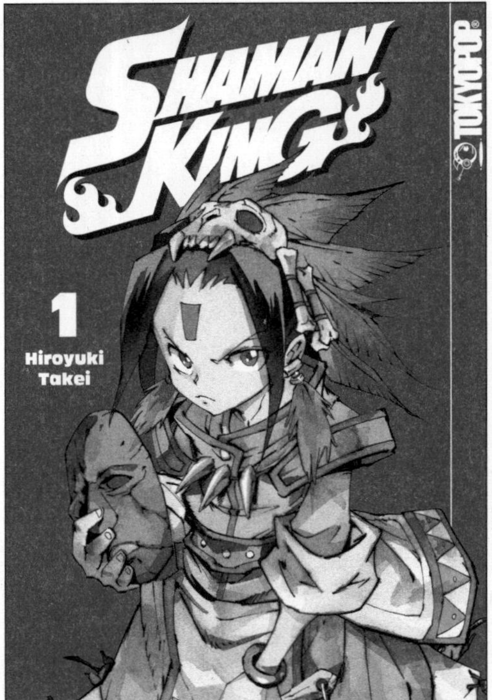

Der Shonen-Klassiker als 2in1-Reedition!

Um das Gleichgewicht zwischen Leben und Tod zu bewahren, findet alle 500 Jahre ein Turnier statt, das den König der Schamanen bestimmt. Für Yo Asakura ist die Sache klar: Er wird diesen Wettkampf mithilfe seines Schutzgeists Amidamaru gewinnen! Doch das ist gar nicht so einfach, denn neben all den anderen starken Schamanen ist es vor allem sein Zwillingsbruder Hao, der ihm Steine in den Weg legt ...

SHAMAN KING CHARACTER BOOK

Hiroyuki Takei

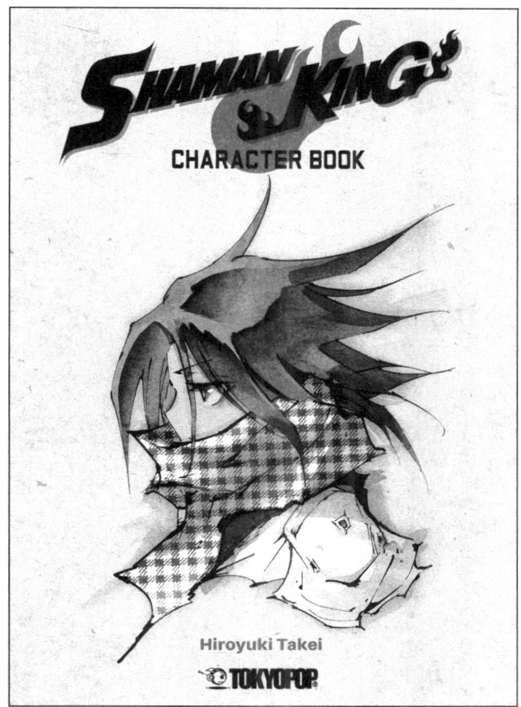

Das Character Book zum Manga-Klassiker!

Taucht ein in die Welt von *Shaman King*! Auf 128 Seiten erfahrt ihr alles über die Charaktere: ihre Ziele und Entwicklungsstufen, welche Geister an ihrer Seite kämpfen, mit welchen Waffen sie ihren Gegnern gegenübertreten und vieles mehr!

Das ideale Nachschlagewerk und ein absolutes Must-have für alle, die von Yo Asakura und seinen Freunden einfach nicht genug bekommen können!

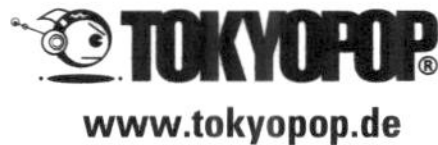

www.tokyopop.de

BLEACH EXTREME

Tite Kubo

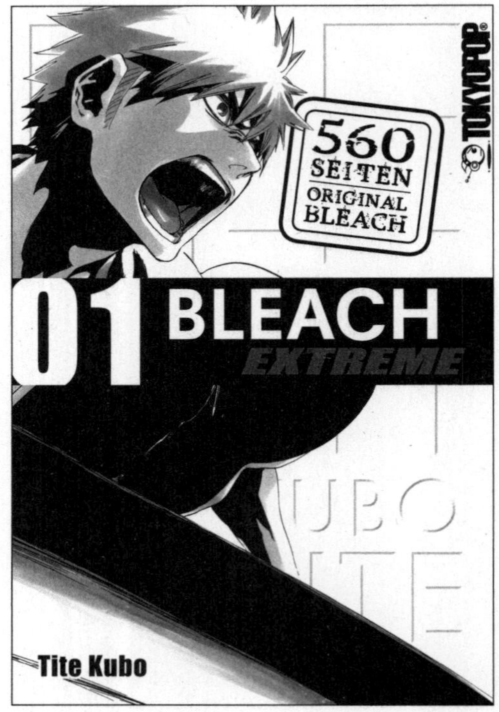

Nur zu kämpfen hat keinen Sinn!
Nur zu überleben hat keinen Sinn! Man muss siegen!

Geister und Dämonen existieren und Ichigo Kurosaki besitzt die Gabe, sie zu sehen. Eines Tages stolpert er in den Kampf der Totengöttin Rukia und eines »Hollow«. Dem Tode nah überträgt die hübsche Shinigami dem nichts ahnenden Ichigo all ihre Kraft, damit er für sie gewinnt. Neben der Highschool macht Ichigo nun Rukias Job und dringt in eine immer gefährlichere Gegenwelt ein.

FIRE FORCE

Atsushi Ohkubo

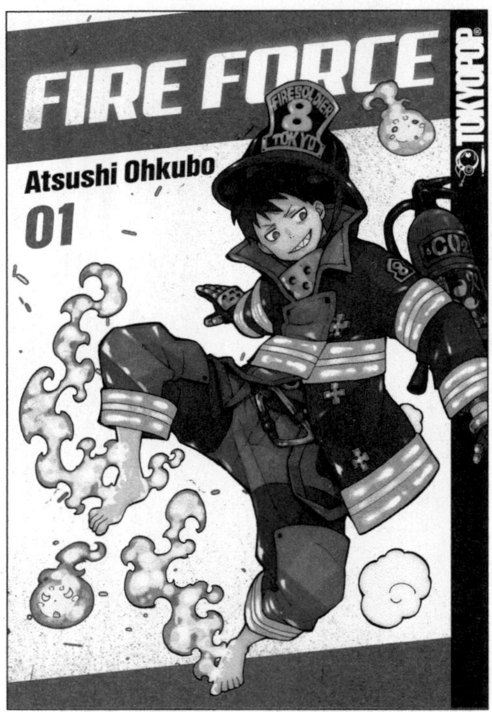

Vorsicht, leicht entzündlich!

Die Welt fürchtet sich vor einem zerstörerischen Phänomen – Menschen gehen unvermittelt in Flammen auf und werden zu Feuermonstern, die »Flammenwesen« genannt werden. Eine Sondereinheit der Feuerwehr stellt sich dem Schrecken entgegen. Ihre Mission: Das Mysterium aufklären und so die Menschheit retten!

PERSONA 5

Hisato Murasaki / ATLUS

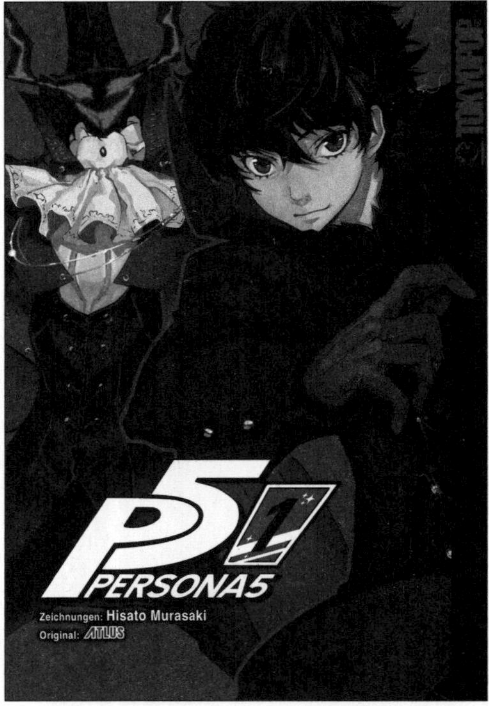

Eigentlich wollte Akira Kurusu nur einer Frau in Not helfen, doch stattdessen wird ihm ein Verbrechen angehängt, das er nie begangen hat. Als Vorbestrafter muss er an die Shujin-Akademie im Herzen Tokyos wechseln. Doch dort gehen seltsame Dinge vor sich, und schon bald findet er sich statt an seiner neuen Schule in einem mysteriösen Schloss wieder! Als er in die Fänge seines durchtriebenen Lehrers Kamoshida gerät, erwacht die Kraft der Rebellion in Akira und verleiht ihm ungeahnte Kräfte!

Der Spielehit *Persona 5* jetzt auch als originalgetreue Mangaversion!

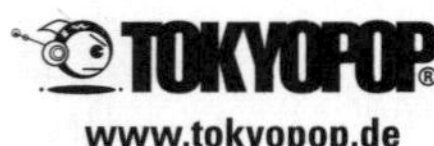

www.tokyopop.de

THE RISING OF THE SHIELD HERO

Kyu Aiya / Yusagi Aneko / Seira Minami

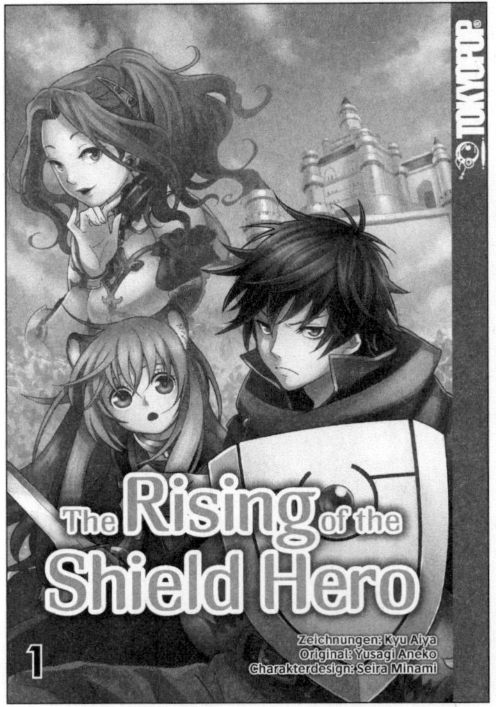

Held der Verteidigung

Der Nerd Naofumi soll die unbekannte Fantasy-Welt, in die er beschworen wurde, vor dem Untergang bewahren. Doch als unbeliebter, weil auf Verteidigung spezialisierter, »Held des Schildes« muss er seine Tauglichkeit erst einmal unter Beweis stellen und der Verachtung seiner Mitstreiter und Schutzbefohlenen mutig entgegentreten!

THE REPRISE OF THE SPEAR HERO

Neet / Yusagi Aneko / Seira Minami

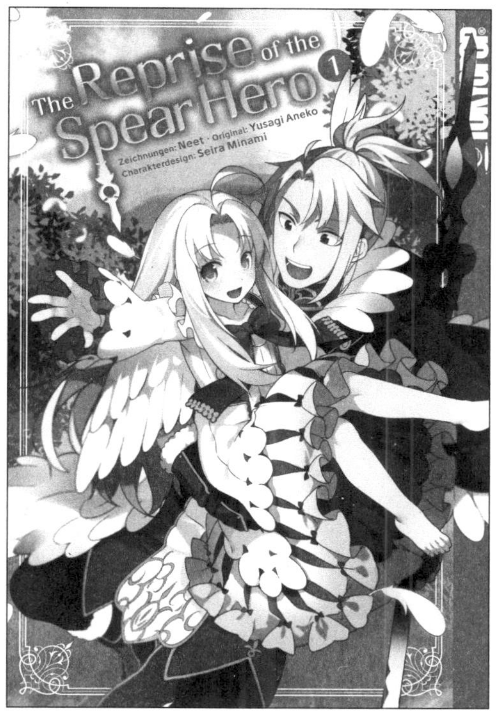

Motoyasus New Game Plus!

Als Motoyasu, der legendäre Held der Lanze, auf einer Mission stirbt, glaubt er, sein letztes Stündlein habe geschlagen. Doch statt im Jenseits landet er in der Vergangenheit! Mit all seinen bereits erworbenen Skills und Statuswerten darf er sein Abenteuer erneut bestreiten und diesmal möchte er alles richtig machen. Doch voll Schrecken muss er feststellen, dass Filo, ein Vogel mit der Fähigkeit, sich in ein Mädchen zu verwandeln, noch gar nicht geschlüpft ist. Dabei war sie es doch, die ihm in seiner dunkelsten Stunde zur Seite gestanden hatte. Kann er beim zweiten Anlauf sein Leben retten und wird er Filo wiedersehen?

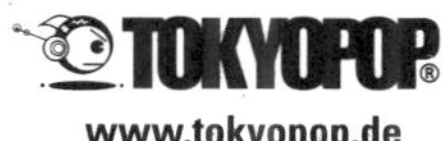

www.tokyopop.de

DEATH NOTE SHORT STORIES

Tsugumi Ohba / Takeshi Obata

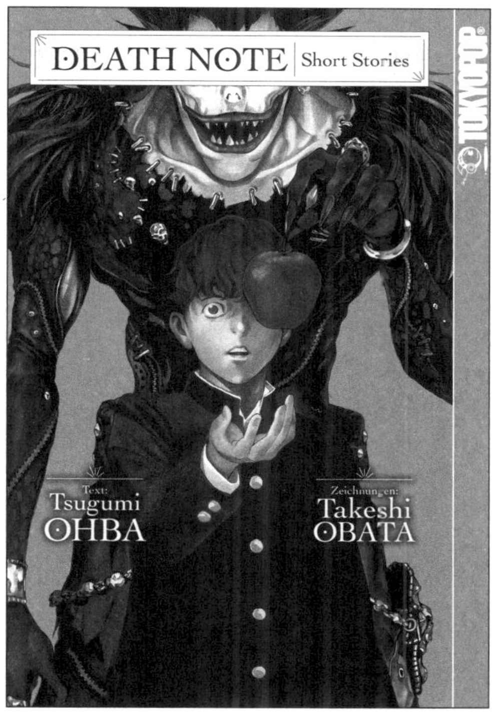

Nach dem Ende von Kiras Herrschaft ist die Welt der Todesgötter in Aufruhr! Zwei ihrer Bewohner beschließen, ein weiteres Mal Death Notes auf die Welt der Menschen loszulassen, um einen würdigen Nachfolger zu finden. Doch die neuen Besitzer verfolgen mit den tödlichen Notizbüchern ganz andere Pläne als ihr Vorgänger und versetzen die ganze Welt einmal mehr in einen Ausnahmezustand.

Sechs fesselnde Kurzgeschichten um das Death Note und die Originalcharaktere von Takeshi Obata und Tsugumi Ohba.

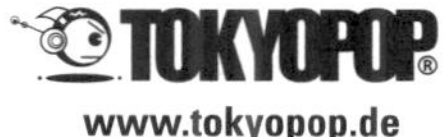

www.tokyopop.de

KONOSUBA! GOD'S BLESSING ON THIS WONDERFUL WORLD!

Masahito Watari / Natsume Akatsuki / Kurone Mishima

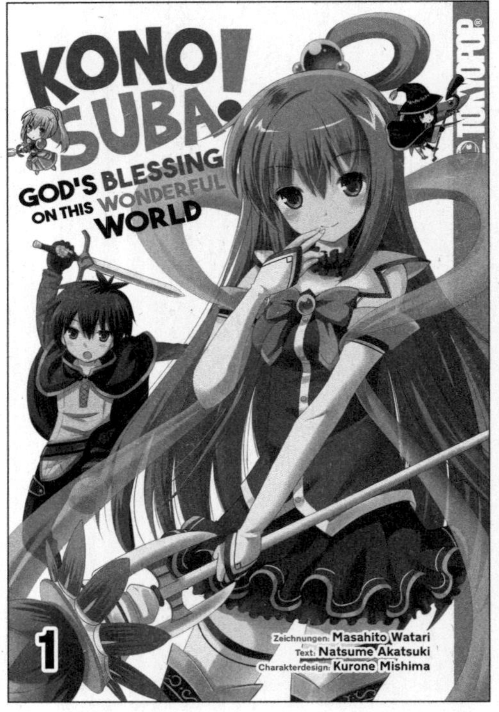

Schöne neue Welt? Von wegen!

Beim Versuch, ein junges Mädchen zu retten, stirbt der Nerd Kazuma vor lauter Schreck an einem Herzinfarkt. Zu allem Übel lacht ihn im Jenseits die arrogante Göttin Aqua für seinen peinlichen Tod auch noch aus. Weil er immerhin versucht hat, Gutes zu tun, darf sich Kazuma in einer Welt, die ihn sehr an seine Lieblingsgames erinnert, erneut behaupten und sogar ein Objekt seiner Wahl mitnehmen. Kurzerhand schnappt er sich die freche Göttin, die nun mit ihm gemeinsam den Dämonenkönig besiegen soll. Doch kann das den beiden Streithähnen überhaupt gelingen, wenn sie es noch nicht einmal schaffen, eine warme Mahlzeit aufzutreiben?

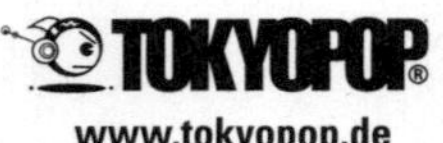

www.tokyopop.de

WISE MAN'S GRANDCHILD

Shunsuke Ogata / Tsuyoshi Yoshioka / Seiji Kikuchi

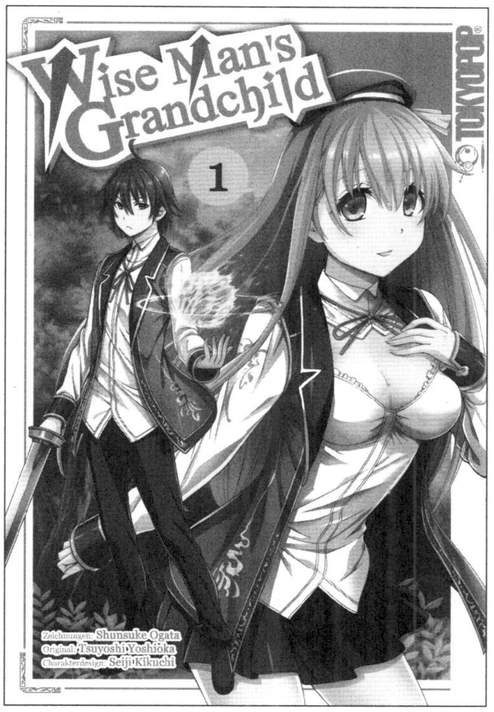

Der weltfremde Magier

Ein junger Mann stirbt bei einem Unfall und wird nach seinem Tod in einer fantastischen Welt wiedergeboren. Hier ist Magie alltäglich und sein Ziehvater, der Weise Marlin, lehrt ihn alles darüber. Leider vergisst er dabei, dass sein Schüler, den er Shin tauft, auch mit Land und Leuten vertraut gemacht werden sollte ...